戦う茂木一族

中世を生き抜いた東国武士

茂木町まちなか文化交流館
ふみの森もてぎ ● 監修
高橋 修 ● 編

高志書院

ごあいさつ

現在の茂木町の中央部はむかし茂木保と呼ばれ、鎌倉時代から戦国時代にかけて茂木氏という武家が治めていました。茂木氏は、やがて常陸の大名の佐竹氏の傘下に入り、十七世紀にはともに秋田へと移ることとなります。茂木氏のもとに伝えられた貴重な中世文書「茂木家文書」（全八六通）は、近年まで秋田県大館市の個人宅で保管されておりましたが、令和元年、「ふみの森もてぎ開館三周年記念特別展 茂木文書の世界」を開催し、町内外の皆様に展示・公開することができました。これを機として令和二年一月、「茂木家文書」は茂木町に寄贈され、令和三年三月には栃木県有形文化財に指定されています。

こうした間にも、一方で調査・研究は継続され、茂木氏についての新しいイメージも膨らみつつあるとうかがっております。本書の刊行が、茂木保や茂木氏の歴史、今も町内に残る茂木氏の足跡について、町民をはじめとする多くの方々に、認識を深め親しみをもっていただく機会となれば幸いです。本書の発刊にあたりご尽力いただいた、編者の高橋修茨城大学教授をはじめ、ご執筆いただいた先生方、調査にご協力いただいた町民の皆様、刊行をお引き受けいただいた高志書院・濱久年様に、この場を借りて心より感謝申し上げます。

令和四（二〇二二）年二月

茂木町長　古口 達也

目次

栃木県の市町村と茂木町の位置（罫線で囲んだ部分が次頁「茂木保の諸郷」）

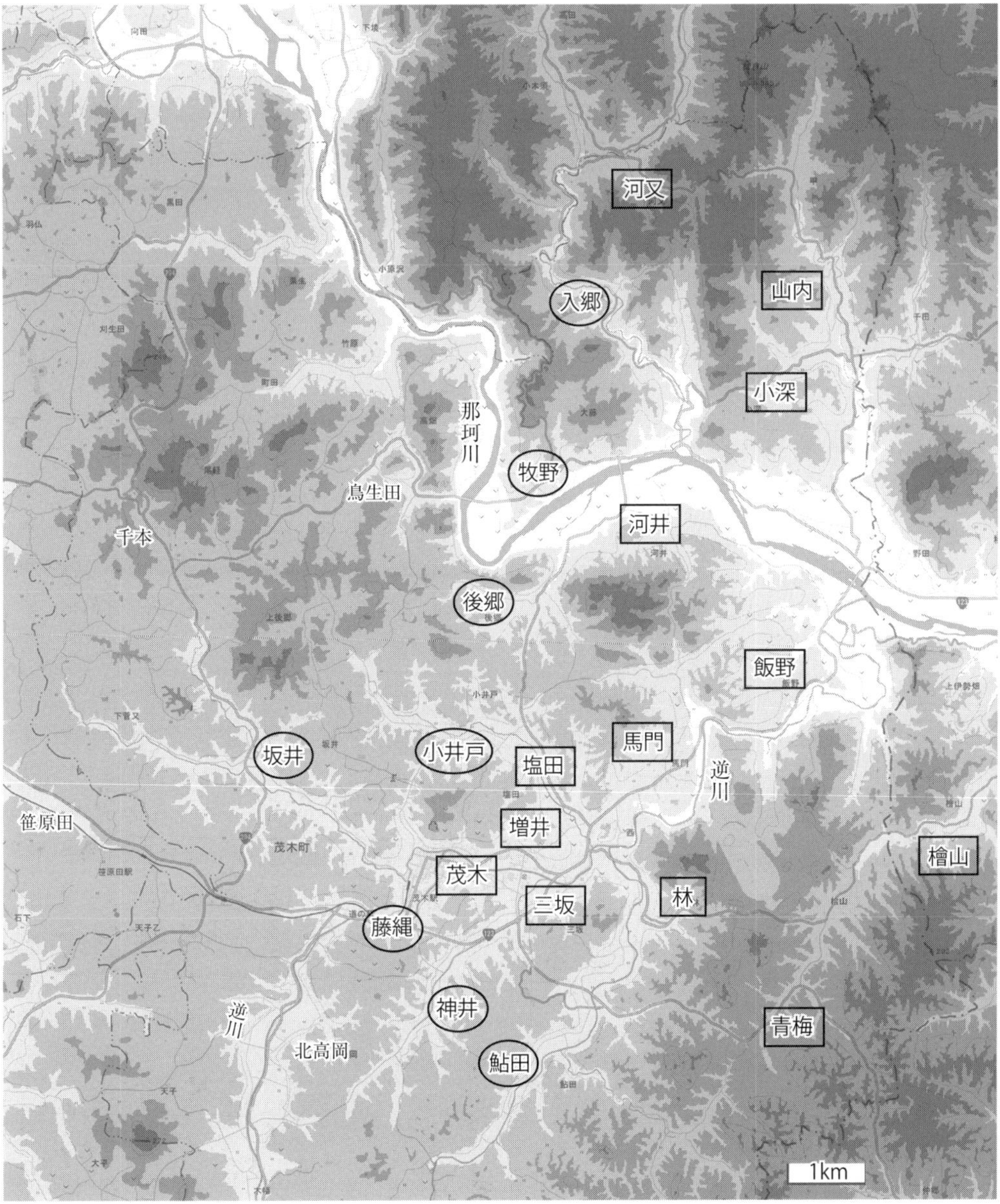

茂木保の諸郷（丸囲い：西茂木保　四角囲い：東茂木保）

茂木氏略系図

- 八田 宗綱
  - 八田・宇都宮 朝綱 ― 宇都宮 成綱 ―（以下略）
  - 八田 知家（筑後守）
    - 小田 知重（左衛門尉）―（以下略）
    - 茂木 知基（三郎）― 知宣（左衛門尉 法名空然）― 知盛（左衛門尉 法名心仏）― 知氏（左衛門尉）― 知貞（左衛門尉 越中守 法名明阿）
      - 知政（知世）（越中守 法名賢安）
      - 知久（左衛門尉 法名心蓮）― 朝音（越中守 母丹波氏女 幼名香犬丸）
        - 基知
        - 知清（越中守 幼名幸楠丸）― 満知（越中守 式部丞 筑後入道 幼名満王丸）― 持知（式部大夫）┄ 治興（上総介）― 治泰（式部大夫）― □□（実名不明）（式部少輔 蔵人佑 蔵人大夫 筑後守）― □□（上総介）〔治重〕― 治泰（筑後守）〔治清〕― □□（上総介）〔治房〕― 治良（上総介 筑後守）

※持知・治興間の系譜不明

※〔　〕は茂木氏系図（補遺⑬）による比定

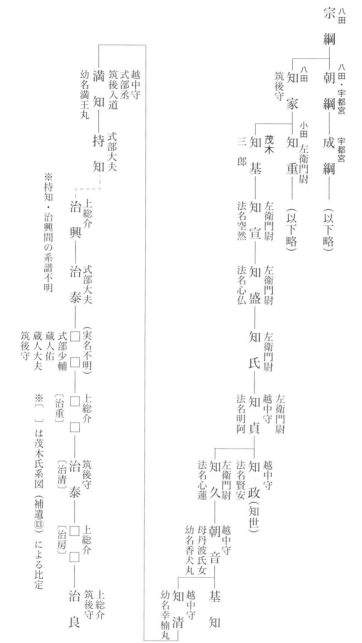

序にかえて——戦う茂木一族——

高橋　修

1

東日本大震災で被災した文化財・歴史資料を保全するため茨城大学中世史研究会が母体となって組織された茨城文化財・歴史資料救済・保全ネットワーク（略称 茨城史料ネット）が、茂木町教育委員会の要請を受けて町内大町の近江商人・島崎家に伝来する古文書の保全・整理に着手したのは二〇一二年のことであった。その後、茨城大学中世史研究会と茨城史料ネットは、町教育委員会と提携して、町内文化財・歴史資料の調査やそれを活用した普及事業に取り組んできた。

二〇一六年、島崎家の敷地に、博物館機能を備えた茂木町まちなか文化交流館［ふみの森もてぎ］が設立された。エアタイトケースをそろえた展示室に加え、温湿度調整機能をもつ一般収蔵庫・特別収蔵庫を備えたこの施設の開館は、茂木町の文化財の保護・活用、歴史教育の展開を新たな段階に進める、画期的な出来事であった。

二〇一九年に三周年を迎えることになる［ふみの森もてぎ］の記念展として、当時は秋田県大館市個人が所蔵していた「茂木文書」の里帰り展が企画された。町教育委員会から、この北関東を代表する武家文書の調査・研究を委嘱された茨城大学中世史研究会では、新たに「茂木文書研究会」を組織し、参加を申し出た研究者とともに一年以上にわたって、借用した「茂木文書」の原本調査に当たった。その成果は『ふみの森もてぎ開館三周年記念特別展 茂木文書の世界』として刊行されることになる。八六点の古文書一点一点につき鮮明な写真図版を掲載し、これに詳細な解説・データやコラムを付け、さらに流失してしまった文書を秋田藩に残された写本等から補って、「茂木文書」の「世界」を集約している。さらにこの調査・展示をきっかけとして所蔵者との交渉が進み、町当局の献身的な尽力もあって、「茂木文書」原本すべてが茂木町に寄贈されることになった。寄贈の後、間もなく栃木県指定文化財の指定を受けている。

こうしてわれわれは、「茂木文書」原本を詳細に検討した成果を図録として公刊することができたわけだが、これを土台として「茂木文書」以外の史料も含め、その内容を検討しなおし、茂木氏やその本領・茂木保に関するこれまでの歴史像を再構築することが、次の課題として明確になった。新たな茂木氏像構築のため、引き続き茂木町教育委員会の協力のもと、新たなメンバーも加えて研究成果の集成の計画は具体化していったが、執筆にかかる頃には新型コロナウイルス感染症が広がり、間もなく対面による研究会等の開催が難しい状況となってしまった。そのためお互いのレジュメや草稿をデータでやり取りしての意見交換により、相互の見解のすり合わせが行われた。入稿後も編者や編集者の査読による原稿の修正が繰り返され、約一年半の歳月をかけて『戦う茂木一族―中世を生き抜いた東国武士―』が完成し、ここにようやく刊行の日を迎えることができたのである。

2

秋田藩士となる茂木家に伝えられた文書群の内容は、バラエティに富んだものである。歴代ごとの相続にかかわる譲状や置文等を写し継いだ茂木家証文写や茂木家に仕えた家臣たちの領地を貫高で書き上げた茂木家臣給分注文(現存せず）など、東国の武家には珍しい家の継承や武士団の内部構造に関する史料も含まれているが、多くは戦乱や政治的な駆け引きにかかわって歴代当主が受け取った公的な文書である。その他の記録や他家の文書の中にあらわれる茂木氏の姿も、同様な傾向をもっている。

そこで本書は、鎌倉から南北朝・室町期を経て戦国・織豊・江戸期へと至る時代の流れを縦軸としつつ、中央・東国政権や戦国大名等地域権力との関係、茂木城をはじめ各地での合戦へのかかわり、戦うための組織や備え等の切り口から、七本の論考を用意した。これに加えて政治史的な観点からだけでは論じきれない、あるいは文献資料からは復元することが難しい本領・茂木保の構成・様相等については、現地に残された伝承や文化的遺産、遺跡・遺物等からこれにアプローチした七本のコラムを配置している。

本文中に全文引用した史料、図版に付した釈文は、一般読者に配慮し、原文の漢文を読み下し文に改めて示している。本論を読み進めるために欠かせない、茂木保に関する地図や茂木家歴代を中心とする略系図は、巻頭にまとめて掲載したので、その都度、参照いただきたい。論文・コラムの中で参考とした先行研究は、著者・編者名と刊行・初出年次で示し、巻末の参考文献にまとめて詳細を表示している。「茂木文書」は単に「文書」と略し、本文中の典拠とした箇所に、茂木文書研究会編『茂木文書の世界』の史料番号を用いて示した。それ以外のたびたび典拠とする史料集は、参考文献の二二九頁に示す略称を用い、同じくその文書番号で表わしている。

3

茂木氏は、治承寿永の内乱が始まって間もなく八田知家《ともいえ》が源頼朝から茂木郡（茂木保）を安堵されたことに起源する。

1章の高橋修「『茂木知定』の幻影―鎌倉御家人としての茂木氏―」は、この後、鎌倉御家人としての茂木家が確立される過程を追究する。父からこれを譲られた三男知基《とももと》は、いったんは幕府内での地位を失墜しながらも、承久の乱で戦功を立てることにより復権し、その地位と所帯が子孫に継承されることになる。これまで「茂木知定《ともさだ》」として取り上げられてきた人物に関する謬説を排除する作業を通じて、御家人茂木家の鎌倉時代史を復元している。

鎌倉期から南北朝期にかけての茂木氏は、遠隔地にも所領を獲得している。コラム1「信濃国神林郷をめぐる医師丹波氏と茂木氏」（山田あづさ）は、その中から、信濃神林郷の相伝のあり方と茂木氏の所領となった後の経緯を紹介する。

鎌倉幕府が滅亡し南北朝の内乱が始まると、茂木氏はいち早く足利氏に味方し、当主は列島各地を転戦することになる。2章の藤井達也「南北朝内乱と茂木氏―知貞・知世・朝音 三代の戦記―」は、茂木知貞《ともさだ》・知世《ともよ》・朝音《ともね》三代の戦いの軌跡を追う。国境をまたいだ佐竹氏との提携関係もその中で培われた。長期化する内乱の中で、家の存続を念願する当主たちの危機管理の実態も追究されることになる。

「茂木文書」の中には、鎌倉・南北朝期の所領相続に関する古文書の写を貼り継いだ、茂木家証文写が残されている。コラム2「茂木家の相続をめぐって」（金子千秋）は、その中に譲状写とともに貼り継がれた置文写に注目し、危機管理のあり方について、2章の論旨を補足する。

3章の大塚悠暉・高橋修「室町期茂木家の苦悩―茂木城合戦とその前後―」は、応永期から文明三年（一四七一）に至る時期、室町幕府と鎌倉公方の軋轢の中で、その影響を受けた茂木氏による茂木東西保支配の実際を追った。享徳の乱では鎌倉公方足利成氏《しげうじ》と関東管領上杉憲忠《のりただ》の間を揺れ動き、本城・茂木城は公方方の攻撃を受けることになる。その危機を乗り越えるためにとった満知《みつとも》・持知《もちとも》父子の決断について追究した。

コラム3「西茂木保の寺社と文化財」（大山恒）は、鎌倉期以来、本領として茂木氏が比較的安定した支配を継続できた西茂木保に残される寺社や文化財を紹介する。

茂木家には、戦国期を迎えようとする時期に作成された茂木家臣給分注文という史料が残され、古くから研究者の注目を集めてきた。4章の泉田邦彦「十五世紀末の茂木氏家臣―給分注文を読み解く―」は、その内容を丁寧に吟味し、茂木家に仕える殿原層の実態を、特に在地におけるあり方、村落とのかかわりから再検討する。その作成理由として、茂木家内部における家督の簒奪を想定しており、この論点は、3章・5章とも連接している。

コラム4「鮎田郷の堀ノ内とその住人」（中村信博）は、4章で殿原の拠点として取り上げられた堀ノ内の姿を、耕地や地名等の現況、周辺の遺跡等から具体的に復元している。

戦国期、新たに茂木家を継承することになった上総介系茂木氏（「治」を通字とする）歴代の事績を検証したのが、5章の森木悠介「戦国動乱と茂木氏―上総介系の展開と系譜―」である。本領の周囲を数郡規模の戦国領主に取り囲まれながらも、常陸佐竹氏との結びつきを後ろ盾に自立を保ったまま豊臣期を迎えることになる茂木氏の動向を、史料の網羅的な検討により復元する。

藤縄山安養寺に残された石塔群の「頼朝の墓」伝説は、源姓を称する上総介系茂木氏とのかかわりが想像できる。この石塔群について、コラム5「安養寺の『頼朝の墓』」（比毛君男）が報告する。

6章の千葉篤志「茂木治良と佐竹義宣―豊臣・徳川政権期の動向―」は、豊臣期から江戸初期にかけて、佐竹氏の家臣となった茂木一族の政治的な動きを追う。「大和田重清日記」や「梅津政景日記」から茂木氏関係記事を抽出することから得られた知見を前提に、「茂木文書」に残された三通の佐竹義宣書状の内容を考証し、佐竹義宣と茂木治《はる》良《よし》の情報交換のありさまを復元することを通じて、佐竹家における茂木氏の地位を確認している。

コラム6「東茂木保の寺社と文化財」（大山恒）は、南北朝期以降、いくたびかの変遷を経て茂木氏の所領化される東茂木保に残された寺社や文化財について紹介する。

中世を通じて茂木氏が本城としたのが、今も茂木の町並みを見下ろす桔梗山に遺構を伝える茂木城である。その縄張りについて、周囲に残されたその他の城郭遺跡や文化遺産、伝承・地名なども合わせて総合的に復元したのが、7章の山川千博「茂木城の歴史と構造―本城の姿とその周辺―」である。茂木城を舞台とした合戦については2章・3章と連接する。そうした事件を重要な画期として、茂木宿や菩提寺を包摂した縄張りが整えられていく様相をうかがう。

本城・茂木城の他にも、茂木保内には多くの城郭遺跡が現存する。コラム7「茂木保 境目の城」(大山恒)は、その中から特に所領の境界部に位置する城郭群「境目の城」について紹介し、7章を補っている。

始祖・八田知家が茂木保を獲得し初代知基がここを本領と定めてから、約四〇〇年の間、茂木一族は中世という激動の時代を戦い続けた。本書の主題をあえて「戦う茂木一族」とした所以である。茂木氏は、戦闘に備えるため村の領主でもある地侍を家臣団として編成し、本城・茂木城の縄張りを革新し、周辺に要害を充実していった。しかしその間には幾度かの大きな危機や転機があったのであり、それを乗り越えるための危機管理や自己変革が、その都度必要となった。とりわけ戦国期に入る時期に迎えた危機は深刻なものだったことが推測され、結果として血筋という意味での嫡系が断絶している可能性さえある。

大きな戦乱に巻き込まれるごとに多大な犠牲を払いながらも、茂木氏は、所領と家名を次の時代に伝えることができた。周辺のより大きな領主権力に飲み込まれることなく、独立の武家として自立を保ったのである。それが、茂木家が戦いの結果として得た最大にして唯一の成果といえよう。そして「茂木文書」もまた、茂木家が中世を生き抜いたことにより今日にもたらされた文化遺産なのである。

4

われわれは、歴史研究者としての史料調査・史料保全活動の実践の中で、茂木一族の歴史と出会った。茂木氏の子孫に伝わった「茂木文書」原本の姿を記録・公開するため、『茂木文書の世界』を編集・公刊した。さらに広く中世史料を検討・読解する中から復元できた茂木氏像を、こうした一書として世に問うことができた。

この先に残された課題は、いまだ農村としての景観をよく保っている茂木保故地の現在の中に、中世までさかのぼる遺跡や文化遺産を悉皆的に把握する作業を通じて中世茂木保の姿を復元し、「茂木文書」をはじめとする文献資料と突き合わせ、その歴史像をより具体的なものにしていくことである。二〇二一年度、高橋を代表者とする科学研究費助成事業基盤研究(C)「中世東国武家本領の構造的特質に関する復元的研究」が採択され、四年計画で、次の課題に向けた取り組みは、すでに開始されている。

いつも現地でわれわれの調査を快く迎えてくださる地元住民の皆様、われわれの研究の進展に期待し支援をいただいている茂木町・茂木町教育委員会の皆様には、引き続きご協力をお願いしなければならない。また本書を手にした研究者や歴史に関心をもつ皆様には、ぜひ忌憚のないご意見、厳しいご批判をいただきたいと思う。

1章　「茂木知定」の幻影
——鎌倉御家人としての茂木氏——

高　橋　　修

はじめに

本章の目的は、「茂木文書」や『吾妻鏡』の関連記事を吟味し、鎌倉御家人としての茂木氏の歩みを復元することである。史料上の記述は決して多くはないが、鎌倉幕府体制下における茂木氏の政治的立場の変遷を正確に把握することを目指したいと思う。

その時、大きな障害となるのが「茂木知定《ともさだ》」なる人物の位置づけである。『吾妻鏡』建長《けんちょう》三年（一二五一）八月十五日条に「茂木右《（左）》衛門尉知定」として、苗字・官途・実名をそろえて登場するため、この時期に活動が確認される「筑後左衛門次郎」や「茂木左衛門尉」が、すべて「茂木知定」に比定されてきた〔筑波町誌 一九八六、茂木町史 一九九七、牛久市史 二〇〇〇〕。ところが「知定」なる人物は、茂木文書や各種の茂木系図には一切現われないのである（補遺⑬）。

そのため『茂木町史』五・通史編Ⅰ等では、二代知宣《とものぶ》と同一人物とする見方を示している〔茂木町史 二〇〇一〕。『吾妻鏡』に所見する茂木一族は、その大半がこの「茂木知定」に比定された人物であり、こうした人物比定の正否を確かめることは、鎌倉幕府体制下における茂木氏の動向を正しく認識するためには欠かせない課題である。そうした作業に相当の紙幅を割かなければならない理由はそこにある。この重要な課題は後半に解決することとして、まずは1・2節において、茂木氏の成立過程を追究していく。

1　茂木氏の成立

茂木文書の中で、最も古い年記をもつ文書は、次に引用する建久《けんきゅう》三年（一一九二）八月二十二日付鎌倉将軍家（源頼朝）下文《くだしぶみ》である（図1、文書一）。

この文書は、茂木氏の始祖となる八田知家《はったともいえ》が、この年に将軍源頼朝の政所《まんどころ》から受給された、茂木郡地頭職安堵《じとうしきあんど》の下文で、茂木郡（保《ほ》）の初見史料でもある。

中世に入ると、律令制下の芳賀《はが》郡が解体し、長沼《ながぬま》荘、大内《おおうち》荘、東真壁《ひがしまかべ》郡などとともに茂木郡が分立する。やがて茂木郡は茂木保と呼ばれるようになる。保とは、国衙《こくが》領（公領）において開発者の子孫等を保司《ほうのつかさ》に任じ、雑公事《ぞうくじ》などを免除して一定領域の開発や領有を認める制度である。

源頼朝は、建久元年に上洛を遂げ、従二位《じゅにい》に叙せられ、権大納言と右近衛大将《うこのえのたいしょう》を兼ねることとなった。両官ともすぐに辞任し、前右大将家《さきのうだいしょうけ》となったが、三位《さんみ》以上に進んでいるため、家政処理機関である政所の開設を許され、前右大将家政所下文を御家人の所領安堵等に発給している。建久三年七月十二日には征夷大将軍となり、それ以降、図1のような将軍家政所下文が発給されるようになる。文書奥に署判する五名が政所の職員である。この文書の発給日時は頼朝の将軍任官からわずか四十日後の同年八月二十二日であり、現在のところ、もっとも古い将軍家政所下文の遺例である。

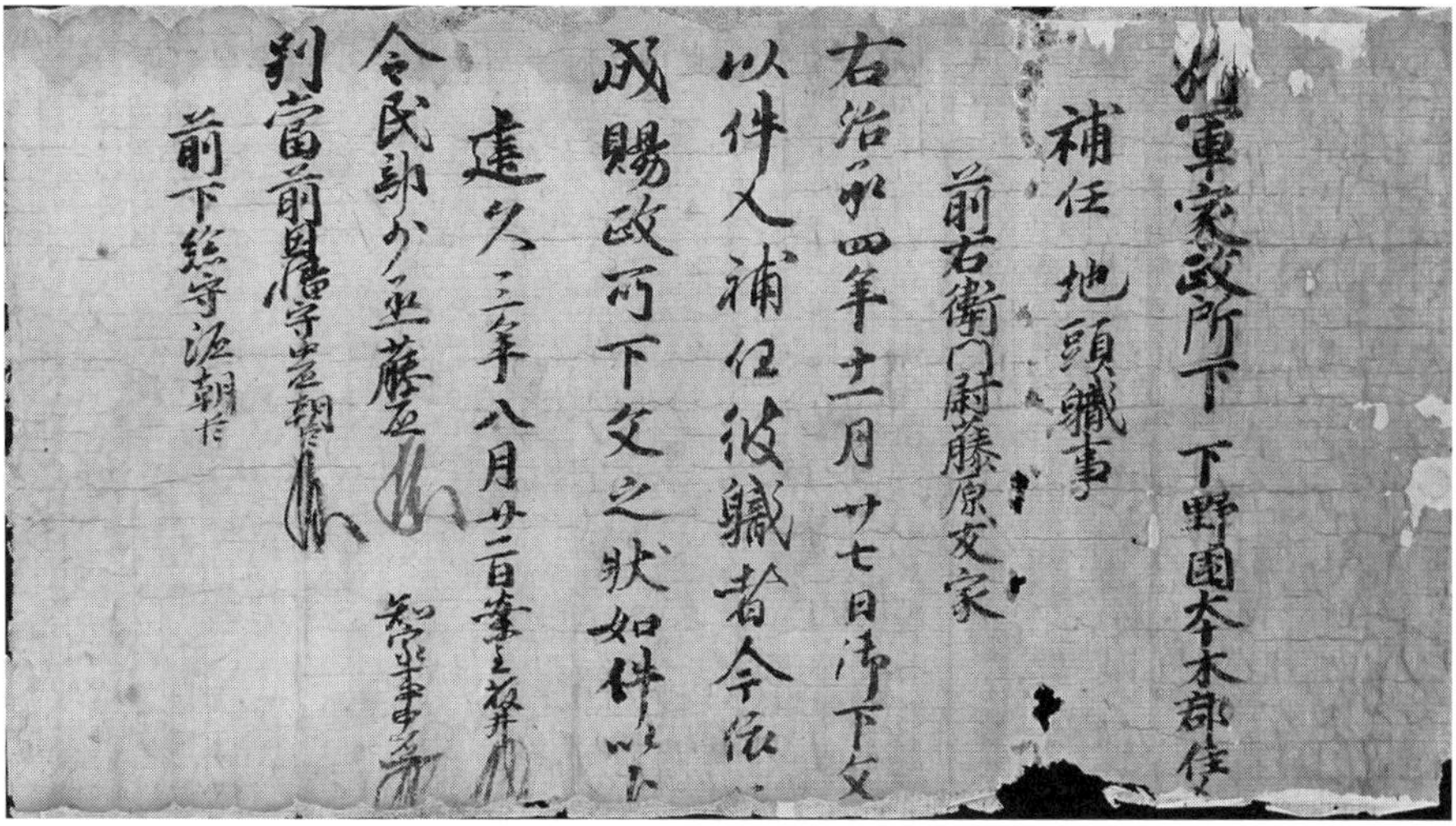

将軍家(源頼朝)政所下す　下野国本木(茂木)郡住人等

補任す　地頭職の事

前(八田)右衛門尉藤原友(知)家

右、治承(一一八〇)四年十一月廿七日御下文に云く、件の人を以て彼の職に補任すてへれば、今仰せによって政所の下文を成し賜ふの状、件の如し、以て下す、

建久(一一九二)三年八月廿二日　　　案主藤井(後長)(花押)

令民部少丞(二階堂行政)藤原(花押)　　　知家事中原(光家)(花押)

別当前因幡守(大江広元)中原朝臣(花押)

前下総守源朝臣(邦業)

図1　鎌倉将軍家(源頼朝)下文(文書一)

図2　八田氏・茂木氏略系図

宛所の八田知家は、常陸国八田を本領とする武士で、道兼《みちかね》流藤原氏の流れを汲む八田宗綱《むねつな》の子で、宇都宮朝綱《ともつな》の弟にあたる。早くから頼朝を支えた有力御家人であり、やがて常陸国守護と認識されるようになる［高橋 二〇〇九］。本文中に「治承四年十一月廿七日御下文」が引用されており、彼が茂木郡を安堵された時期が判明する。茂木文書に残る建久三年八月二十二日付の下文は、将軍家政所開設に伴い、知家の領有権が地頭職として再確認されたものである(図2系図)。

本文中に引用されている下文の治承《じしょう》四年(一一八〇)十一月二十七日という年月日は、頼朝が自ら鎌倉軍を率いて常陸北部の豪族武士佐竹氏を攻めた「金砂《かなさ》合戦」から帰還して十日後である。平安後期の佐竹氏の影響力は常陸北部の奥七郡全域に及んでおり［高橋 二〇二〇］、奥七郡と隣接する下野国茂木郡のあたりにも佐竹氏に与同する勢力があって、それを知家が敵方所領として制圧することにより、後に地頭職とみなされる領有権が、この時点で認められたということではなかろうか。なお地頭職は、文治《ぶんじ》元年(一一八五)のいわゆる文治勅許で朝廷に認められた結果、頼朝が御家人を荘郷に設置したものと説明される場合もあったが、実際には内乱の展開の中、各地で敵方所領の没収にともなう地頭職補任が行われていた［川合 一九九六］。

「治承四年十一月廿七日御下文」が実際に発給されたかどうかは慎重に判断する必要があるが［黒川 二〇一四］、茂木郡(保)における八田氏の領主権は金砂合戦直後に設定され、さらに頼朝の将軍任官時に追認されて、それが三男知基《とももと》とその子孫に本領として継承されることにより茂木氏が成立したのである。その意味で、やはり茂木文書に残る建久三年の下文は茂木氏成立の画期を示す重要な証拠文書であった。

2　泉親平陰謀事件と承久の乱

建久六年(一一九五)八月十六日、鶴岡八幡宮放生会流鏑馬《ほうじょうえやぶさめ》の射手《いて》十六騎の内に、「堪能」の武者として八田三郎、後の茂木知基が選出されている。この頃までに、知基が御家人としての奉公を始めていたことがわかる(『吾妻鏡』同日条)。

それから十八年後の建保《けんぽう》元年(一二一三)二月十五日、安念《あんねん》なる僧が鎌倉で捕らえられた(『吾妻鏡』同日条)。彼は信濃国住人青栗《あおくり》七郎の弟で、謀反に加担する御家人を募っていたらしい。取り調べを受けた安念の白状により、謀反の計画の概要が明らかとなる[郷道一九八六]。謀反の首謀者は信濃国住人泉《いずみ》小次郎親平《ちかひら》で、建仁《けんにん》三年(一二〇三)九月に廃された二代将軍頼家《よりいえ》の遺児を担ぎ、執権《しっけん》北条義時《よしとき》を倒そうとする陰謀であった。安念の白状に基づき、鎌倉において加担を疑われた御家人が、次々に検挙された。

このとき、嫌疑を受けた御家人の中に「下総国八田三郎」も含まれている。知家の三男知基である。「下総」は「下野」の誤記であろう。このときは、まだ父知家も存命中だが、下野御家人とみなされていたのだとすれば、この頃までに知基が下野国茂木保の現地支配を担うようになっていたということであろう。ちなみに同時に逮捕された和田胤長《たねなが》の保釈をめぐって事態は混乱し、それをきっかけに和田義盛《よしもり》の乱が起こっている。

泉親平陰謀事件で、嫌疑を受けた知基が、実際に罪科を問われたかどうかは明らかではない。そもそもなぜ知基が謀反に誘われたのだろうか。建仁三年五月十九日、頼朝の弟で北条時政《ときまさ》の婿となっていた阿野全成《あのぜんせい》が、おそらくは実《さね》朝《とも》の乳母夫《めのとぶ》として頼家を廃し実朝を擁立せんとする謀反の疑いを受けて捕縛されている（『吾妻鏡』同日条）。彼は同二十五日に常陸国に配流となり、六月二十三日には将軍頼家の命を受けた八田知家により下野国で誅殺されている（『吾妻鏡』同日条）。すでに常陸国に配流された時点で、全成は常陸守護八田知家の監視下に入り、その後、誅殺の場所となる下野に身柄を移されたのであろう。知家一族の所領は下野では茂木保以外に確認できないので、全成の処刑は三男知基が領有に関与する同保内の何処かで行われた可能性が高い。手を下したのは知基自身だったのかもしれない。

この事件の直後、知家はその極官（生涯で任じられた最高の官職）となる筑後守に任じられている［糸賀 一九八九］。それは、将軍頼家の命に忠実に従い、捕らえられた全成を即座に始末したことが功績として高く評価された結果であろう。三代将軍実朝の治世、知家・知基父子には、頼家に忠実に従った御家人として警戒の目が向けられた可能性が高い。そうした中で頼家の遺児を奉じた泉親平の陰謀事件が起こり、知基がその加担を誘われたのだろう。いずれにせよ、この陰謀事件への関与を疑われたことは、茂木家の初代知基にとって大きな政治的失点となった。

知基がその失点を回復する機会は八年後に訪れる。それは、承久《じょうきゅう》三年（一二二一）、後鳥羽上皇が執権北条義時を討ち幕府を転覆しようと企てた承久の乱である。

茂木文書の中に伝えられた茂木家証文写は、茂木家の相続に関する証拠文書十五通の写を貼り継いだものだが、承久四年二月二十一日付の初代知基から二代知宣《とものぶ》への譲状に「壱所　紀伊国加太荘に在り　権大夫殿（北条義時）御奉行の御下文を副渡す」という文言がある（文書二①）。本領茂木保をはじめとする他の所領は、始祖知家が給与された経緯を示す下文等とともに譲与されているので、加太《かだ》荘は知基自身が獲得した所領とみるべきである。「権大夫殿（北条義時）御奉行御下文」は、三代将軍実朝が暗殺された後に都から下向し源家を継いだ三寅《みとら》（四代将軍藤原頼経《よりつね》）の意を受けるかたちで執権義時が「奉行」として発給した下文という意味だろう。

この加太荘が知基に給付される経緯をより具体的に示すのが、同じく茂木家証文写の中に収められた建武《けんむ》四年（一三三七）七月三日付で五代知貞《ともさだ》に宛てた足利直義《ただよし》下文の「加太荘は（始祖知家の）子息三郎知基、承久三年九月十六日、勲功之賞としてこれを宛て給ふ」という文言である（文書一五・二⑤）。『吾妻鏡』や承久の乱関係軍記の中にはみえないものの、知基は同年七月の承久の乱において恩賞として所領を賜るような勲功を立てていたのである。

乱の翌年二月には、早くも知基から知宣への相続のための譲状が作成されていることにも注意が必要である（文書二①）。泉親平の陰謀事件に連坐する失策を犯した知基は、承久の乱での勲功により御家人社会におけるその地位を回復したが、なおも幕府に奉公するには障りがあったため、この時点で即座に嫡男知宣への家督相続手続きに入ったのではなかろうか（手続き上、正式には、御家人の家で譲状が作成された時点ではなく、幕府からの下文・下知状《げち》で譲与が安堵された時点が相続の完了である）。茂木系図の記事を信用するとすれば、この後、知基は延応《えんおう》元年（一二三九）まで生存している。

なお『吾妻鏡』は知基を「八田三郎」と表記する。茂木系図は、彼に「茂木三郎」の注記を付ける。父知家からの茂木保譲与を受けた後、彼は「茂木」を苗字としたのだろう。『吾妻鏡』や茂木系図に官途の注記がないのは、彼が壮年期に逼塞を余儀なくされ、地位回復後すぐに家督を譲ったため、官爵に預かることがなかったことを示している。二代知宣は「三郎左衛門尉」と称しており、幕府の推挙を受け左衛門尉任官を果たしたのであろう。以後、茂木家では、鎌倉時代の間、当主が初代知基以来の仮名「三郎」とともに「左衛門尉」の官途名を合わせ称していくことになるので、知宣の任官は、御家人社会の中における茂木家の地位を明示する上で重要な意味をもっていたことがわかる。

3 「筑後左衛門次郎知定」は茂木知定か

こうして鎌倉幕府体制下での復権を果たしたはずの茂木家であったが、知宣以後の歴代当主は鎌倉幕府の公式記録『吾妻鏡』の中に確認することができないものとみなされてきた。それは今日までの茂木氏研究が、『吾妻鏡人名索引』(以下『索引』と略す)の人名比定に依拠してきたためである〔御家人制研究会編 一九七一〕。一方で『索引』は茂木を苗字とする御家人として「茂木知定」なる人物を立項しているのである。『索引』が拾った茂木知定の関係記事を一覧として掲げておく(表1)。

茂木知定は、茂木文書や茂木系図にはまったく所見がないので、先行研究は、知定は知宣の別名ではないか、あるいは一族の者ではないかと解釈してきた〔茂木町史 二〇〇一、江田 二〇一二〕。しかしながら知宣は茂木家当主の仮名「三郎」を称したようであり、常識的に考えれば「次郎知定」とは別人のはずである。では一族に「知定」の実名をもつ者が他にいたのだろうか。以下、慎重に検討していきたい。

『索引』が拾い出した人物をすべて「茂木知定」に比定する根拠は、11の建長三年(一二五一)八月十五日条に「茂木右(左)衛門尉知定」とあることにある。苗字・官途・実名が合わせて記されているこの表記により他の「筑後左衛門次郎知定」や「茂木左衛門尉」を、『索引』はすべて茂木知定とみなしたわけである。

確かに『索引』が主な検出対象とした『新訂増補国史大系』が底本とする北条本には、建長三年八月十五日条に「茂木右(左)衛門尉知定」とみえる。しかし、頭注によると島津本は「知定」を「知宣」とし、しかも「右衛門尉」の誤りを正しく「左衛門尉」と表記していることがわかる。少なくともこの部分に関しては島津本の表記を採用す

表1　『吾妻鏡』茂木知定関係記事一覧（参考：『吾妻鏡人名索引』）

No.	元号	年	西暦	月	日	記　　事
1	暦仁	1	1238	2	17	筑後左衛門次郎(知定)、将軍頼経入京に先陣の随兵として従う。
2	仁治	1	1240	8	2	筑後左衛門次郎(知定)、将軍頼経の二所詣に後陣の随兵として従う。
3	寛元	3	1245	1	28	筑後左衛門次郎知定、若狭前司と座次を争う。
4	寛元	4	1246	8	15	筑後左衛門次郎(知定)、鶴岡八幡放生会に将軍頼嗣の行列の御後五位六位の随兵として従う。
5	宝治	1	1247	6	12	筑後左衛門次郎知定、宝治合戦で若狭前司泰村郎従を討ち取るが、泰村縁者であることを疑われ、この日、弁論が行われる。
6	宝治	1	1247	6	23	筑後左衛門次郎知定、宝治合戦の賞に漏れる。
7	宝治	1	1247	9	11	筑後左衛門次郎知定、宝治合戦の賞に漏れたことについて、和字歎状を提出する。
8	宝治	1	1247	11	11	筑後左衛門次郎知定、宝治合戦の勲功を認められ、恩賞を受ける。
9	建長	2	1250	12	11	大番衆中にあった筑後左衛門次郎知定の代官男、狐を射る。
10	建長	2	1250	12	27	筑後左衛門次郎(知定)、五番の近習結番と定められる。
11	建長	3	1251	8	15	茂木右(左)衛門尉知定(宣)、鶴岡八幡放生会に将軍頼嗣の行列の先陣の随兵として従う。
12	康元	1	1256	6	29	茂木左衛門尉、放生会参宮供奉人として将軍宗尊親王に従う。
13	正嘉	2	1258	6	17	茂木左衛門尉、放生会参宮供奉人として将軍宗尊親王に従う。

べきであり、建長三年八月十五日条の「茂木右衛門尉知定」は「茂木左衛門尉知宣」と認識すべきだろう。

　そもそも1から10の「筑後左衛門次郎」と、11から13の「茂木左衛門尉」が意味するところはまったく別である。まず「茂木左衛門尉」は「茂木」を苗字とし「左衛門尉」を官途名とする人物に相違ない。一方「左衛門次郎」とは「左衛門尉」の「次郎」という意味であり、「筑後左衛門次郎知定」は筑後左衛門尉を称した人物の次男に当たる知定という実名をもつ人物ということになろう。それを誰に比定できるかは後に検討するが、以上の整理から、少なくとも1から10の「筑後左衛門次郎知定」を茂木氏の一族とみなす根拠は消滅したといってよいだろう。

　建長三年の「茂木右衛門尉知定」が「茂木左衛門尉知宣」の誤記だとすれば、知宣は建長八年三月十五日付の譲状と置文を書いているので（文書二②、補遺①）、少なくともそれまでは在世していたはずであり、『吾妻鏡』建長三年八月十五日条に彼が現われても矛盾はない。茂木系図は、知宣の没年月日をこの譲状の年月日としているので、慌ただしく三代知盛《とももり》への家督譲与を済ませ、これと相前後して没したのかもしれない。だとすれば、この後の12・13の「茂木左衛門尉」は、知宣の跡を継いだ茂木知盛に比定するのが適当である。

茂木文書によれば、正嘉《しょうか》二年(一二五八)十二月二日付で将軍宗尊親王《むねたかしんのう》政所が知盛の家督相続を認める下文を発給し(図3:文書三、文書二③)、さらに幕府は嘉元《かげん》二年(一三〇四)、前年に申請されていた知盛から四代知氏《ともうじ》への相続を承認する関東下知状(外題安堵)を与えている(文書二④)。『吾妻鏡』の知盛の出仕記事は、これらの文書とも年代的な矛盾はない。

以上、煩瑣な考証に終始したが、『索引』が検出した一三件の「茂木知定」の記事のうち、11は茂木家二代知宣に比定できる可能性が高く、12・13は三代知盛とみてまず間違いはない。承久の乱で初代知基が復権した後、茂木家では二代知宣、三代知盛と御家人として奉公を果たしていることが『吾妻鏡』に確認できるのである。一方、1から10の「筑後左衛門次郎知定」は茂木氏とはみなしがたく、「茂木知定」は、『索引』の人物比定の誤りが創り出した幻影だったのである。

おわりに―「筑後左衛門次郎知定」とは何者なのか―

以上の考察により、「茂木知定」の実在は否定できたと考えるが、1~10にみえる「筑後左衛門次郎知定」が実在した御家人であったことは事実である。では彼はいかなる人物なのか。

繰り返すが「筑後左衛門次郎」とは「筑後左衛門」の「次郎」(次男)という意味である。鎌倉幕府の有力御家人の

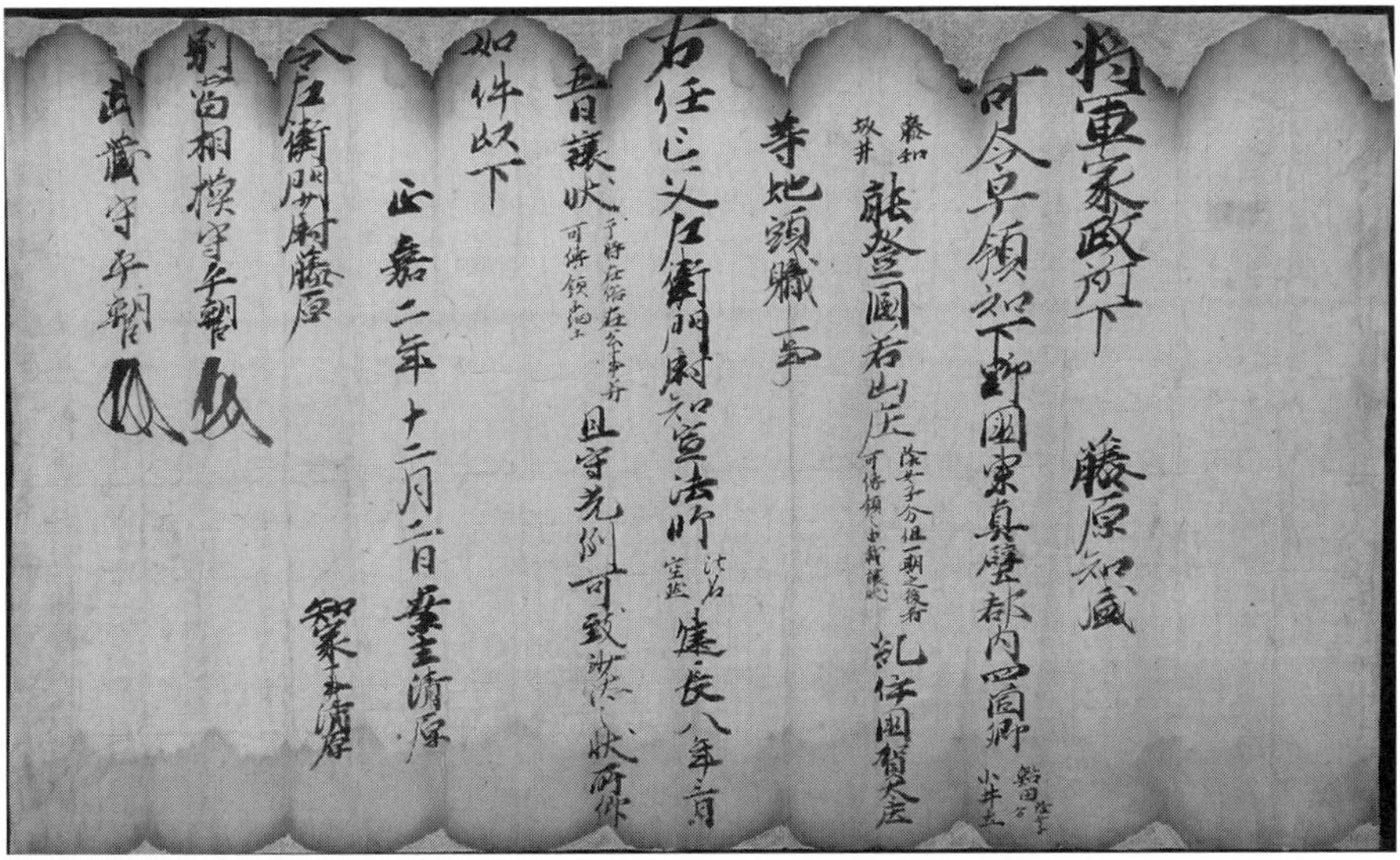

(端裏書)「宗尊親王御下文」
将軍家(宗尊親王)政所下す　藤原(茂木)知盛
早く領知せしむべき下野国東真壁郡内四箇郷 鮎田 女子分を除く、小井土(戸)
藤和(縄) 坂井 能登国若山庄 女子分を除く、但し一期の後は伝領すべきの由を譲状に載す、 ・紀伊
国賀(加)太庄等地頭職の事
右、亡父左衛門尉知宣(茂木)法師法名空然の建長八年(一二五六)三月□(十)五
日譲状 時に在俗、公事並びに伝領すべき子細等在り、 にまかせて、かつがつ先例を
守り、沙汰致すべきの状、仰するところ件の如し、以っ
て下す、
正嘉二年(一二五八)十二月二日　案主清原
令左衛門少尉藤原　知家事清原
別当相模守平朝臣(北条政村)(花押)
武蔵守平朝臣(北条長時)(花押)

図3　鎌倉将軍家(宗尊親王)下文(文書三)

中で「筑後」を名乗ったのは、筑後守を極官とした八田知家である。その嫡男として家督を継承した知重《ともしげ》は、左衛門尉の官職を帯び、『吾妻鏡』も彼を「筑後左衛門尉」と表記する。「筑後左衛門次郎」は筑後守知家の嫡男の左衛門尉知重の「次郎」のことなのである。

5の『吾妻鏡』宝治《ほうじ》元年（一二四七）六月十二日条を次に引用する（表1・5）。

十二日癸巳、筑後左衛門次郎知定、去る五日、筋替橋に於いて若狭前司泰村（三浦）郎従岩崎兵衛尉を討ち捕るの間、事状を勒しその賞を望み申す、而るに知定は泰村縁者として彼の当日朝に至るまで件の館を経廻しおはんぬ、合戦敗北の今、自殺首を取り勧賞を申すの条、還って罪科に行はるべきかの由、その沙汰出来す、

これは安達景盛《あだちかげもり》の支援を受けた執権北条時頼《ときより》が三浦泰村《やすむら》を滅ぼした宝治合戦直後の記事である。知定は筋替橋《すじかえばし》での戦闘で、三浦泰村の郎従《ろうじゅう》岩崎兵衛尉を討ち取るが、彼は「泰村縁者」であったため、勝敗が決した後、寝返ったに過ぎないとみなされ、勧賞から漏れたばかりか罪科に問われようとした。納得できない知定は証人を立て、さらに「和字歎状《わじのなげきじょう》」を提出して、ようやく恩賞に預かることができた（表1・6・7・8）。

八田知家の子孫で三浦泰村の縁者といえば、その女子を妻とした知重の嫡男泰知《やすとも》があげられる。泰知は宝治合戦の影響により失脚したようである。先の想定のように、筑後左衛門尉知重の次男として知定を位置づけられるとすれば、彼は泰村女子（泰知妻）の義弟ということになり、宝治合戦後に「泰村縁者」と疑われた理由として納得がいく。

ここまでの考察結果を系図にまとめたのが図4である。ただし知定は、

図4　筑後左衛門次郎知定の位置

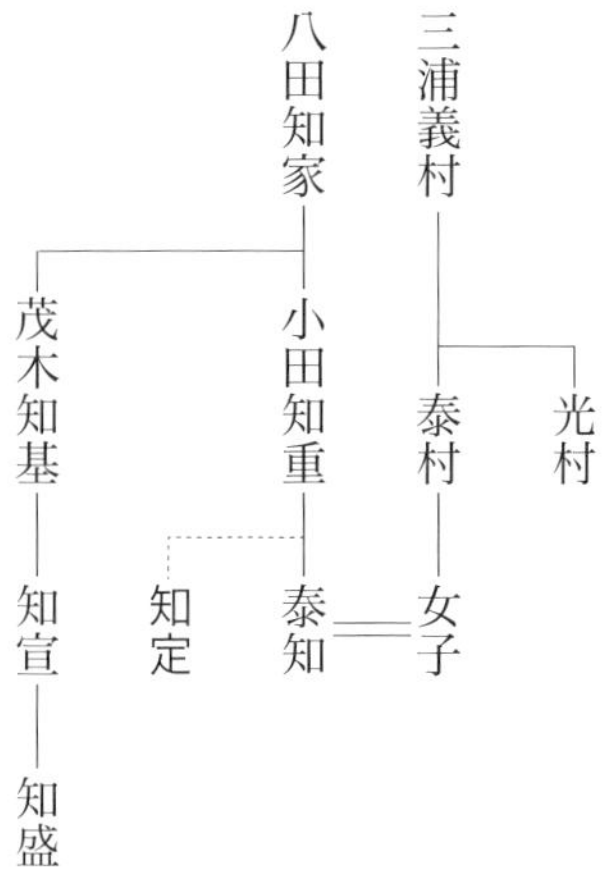

八田氏・小田氏に関する系図の中には見出すことができない。知重の男子の中に「次郎」の仮名をもつ者も見当たらない。そのことが何を意味するのかは、依然として謎のままである。今後の検討に委ねたい。

以上、鎌倉御家人としての茂木氏の成立過程を整理し、『吾妻鏡人名索引』の誤りを訂正する作業を通じて、鎌倉幕府の公式記録『吾妻鏡』の中に書き留められた茂木家歴代の足跡を確定する作業を行った。八田知家から茂木保を継承した知基が陰謀事件への加担を疑われたことから、茂木家は一時期の逼塞を余儀なくされたが、承久の乱で知基が立てた勲功により御家人としての地位を回復し、以後の歴代当主は、順調に御家人としての勤めを果たしていたのである。

混み入った論証の末に明らかにできた事実はわずかだが、本稿で行った検討は、茂木文書と『吾妻鏡』の記事とを矛盾なく対照させ、鎌倉御家人としての茂木家の実像を復元するためには避けて通ることのできない基礎作業と考えている。諸賢の叱正を乞いたい。

〈コラム１〉
信濃国神林郷をめぐる医師丹波氏と茂木氏

山田あづさ

茂木氏には、下野国の本拠から遠く離れた所領もある。たとえば信濃国神林郷《かんばやしごう》である。京都の医師として活動していた丹波《たんば》氏の女子が茂木氏に嫁した際、その女子分に神林郷が含まれていたと考えられる。このコラムでは、丹波氏から茂木氏に継承された神林郷をめぐる歴史をたどってみたい。

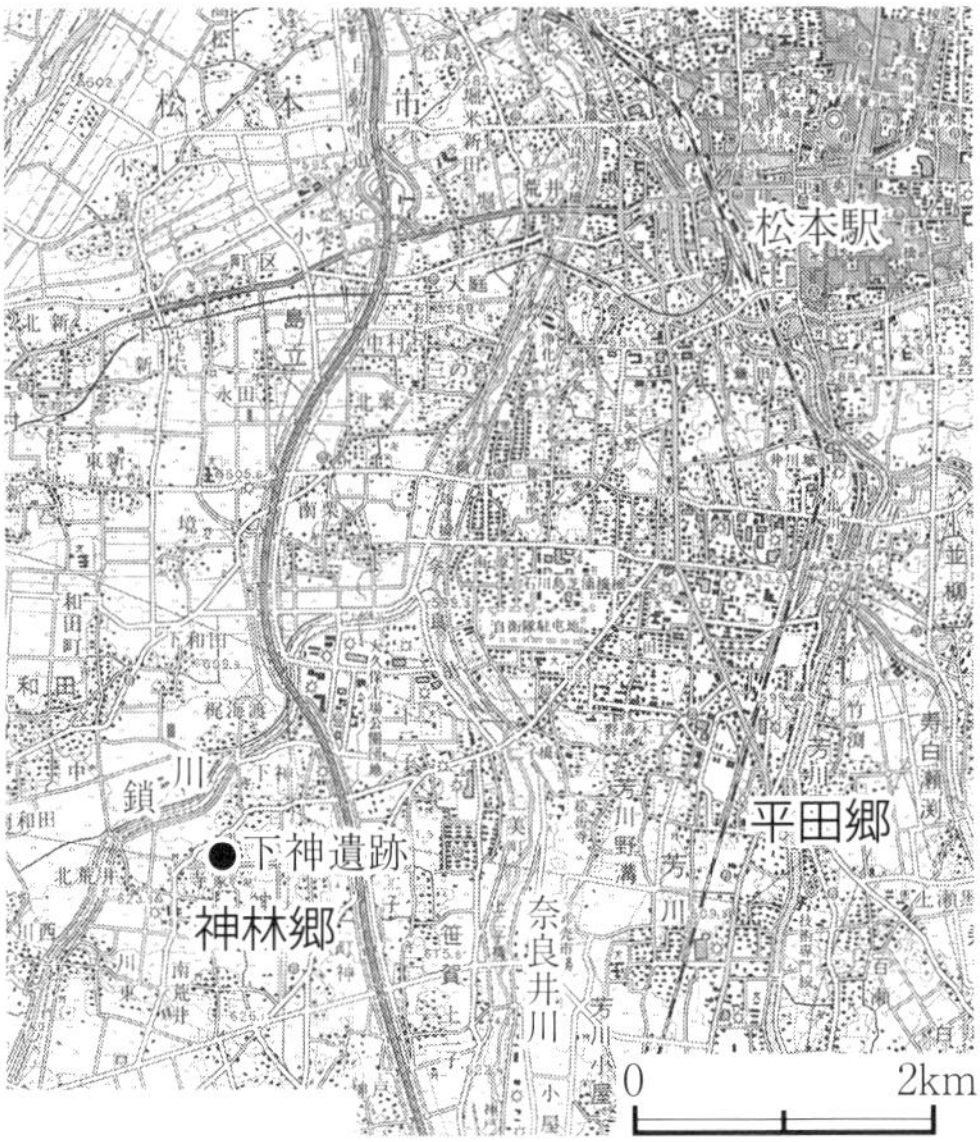

図１　神林郷位置図

神林郷は、現在の長野県松本市、ＪＲ松本駅から南西約七キロの地に神林の地名を残している。神林の西部には鉢盛《はちもり》山と烏帽子岳《えぼしだけ》の北斜面から流れ出す鎖川《くさりかわ》が、東部には木曽山脈駒《こま》ケ岳《たけ》の北にある茶臼山《ちゃうすやま》を源流とする奈良井《ならい》川が流れており、この二つの河川が合流する扇状地に神林郷が立地する。この奈良井川を挟んで北東方向一〇キロほどに位置する筑摩《ちくま》郡総社《そうじゃ》付近には、九世紀以降信濃国府があったと考えられている［塩尻市誌 一九八四］。

その近隣にあり古代以来の重要な土地であったことは、考古学的にも傍証が得られている。たとえば、神林地区の北部に位置する下神《しもがみ》遺跡では、奈良時代から平安時代中頃にかけての住居跡や、奈良三彩《さんさい》などの遺物が出土しており、発掘報告書で「特殊な集落址」と説明している。また、十四～十五世紀の中世墓と推定される土壙《どこう》なども発見されていて、中世の遺構は調査地から西に延びると予測されている［松本市教委 一九八九］。この遺跡が神林郷と関係あるのかどうかは不明だが、茂木文書の神林郷に関する文書がすべて十四世紀代に収まっているので、中世墓の時期とはほぼ重なっている。

さて、茂木文書には神林郷の領有に関する文書が四通あり、そのほか茂木家から流出した四通とあわせて、計八通の文書が残る。このなかで、神林郷の名が初めて出てくるのは、文保《ぶんぽう》二年（一三一八）十二月二十二日付関東下知状《げちじょう》（文書四：図3）である。

この文書は、丹波時典《ときのり》の後家尼《ごけのあま》および弟修理亮《しゅりのすけ》康典《やすのり》から前大膳大夫《さきのだいぜんたいふ》長典《ながのり》法師《ほっし》に、信濃国神林郷と加賀国の所領が引き継がれ、幕府の安堵を受けたことを示す。丹波時典は、さきにもふれたように平安時代から続く医師の家系である丹波氏と考えられる。長典は時典の子で、雅楽頭《うたのかみ》・女医《にょい》博士・大膳大夫であった（『群書系図部集』『尊卑分脈』）。

その後、神林郷下村《しもむら》のうち「尼御前跡《あまのごぜんあと》拾町」が沙弥道信《しゃみどうしん》から女房《にょうぼう》藤原氏に譲られたのが、元亨《げんこう》元年（一三二一）十二月十五日（補遺⑤）、さらに嘉暦《かりゃく》四年（一三二九）二月二十八日には神林郷下村の「浮免《うきめん》拾町」を沙弥道演《どうえん》が後家尼如海《にょかい》に譲っている（補遺⑥）。譲りを受けた如海には、「心にかなう子息のうち」の誰かに所領を譲るよう、一期分《いちごぶん》

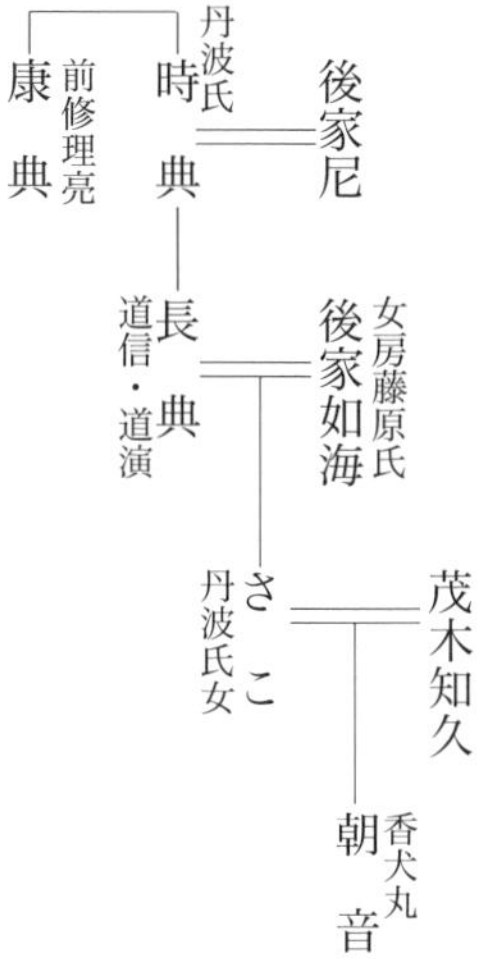

図2　丹波氏の家系と茂木氏との婚姻関係

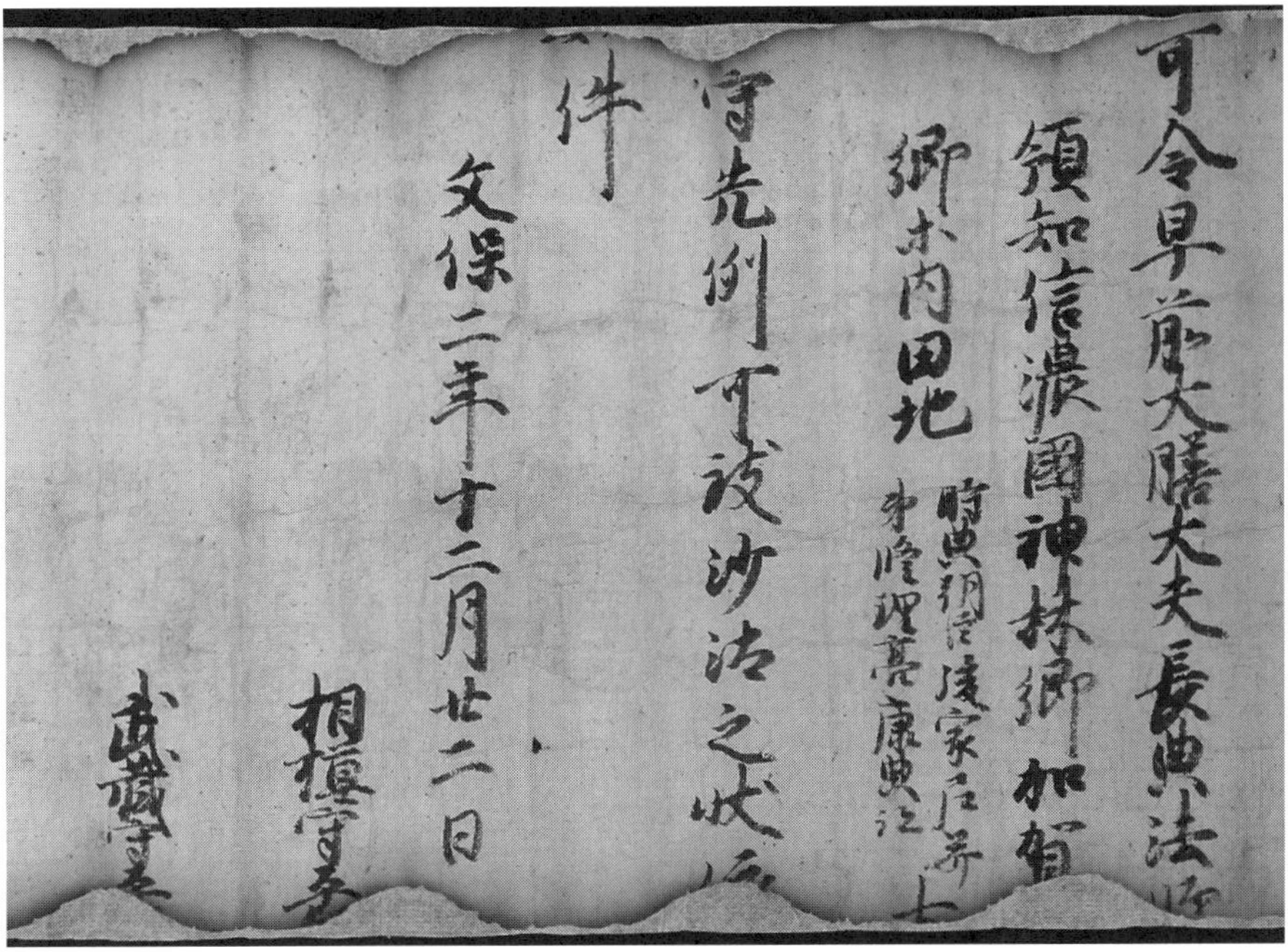

早く前大膳大夫長典法師をして〔　　〕領
地せしむべき信濃国神林郷・加賀〔　〕
郷等内の田地時典朝臣の後家尼幷に弟修理亮康典跡〔の事〕
〔早く〕先例を守り、沙汰致すべきの状、〔鎌
倉殿仰〕に依って〔下知〕件の〔如し〕、
文保（一三一八）二年十二月廿二日
相模守平朝〔臣〕〔花押〕（北条高時）
武蔵守平〔朝臣〕〔花押〕（金澤貞顕）

図3　関東下知状（文書四）

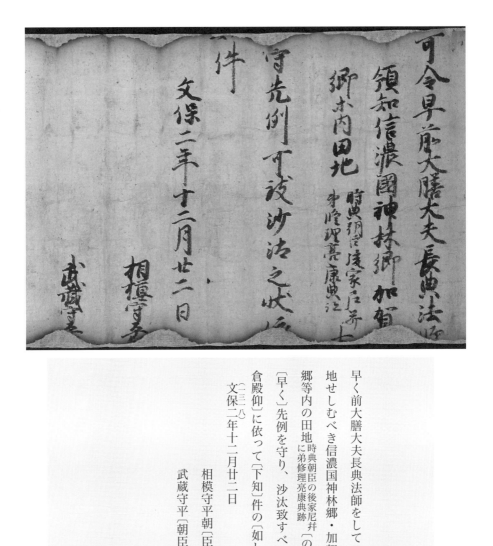

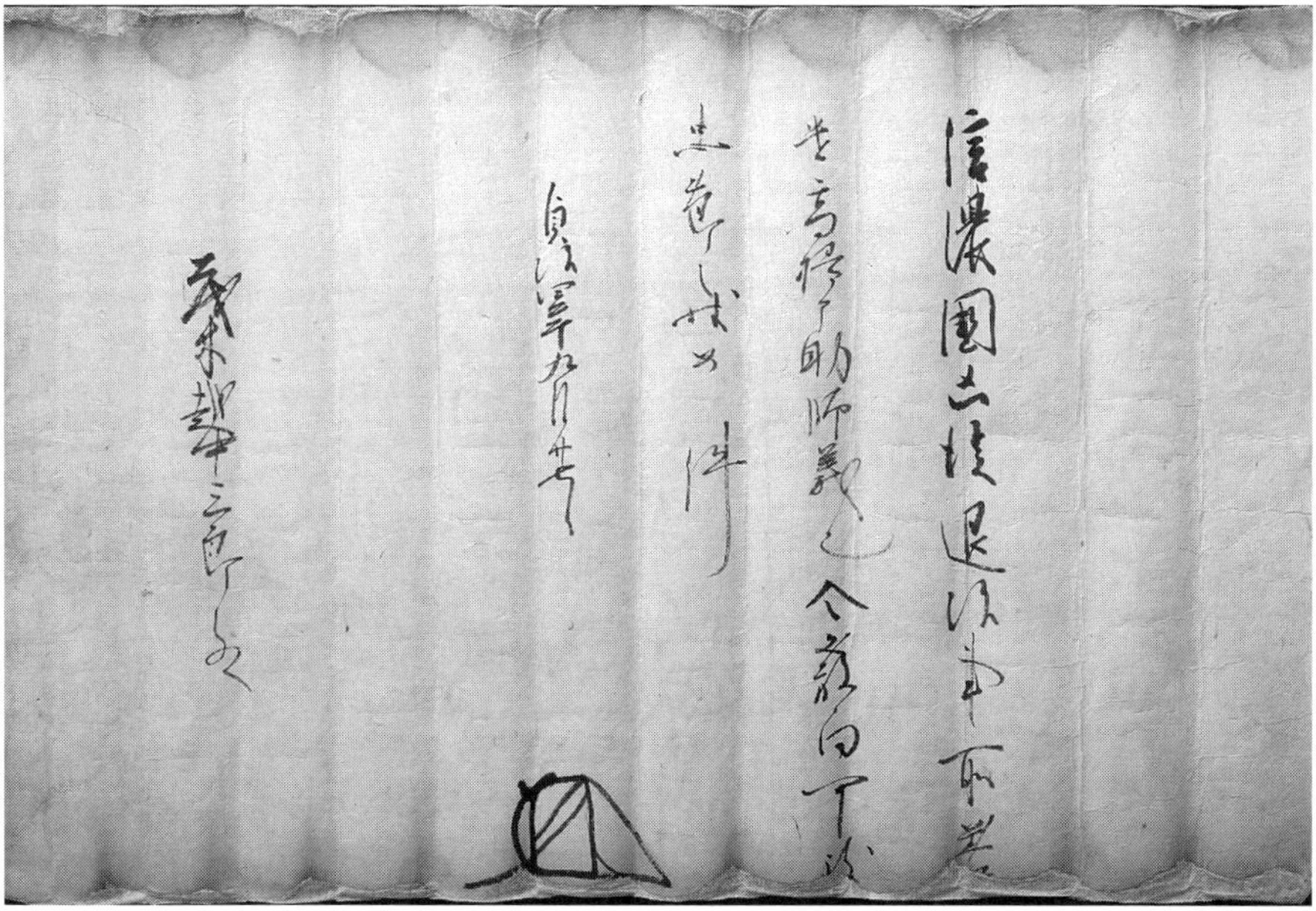

信濃国凶徒退治の事、高掃部助師義を差し遣
わす所也、発向せしめ、忠節致すべきの状件
の如し、

貞治（一三六五）四年九月廿七日　（足利基氏）（花押）

茂木越中（朝音）三郎殿

図4　足利基氏御判御教書（文書三一）

の条件が付けられていた。この二通の譲状は、丹波長典が神林郷を安堵された時点（文書四）から十年ほどしか経っていないため、道信・道演は長典の法名で、女房藤原氏を後家如海と考えてよいだろう。「尼御前跡拾町」は長典母の所領で、「浮免拾町」には「修理亮康典跡」の注記があるから、長典叔父（康典）の所領だったこともわかる。

丹波長典の持つ所領の一部（神林郷下村）が妻である藤原氏（尼如海）に譲られたわけだが、どうやら心にかなう子息がいなかったらしく、暦応《りゃくおう》三年（一三四〇）に如海は娘さこに神林郷下村を譲っている（補遺⑧）。ところが、神林郷下村は何者かによって押領されたらしい。本主《ほんしゅ》である如海とのあいだで相論《そうろん》（裁判）が起き、康永《こうえい》二年（一三四三）には如海に「和談の儀」をもって所領を「打渡《うちわた》」すよう命じた文書が茂木文書に残っている（文書二二）。北朝年号を用いた打渡状（返還命令）は北朝方の裁許だが、「和談の儀」が係争当事者間の事前合意であれば、裁決前には話がついていたことになる。如海の敵方が誰なのかは不明である。

この相論の後、観応《かんおう》二年（一三五一）には神林郷下村が丹波氏女《うじにょ》から嫡子香犬丸《こういぬまる》に譲られる（補遺⑨）。この香犬丸は茂木氏七代朝音《ともね》の幼名であるから、朝音の母である丹波氏女が如海の娘「さこ」ではないかと考えられる。朝音の父は茂木氏六代の知世《ともよ》の弟知久《ともひさ》であり、さこが知久に嫁いだ際に一連の文書群を持参し、これが茂木家に伝来したものと思われる。

こうして神林郷下村は、丹波氏に代わって茂木氏の所領となる。譲りを受けた朝音は、十五年後の貞治《じょうじ》五年（一三六六）に鎌倉公方足利基氏《もとうじ》から神林郷下村の現地の支配を認められている（文書三二）。この前年に朝音は、足利基氏から信濃凶徒を退治するよう軍勢催促を受けているので（文書三一：図4）、茂木氏と信濃との接点もここに確認できる。とはいえ、神林郷の経営はうまくいかなかったようで、翌貞治六年（一三六七）四月二日には再び現地支配（下地沙汰付）を認める基氏の御判御教書《ごはんみぎょうしょ》（文書三三）が出されている。

神林郷下村と茂木氏の関係を示す史料は、この御教書をもって消えてしまう。茂木朝音が嫡子基知《もととも》に与えた至徳《しとく》元年(一三八四)十二月十三日付の譲状(文書二⑫)と、同年月日の幸楠丸(基知弟・九代知清《ともきよ》)への譲状(文書二⑭)には、下野国茂木荘のほか、紀伊・丹波・陸奥の遠隔地所領はあっても、信濃国神林郷が出てこないのである。何らかの事情で朝音の代には神林郷を失っていたものと思われる。

＊

ここまで、茂木文書の神林郷に関連する文書を年代順に紹介しながら、領有の経過を追ってみた。以下では、丹波氏の神林郷獲得から茂木氏へと所領が引き継がれた理由、さらには朝音が神林郷を失うまでの経緯を考えたい。

鎌倉時代の神林郷に関わる史料としては、建治《けんじ》元年(一二七五)六条八幡造営注文に、信濃国の御家人として「神林馬允跡《うまのじょうあと》」がみえる[海老名・福田 一九九二]。この人物について詳細は不明だが、丹波長典が神林郷を引き継いだのが文保《ぶんぽう》二年(一三一八)であることを考慮すると、丹波氏の神林郷獲得は、この御家人から引き継いだ可能性がある。しかし、この頃の御家人の中には、領地を手放す者も出てきたため、永仁《えいにん》五年(一二九七)には徳政令《とくせいれい》が出された。御家人および御家人以外の者が売買等により領地を取得した場合は(御家人が取得後二十年を経過した土地は除く)本主に返還しなければいけないという内容である。非御家人である丹波氏が神林郷を領有しているのは、その入手が売買ではなく、婚姻関係による継承であったためかと考えられる。

丹波氏は、前述の通り医師の家系であり、時典の父は、源頼朝《よりとも》の次女三幡《さんまん》の治療に当たった丹波時長《ときなが》である(『吾妻鏡』正治元年五月七日条・五月八日条、『尊卑分脈』)。時長は、時典の兄にあたる長世《ながよ》とともに鎌倉に下り、医師として活動していた。長世については、「北条氏得宗家の医師化」との指摘がある[細川 二〇一三]。しかし、時典に関しては鎌倉での活動歴は見えず、各種系図では典薬頭《てんやくのかみ》とある。また、長典も雅楽頭や女医博士であるため、京で活動していたと考えてよいだろう。とすれば、神林郷を得た丹波長典と御家人の茂木氏が接点を持ったのは、京においてと考えるべきである。ではなぜ、この婚姻は成立したのだろうか。その理由を探ってみよう。

鎌倉幕府倒壊後の信濃国では、北条氏の残党が根強く活動を続けていた。建武《けんむ》二年(一三三五)二月には後醍醐《ごだいご》天皇から信濃の有力武将である市河《いちかわ》氏に北条残党討伐命令が下され(市河文書『信濃史料』巻五、建武二年二月五日)、三月には市河助房《すけふさ》らが信濃守護小笠原貞宗《おがさわらさだむね》の軍に属し、府中の鎮圧に向かっている(市河文書『信濃史料』巻五、建武二年三月八日条)。七月、中先代《なかせんだい》の乱が勃発し、諏訪《すわ》氏らが時行党《ときゆきとう》として蜂起したがすぐに鎮圧された。しかし、信濃国内では、この騒動のなかで国司が殺害されるなどの混乱が発生している[小林 一九八七]。

前述のように神林郷下村が如海から娘さこに譲られたのは、暦応三年(一三四〇)であった(補遺⑧)。その後、康永《こうえい》二年(一三四三)に相論が起き、如海の所領であることを認める打渡状(文書二―二)が出されている。こうした所領の維持は難しくなっていった。観応二年(一三五一)には丹波氏女(さこ)が嫡子香犬丸に神林郷下村を譲っている(補遺⑨)。したがって、丹波氏女「さこ」と茂木知久が結婚した時期は、康永二年の相論から譲状の観応二年までの間に絞ることができよう。香犬丸(のちの朝音)の誕生が機縁となって茂木氏に神林郷が引き継がれたことは確実である。まさに内乱のさなかであった。

そもそも丹波氏女の夫知久は、茂木家の庶子だったが、文和《ぶんな》二年(一三五三)に父知貞《ともさだ》は、嫡子知世に譲状を与えるなかで、知世に子がいなければ、舎弟知久の嫡子香犬丸(朝音)を養子に迎えて所領を譲るよう指示している(文書二⑥)。もし知世に子が生まれたら、香犬丸を次男として扱えと言い置いており、用意周到な譲状である。さらに同年同月日の知世あての知貞譲状(文書二⑦)でも、知久の後は香犬丸にすべての所領を譲るよう命じている。

神林郷を押領された経験のある丹波氏女にとって、嫡子香犬丸に所領を譲ったのは、母如海が「心にかなう子息」

に譲ることのできなかった思いを遂げようとする気持ちがあったのかもしれない。もちろん、茂木氏の後ろ盾があれば、内乱の渦中にある所領の維持も可能だと考えてのことであろう。前述のように丹波時典の父時長と兄長世は、鎌倉での活動履歴があって、武士との関係は想定できるものの、丹波氏女の祖父である時典と父長典は、京での活動が主体だったと考えられる。知貞は足利尊氏《たかうじ》に従って上洛するなど（文書一三）、茂木氏もこの時期、京での活動を必要としており、そのための人脈を構築しようとする思惑もあって、丹波氏との婚姻を進めたものと思われる。南北朝時代の武家は茂木氏に限らず行動範囲が広い。知貞の人脈が京の医師丹波氏にまで及んでいたのである。

最後に、朝音が神林郷を失うまでの過程を考えよう。貞治四年（一三六五）、鎌倉公方足利基氏から信濃国凶徒を退治すべく軍勢催促を受けた茂木朝音は、翌年に神林郷の領有を基氏の御判御教書をもって認められ、その翌年にも再び現地支配を認める基氏の御判御教書を手にしている。一通の御判御教書だけでは所領の維持が心もとなかったのであろう。朝音が神林郷の支配を維持できなかったのは、内乱による混乱が招いたものだろう。

貞治四年に信濃国が鎌倉府の所轄になる前、南朝方の勢力が根強い信濃国では、北朝方との争いが絶えず、府中周辺にある神林郷も内乱の影響は避けがたい状況だったと想像できる。なお、信濃国から南朝方の勢力が後退してゆくのは、文和《ぶんな》四年（一三五五）に諏訪氏らを率いた宗良《むねよし》親王を、桔梗《ききょう》が原《はら》（現塩尻市）の合戦で小笠原氏が敗退させたことを契機とするとの指摘がある［後藤 一九九六］。

観応二年（一三五一）に神林郷を譲られた朝音だが、至徳《しとく》元年（一三八四）の朝音譲状二通（文書二⑫・⑭）に神林郷は含まれていなかった。この間に朝音が所領を失った理由は史料に残らないが、神林郷に隣接する平田郷を所領としていた山内《やまのうち》氏の動きは参考になろう。

永仁《えいにん》元年（一二九五）に山内時通《ときみち》から通綱《みちつな》・通氏《みちうじ》へ譲与された平田《ひらた》郷は、その後数度にわたって所領の譲与がなされていた。貞治四年（一三六五）六月一日付の山内通継《みちつぐ》譲状には、「信濃国下平田郷地頭職事」が含まれていたが、「所々の内他国所領等」は近年の動乱によりいわれなく他人等に押領されてしまったため、京都に訴えて知行するよう特記されている（山内首藤家文書『信濃史料』巻六）。なお、茂木氏と山内氏に関する文書から、貞治年間にこの地域が小笠原氏により押領された可能性も指摘されている〔塩尻市誌 一九八四〕。その後、応永《おうえい》五年（一三九八）八月三日付の山内通《みち》忠《ただ》譲状（『大日本古文書』家わけ第一五）によれば、通忠から惣領へ譲られたのは備後国の所領のみで、信濃国平田郷は出てこない。おそらく貞治四年時点でも神林郷のように領有が難しくなっていたのだろう。

神林郷が茂木朝音の手から離れたとおぼしい貞治年間以降には、山内氏にも同じ事態が発生していたと考えられる。確証はないが、信濃国内の混乱と小笠原氏の勢力拡大によって、茂木氏の信濃国神林郷の実効支配が不可能になっていたのではないか。もちろん、茂木氏が所領維持を強く望めば、山内氏のように訴えることもできるが、その痕跡は史料には残らない。二十町ほどの所領を維持する経費と労力、守護小笠原氏との力関係を考え、神林郷の維持をあきらめ、本領茂木保の経営に注力することを選択したのかもしれない。

2章　南北朝内乱と茂木氏
――知貞・知世・朝音 三代の戦記――

藤井 達也

はじめに

元弘《げんこう》三年(一三三三)の鎌倉幕府滅亡前後から明徳《めいとく》三年(一三九二)の南北朝合一まで、十四世紀代の大半に及ぶ内乱は、列島全体を巻き込む大規模なものとなり、各地の武士に大きな影響を与えた。北朝方と南朝方が敵対する内乱は、敵味方の去就がきわめて流動的であり、知行の維持や確保を図るため軍事動員に応じる武士は、遠隔地の戦場であっても出陣が求められた。その結果、一族や当主自身の戦死、内乱中の本領や遠隔地所領の喪失(放棄)といった事態に巻き込まれることとなった。

このような南北朝内乱の様相を明らかにする上で、茂木文書は大変重要な意味を持つ。全一〇九点のうち、内乱期の文書は四三点にも及び、武家に伝わる古文書としては、質量ともに大変充実したものである。茂木文書がこれまでにも多くの研究に利用されているのもそのためであるが、たとえば、茂木氏をめぐる軍事指揮系統を分析した松本一夫氏[松本 二〇一〇]、茂木氏当主ごとの動向を詳述した江田郁夫氏[江田 二〇一一]の成果があり、足利方大将との関係性や東茂木保をめぐる伊王野《いおうの》氏との対立といった重要な事象もすでに指摘されている。

さらに、南北朝期の軍事制度［松本 二〇一〇・二〇一九］や、内乱に対応するための武士の相続［呉座 二〇一二・二〇一四、植田 二〇一六］を解明する重要な史料としても茂木文書は利用され、茂木氏の動向から南北朝期の武家社会の内実が明らかとなっている。

多角的な視点で研究が深まっている南北朝期の茂木氏だが、近年急速に進展した東国政治史の研究成果を踏まえれば、茂木氏の姿をより精緻に描き出す余地があるように思う。そこで本章では、南北朝期の茂木氏の動向を描き直すとともに、南北朝期の武家社会の実態を茂木氏の目線で捉え、内乱が武士に与えた影響もあわせて考えてみたい。

1 茂木氏の動向

(1) 建武年間の合戦と茂木氏

後醍醐《ごだいご》天皇による反鎌倉幕府の動きは、元弘三年（一三三三）五月八日の六波羅《ろくはら》陥落、新田義貞《よしさだ》の鎌倉攻めに伴う同五月二十二日の北条高時《たかとき》をはじめとする北条一族の自害によって、鎌倉幕府の滅亡へと結実した。同年六月四日に京都に帰還した後醍醐は、後に「建武《けんむ》の新政」と称される新しい政治を始めた。この大きな政変と茂木氏との関わりを示す史料はないが、同年七月九日付で知行安堵《ちぎょうあんど》の後醍醐天皇綸旨《りんじ》を受け取っていることから、後醍醐方として行動したことは確かである（文書五）。

周知のとおり後醍醐の新政も長くは続かず、建武二年（一三三五）には、北条時行《ときゆき》の反乱（中先代《なかせんだい》の乱）を契機とする足利尊氏《たかうじ》との対立に端を発し、内乱の時代に突入していく。この頃から、茂木氏の動向を具体的に追えるようになる。

北条時行から鎌倉を奪回した尊氏は、鎌倉に留まったまま独自に恩賞を与え始めた。この動きに対して、尊氏と対立する新田義貞の進言を受けた後醍醐は、尊氏追討軍を関東に派遣した。緒戦は義貞を大将とする討伐軍が優位に戦いを進めたが、同年十二月八日に鎌倉を発った尊氏は、十一日朝から十三日にかけての戦闘（箱根・竹之下合戦）で討伐軍に勝利する。そのときの茂木氏当主である知貞《ともさだ》（法名明阿《ほうみょうみょうあ》）は、同年十二月十日に相模で足利方から茂木保を拝領していることから（文書二〇）、尊氏方として従軍していたことがわかる。

尊氏は、そのまま京へと軍を進め、後醍醐方を破り、京を占拠する。しかし、尊氏軍を追討するため、陸奥より大軍を率いて上洛してきた北畠顕家《きたばたけあきいえ》軍によって、間もなく尊氏も京を追われることとなる。建武三年二月の摂津兵庫《ひょうご》嶋《しま》（兵庫県芦屋市）合戦での敗北後、尊氏は船で播磨室津《むろつ》（兵庫県たつの市）に移る。そこで今後の方針を決める軍議（室津軍議）を開いた後、九州へと落ちていく。茂木知貞は、兵庫嶋合戦には従軍しているが、尊氏の九州行きには従わず、四月十六日の鎌倉合戦で、陸奥へと戻る途上の北畠顕家軍を迎え撃っている（文書一三）。知貞がいつ尊氏のもとを離れたかは不明であるが、室津軍議の後に佐竹義篤《よしあつ》ら多くの東国武士が関東へと下向していることから〔市村 二〇一六〕、軍議が開かれた二月十三日以降に関東へ向かったと考えられる。

建武三年六月に、足利尊氏が京都を奪還すると、関東の地では、足利方（北朝方）と反足利方（南朝方、正確には後醍醐天皇が吉野に移ったことで南朝政権が成立するが、煩雑を避けるため、以下反足利方を南朝方と表記する）との戦闘が激しさを増してくる。とりわけ、南朝方の常陸瓜連《うりづら》の楠木正家《まさいえ》、下野宇都宮の宇都宮公綱《きんつな》、陸奥国府の北畠顕家の動きが重要で、これらの南朝勢力との戦闘の中で、政治史が大きく動いていく。こうした中、足利方としては、鎌倉にいた足利義詮《よしあきら》（尊氏の子）を支える斯波家長《しばいえなが》が中心となって軍事行動を展開する。常陸・下野方面については、次の史料を紹介しておきたい。

〔史料1〕岡重直奉書（南関五七〇）

常陸・下野両国以下凶徒等を誅伐せんがため、大将已に発向せしめ給ふ所なり、早く鎌倉の警固を致さば、殊に
抽賞せらるべきの由に候なり、仍って執達件の如し、

建武三年（一三三六）十月十四日

（岡）重直（花押）

山内首藤三郎（時通）殿

建武三年十月、足利方の一門大将が前線へと発向している。この大将とは、建武三年十一月の宇都宮毛原《もばら》合戦で名前が見える「大将軍」桃井貞直《もものいただなお》と考えられる（文書一四）。その軍事指揮のもと、関東武士たちも戦闘に参加していた。

以下、建武三年から五年にかけての茂木氏の動向を見ていく。

建武三年二月、瓜連城（茨城県那珂市）で楠木正家が蜂起し、佐竹義冬《よしふゆ》が討死するなど（南関五五六）、関東武士の間で戦いが本格化していく。そうした状況の中、隣国下野の茂木知貞も常陸戦線に関わっていくこととなる。知貞は八月二十三日の頃には、常陸小栗《おぐり》城（茨城県筑西市）に入っていた（文書一三・一四）。その後、下野戦線の緊迫化のためか、翌二十四日に知貞は下野小山城（栃木県小山市）に移り、その警固《けいご》を担っている。小山城滞在は長引き、少なくとも翌年十二月の小山城陥落の頃まで、詰めていたようである（文書一八）。

小山に入った知貞は、建武三年十月頃に下向してきた大将桃井貞直の指揮下に入ることとなった。小山は、下野の北朝方の中心的な拠点となっており、下総・常陸の武士たちが参集していた。

宇都宮公綱および益子《ましこ》・芳賀《はが》氏の紀清《きせい》両党の勢力が活発な動きを見せていた宇都宮は、「宇都宮御所」（南関四四五）とも呼ばれ、下野国内の南朝方にとって重要な拠点であったため、大将貞直率いる北朝方の攻撃を何度も受けることになる。貞直の下向以前、建武三年九月二十一日の横田原《よこたはら》（栃木県宇都宮市）の合戦を皮切りに、同十一月三日の

毛原（同市）、翌建武四年三月十五日の下条原《しもじょうはら》（同市）、同四月十一日の宮隠原《みやがくしはら》（同市）と、確認できるだけでも四回の戦闘が起きている。いずれも宇都宮近くで行われた合戦であり、北朝方による宇都宮攻めの一環であったと考えられる。茂木知貞およびその子知政《ともまさ》は、そのすべてにいずれかが参陣している。

この宇都宮攻めは、茂木氏にとって痛みを伴うものであった。知貞の配下にあった頼賢《よりかた》や家人《けにん》坂井九郎《さかのい》秀知《ひでとも》らが討死し、毛原合戦直後の十一月七日には、本拠である茂木城が南朝方の攻撃によって陥落してしまった（文書一四）。幸い、十日後には「近隣人々合力」によって、茂木城を回復することができたものの、茂木氏が留守にしていた茂木城（「茂木留守城」）は、宇都宮にも近く、「後詰《ごづめ》」の兵が駐屯するような立地であったため（茂木2一九）、たびたび南朝方に攻め込まれる危険があったのである。

北朝方の拠点であった小山も安泰ではなく、南朝方によって攻め込まれる事態も生じている。建武三年十二月、北畠顕家や結城宗広《むねひろ》の代官を含む大軍勢が結城郡に着陣する（文書一四）と、茂木知政は小山朝氏《ともうじ》、結城直朝《ただとも》らとともに迎え撃っている。翌建武四年七月、春日顕国《あきくに》・多田貞綱《ただ さだつな》が小山城を取り囲んだ際は、小山荘内の乙妻《おとめ》・真々田《ままだ》両郷（栃木県小山市）合戦に知政が出陣し、その数日後には常陸関《せき》城（茨城県筑西市）を攻めている（文書一六〜一八）。以上のような宇都宮と小山近辺をめぐる戦いを見ると、建武四年段階で、知政は小山城内におり、必要に応じて城外の戦闘に加わっていたことがわかる。知貞についても、同じ時期には小山城内の警固を続けていたと推察される。

建武四年八月、北畠顕家は滞在していた陸奥霊山《りょうぜん》（福島県伊達市）を出発し、京を目指す。途中小山城周辺の北朝方との戦闘にだいぶ手間取るものの、十二月八日に小山朝氏を捕らえ、ようやく小山城を陥落させた。このとき、茂木知貞らは小山の地を離れたようで、鎌倉を攻撃し、京をめざして進軍する顕家を追うようにして、桃井貞直のもと上洛の途についた。顕家軍とは、十二月二十五日の鎌倉での合戦をはじめ、翌五年正月二十八日の美濃青野《あおの》ヶ原《はら》（岐阜県大垣市・垂井町)、二月二十八日の南都、三月十三日の八幡《やわた》(京都府八幡市)、同十六日の天王寺(大阪府大阪市)で干戈を交えている(文書一八)。

建武五年八月頃には、越前金ケ崎城(福井県敦賀市)攻撃に知政が従軍しており(文書一九)、建武三年から同五年まで、二年間もの長きにわたって、茂木家の当主・嫡子をはじめとした多くの武士は本拠である茂木城を不在にしていたと考えられる。

鎌倉幕府の滅亡から建武五年の頃までの、内乱初期の茂木氏の動向を見てきたが、茂木氏は一貫して足利尊氏ら北朝方として行動していた。また、この時期は内乱状況の中で数年にわたり本拠茂木を留守にするという、鎌倉時代には見られない状況が発生していた。

(2) 観応の擾乱以降の茂木氏

貞和《じょうわ》五年(一三四九)頃に表面化した足利直義《ただよし》と尊氏執事《しつじ》高師直《こうのもろなお》との対立は、尊氏・直義抗争へとつながり、観応《かんのう》の擾乱《じょうらん》と呼ばれる大規模な内乱を引き起こした。観応の擾乱期の茂木氏については、尊氏方として行動したとの指摘はあるが[茂木町史 二〇〇一、江田 二〇一二]、その具体的な動きは明らかになっていない。そこで本節では、観応の擾乱期と擾乱以降とに分けて、茂木氏の動きを確認してみたい。

貞和五年の直義・師直の対立・抗争には、在京の関東武士である粟飯原清胤《あいはらきよたね》や宍戸朝重《ししどともしげ》らが関わっているが、関東に在国する武士が関与した痕跡は見られなかった[市村 二〇一六]。茂木氏も同様に、幕府内部の対立に関与したことを示す史料は確認できず、貞和五年以降の尊氏・直義の抗争(第一次観応の擾乱)にしても、茂木氏が参陣した形跡は認められない。

しかし、観応二年(一三五一)に、尊氏・直義の対立が再燃すると(第二次観応の擾乱)、関東武士も争いの渦中に巻き込まれることになる。同年十月、鎌倉に向かった直義と対決姿勢を見せる尊氏は、南朝方に降伏し、直義追討の綸旨《りんじ》を得ることに成功する。ちょうどこの頃、直義領であった相模の懐島《ふところじま》郷(神奈川県茅ケ崎市)をめぐる問題が浮上する(文書二五・二六)。懐島郷の支配を主張する茂木知世《ともよ》(先述の知政が知世と改名)に対して抗議する者が現われたのだが、この問題が尊氏・直義の対立とどのように関係するのかは史料がなく、明らかにできない。しかし、知世代官貞幹が直義与党である守護三浦高通に所領の打渡しを依頼していることから、この時点で知世が尊氏方としての旗幟を鮮明にしているわけではなかったことがわかる。

観応三年三月の直義死去後も尊氏は鎌倉にしばらく留まっていたが、文和《ぶんな》二年(一三五三)七月末、留守の間に南朝方に掌握されていた京都を奪還するため上洛することになった。この上洛に多くの関東武士たちが尊氏の先陣を務めることを希望したという(『源威集』)[市村 二〇一六、亀田 二〇一七]。茂木氏の動向をはっきり示す史料はないものの、観応の擾乱期に尊氏方の姿勢を見せていることから考えると、他の関東武士と同様、上洛に従ったと思われる(江田氏もこのときの上洛を指摘している[江田 二〇一一])。

この上洛が決まる一月前の六月十日に、茂木知貞は子息の知世と知久《ともひさ》に宛てた譲状二通(文書二⑥・⑦)と置文(文書二⑧)を残している。譲状では二人の兄弟の後継者を指名し、置文には知世・知久は「一腹一世兄弟」であり、相互に水魚の思いを成《な》して家門を守り、子孫を繁栄させよと諭《さと》して、年貢・諸役の勤め方まで細々と指示している。この譲状と置文が尊氏の上洛と直接関わって作成されたと断定することは難しいが、当時の政治状況を見ることでその背景が明らかとなる。同年二〜三月の関東の直義方勢力の蜂起である武蔵野合戦と連動する形で、京都の南朝方の動きが活発となったことで、茂木氏もいつ大規模な戦乱に巻き込まれ、討死するかわからない状況となった。そこで、相続の順序を早めに確定させ、一族内での紛争を回避しようと知貞が置文を準備したのである。

以上のように、茂木氏は、観応二年以降の観応の擾乱およびその後の政治情勢の中で、終始尊氏方の立場を貫いていた。その中で中心となって動いていた茂木知世は、「沙弥賢安《しゃみけんあん》」として延文《えんぶん》四年(一三五九)に茂木保内安養寺《あんようじ》教乗上人《きょうじょうしょうにん》宛の置文を残しており(文書二⑩)、文和二年から延文四年の間に出家していたことがわかる。この出家の時期を確定するための材料はないものの、知世が常に尊氏方であったことと、尊氏の死去を契機に多くの東国武士が出家したことを踏まえると[杉山 二〇一三]、延文三年(一三五八)四月三十日の尊氏死去に伴う出家であったと考えたい。

尊氏死後に将軍となった義詮は、代替わりにあたって畿内の南朝勢力を叩くべく、出馬の方針を固めた。鎌倉公方の足利基氏《もとうじ》も義詮の方針にしたがって、茂木氏を含む関東武士に軍勢催促をかけている(文書二七)。動員のかかった武士は、入道名《にゅうどうめい》を名乗る「尊氏死去とともに出家した旧尊氏党の東国武家」が中心で[杉山 二〇一三]、観応の擾乱時に親尊氏派として組織された武士が、新体制の下で幕府軍の主力となっていることが注目される。この上洛戦は、大規模な戦闘が予想されたのか、京に向かう茂木賢安(知世)は、さきに触れたように死後の供養を託した置文を残している(文書二⑩)。畠山国清《くにきよ》を大将として畿内へと出陣した尊氏恩顧の関東武士たちは、実際に南朝方と交戦することになった。

しかし、関東武士の大多数が畠山国清に率いられて上洛したわけではなかった。動員に加わらず(あるいは動員されず)在地にとどまり、近隣武士との係争地の確保に走る武士もいたのである。茂木氏と所領を接し、小深・小高倉郷の領有を主張した伊王野氏はその好例であろう(文書二八)。

このように茂木氏は、観応の擾乱期から義詮に政権が移る時期まで、一貫して尊氏方として活動していた。この尊氏与党としての立場は内乱後期の茂木氏の動向にも影響を及ぼす。

貞治《じょうじ》六年（一三六七）、将軍義詮と鎌倉公方基氏の二人があいついで死去すると、政情が不安定化する。関東では翌応安《おうあん》元年（一三六八）に平一揆《へいいっき》の乱が勃発し、多くの武士を巻き込むことになる。

平一揆は足利基氏の直轄軍としての性格を持ち、そのリーダーとなる河越直重《なおしげ》は観応の擾乱期には尊氏与党であった［小国 一九九五］。基氏が没したあと、鎌倉府では関東執事上杉憲顕《のりあき》が幼い公方氏満《うじみつ》を支えていた。その勢力削減をはかる憲顕と平一揆の確執が深まり、応安元年に憲顕が上京した隙を突いて平一揆が川越城（埼玉県川越市）に立て籠もって反乱を起こしたのである。

平一揆の乱は、憲顕の政治工作が奏功して鎮圧されるが、茂木氏も平一揆に加担していたのではないかと指摘したのが江田郁夫氏である［江田 二〇一二］。その傍証として応安八年（一三七五）に公方氏満が茂木氏に西茂木保を「返付」した事実（文書三四）をあげ、平一揆に加担した結果、所領を収公されていたのではないかと指摘している。茂木氏が川越城に籠城したかどうかは不明だが、茂木氏も河越氏と同様に尊氏与党であり、当時の当主である朝音《ともね》は、基氏から軍勢催促を受けており（文書三一）、子息には基氏の偏諱と考えられる「基知《もととも》」の実名が与えられている。基氏の死をきっかけに発生した平一揆の乱に、茂木朝音が一揆方に与したとする江田氏の主張は首肯できる。

応安八年に西茂木保を回復した茂木朝音は、康暦《こうりやく》二年（一三八〇）の小山義政《よしまさ》の乱の際、公方氏満の命で出陣し（文書三五）、翌年には軍功を賞した氏満の御判御教書を受け取っている（文書三六）。南北朝内乱の末期にあたる十四世紀後半から十五世紀初めの史料は、この二通しかなく、しばらくの間、茂木氏の動向が追えなくなる。

以上、建武年間と観応の擾乱前後の時期を中心に、茂木氏の動向を見てきた。次節では南北朝の内乱を生き抜いた、その戦略を探ってみたい。

2　内乱期茂木氏の生き残り戦略

戦局がめまぐるしく変わる南北朝の内乱を茂木氏はいかにして乗り切ったのか。内乱期の茂木文書をみると、茂木氏の動向に三つの特徴がみえてくる。

①絶え間ない戦況の変化に伴う、東は関東から、西は畿内近国地域までの広範囲に及ぶ従軍

②長期間にわたって当主不在となる本拠

③当主や家人の死、所領の喪失などの危機が常態化

とりわけ、①と②は内乱初期に顕著な現象で、茂木氏は戦争を続ける中で対応にせまられた。茂木氏がどのように内乱を切り抜けていったのかを、⑴武士同士のネットワーク、⑵内乱期の本拠、⑶所領経営・相続を円滑にするためのリスク対応、の三つの視点から考えていきたい。

⑴　内乱初期の武士のネットワーク

絶え間ない戦乱とそれに伴う移動は、茂木氏が下野以外に基盤を置く武士と関わりを持つことにもつながった。ここでは、隣国常陸守護の佐竹氏との関係を取り上げる。次頁の史料2は常陸守護佐竹貞義《さだよし》(道源《どうげん》)が小山城在城の頃の茂木知貞に宛てた書状である(文書一一：図1。欠損文字の校訂文字は〔　〕で表す)。

佐竹貞義は、建武二年二月の室津軍議の際に、息子の義篤を常陸に下向させる一方、自身は足利尊氏の九州下向に付き従っている(「佐竹家譜」)。そのため、尊氏京都奪還後はしばらく在京を続けている。本書状は京都から差し出さ

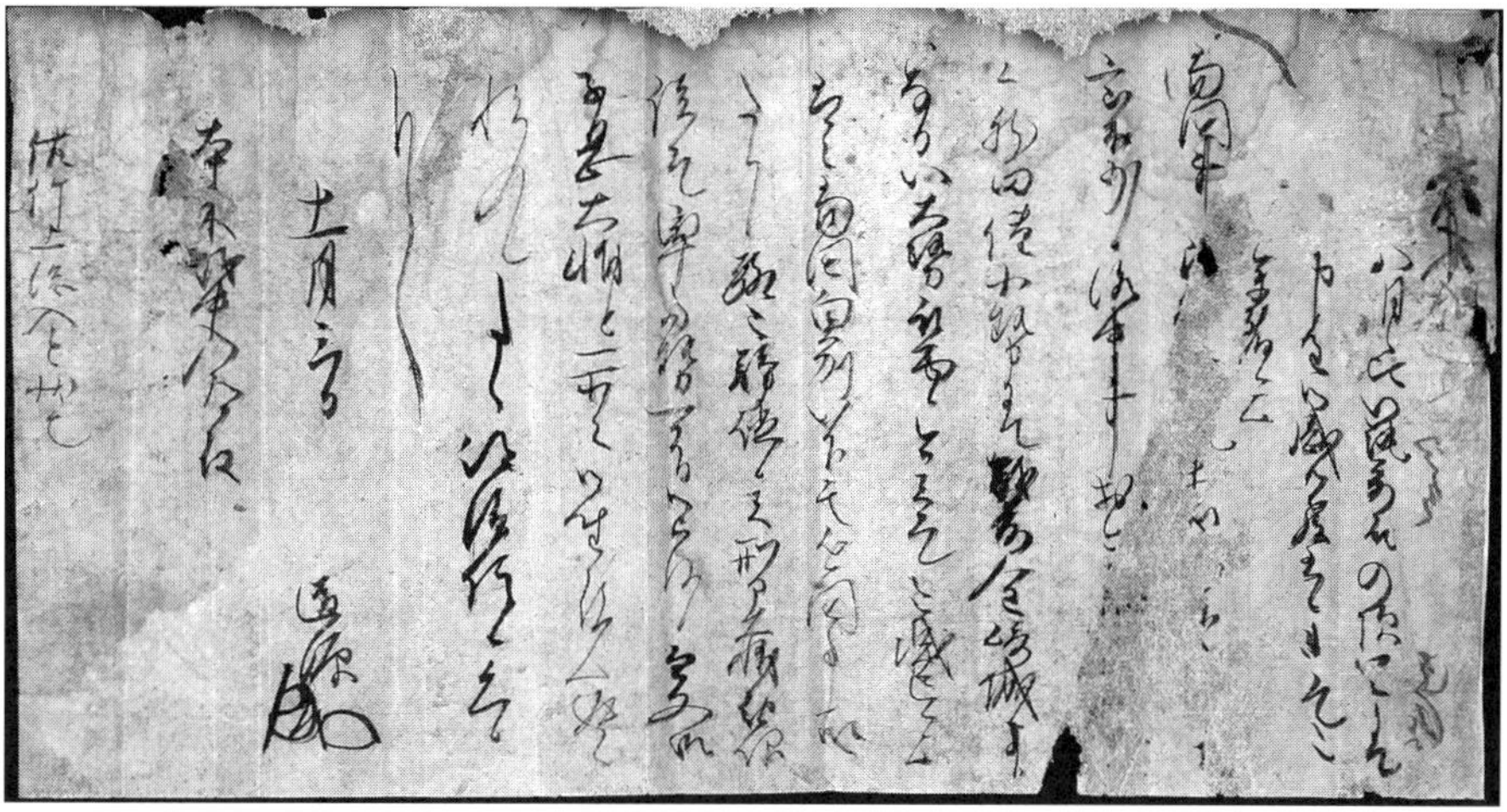

〔史料2〕道源（佐竹貞義）書状

（端裏書）「謹上　茂木越中〔入〕道殿　　道源」

八月の比、筑前殿（少武頼尚）の便宜にて申し候、重ね
て御感御教書候き、定めて参着せしめ候か、
当国の事、今において〔種々巷説、未だ落居の程を承
らず候〕、定めて少なからず候、洛中の事、今におい
て〔は大略残る所無く〕候、新田僅かに小勢にて、越
前金崎城よりなかい大勢取り巻き候、今は定めて滅
亡せしめ候か、尚々当国・奥州以下其の近国の事承り
たく候、聊か静謐せしめ候わば、刑部大輔（佐竹義篤）と仰せ談ぜ
られ候て、多勢を率い、御上洛有るべく候、兼ねて又
御子息（知政）、大輔と一所ニ御坐候覧、返す返す悦び入り候、
事々に後信を期し候、恐々謹言、

十一月三日（建武三年）　　道源（佐竹貞義）（花押）

本木（茂木）越中入道殿（明阿、知貞）

（異筆）「佐竹上総入道の状なり、」

図1　道源（佐竹貞義）書状（文書一一）

れたもので、知貞に常陸および周辺地域の情報を聞かせてほしいと伝え、義篤とともに上洛することを促している。
貞義と知貞との関係については、「隣国守護佐竹氏への従軍を茂木氏が選ぶことができた（守護・大将と麾下の武士という関係）」〔松本 二〇一〇〕、「近隣のよしみ（近所の義）による対等な関係」〔江田 二〇一二〕などの見解が出されている。特に松本氏は守護と管轄国外の武士が書状のやりとりをするのは他に見られない希少な例として注目しているが、近年では、南北朝期の武士が他国の守護に従軍する事例も紹介されており〔堀川 二〇一四〕、必ずしも珍しい事例と考えられなくなっている。江田氏が述べるように、常陸境界部分に位置する茂木氏本拠の佐竹氏側との地理的な近さも重要になってくるが、守護クラスの武士と茂木氏を対等と言い切るのにも疑問が残る。むしろ、本章では、守護貞義と知貞の接点がどこで生まれ、その関係性が茂木氏の軍事行動にどう影響したかに注目したい。

建武二年の中先代の乱を鎮圧するため鎌倉に下向した足利尊氏の軍勢には、佐竹貞義の姿があった（南関二七〇・五五六）。一方、茂木知貞が尊氏方として従軍したのは、乱後の同年十二月の尊氏上洛戦であり、知貞と貞義・義篤は、室津軍議まで行動を共にし、その後、他の東国武士らとともに知貞と義篤は関東に下向している。佐竹氏と茂木氏は、南北朝内乱に伴う転戦の中でともに行動する機会をもっていたのである。

知貞は下野に帰国した建武三年の少なくとも八月の頃までに、常陸戦線に出向いている。次に掲げる史料3は、知貞が常陸戦線に出陣するよう命じられた文書である。

〔史料3〕斯波家長奉書（文書一〇）

「（異筆）□□御教書」

常陸国凶徒等蜂起の由、其の聞こえ有るの間、足利少輔三郎（斯波詮経カ）を差し下さる所なり、早く一族を相催して、軍忠を致さるべきの状、仰せに依りて執達件の如し、

建武三年(一三三六)七月十二日　源(斯波家長)(花押)

茂木越中入道(明阿、知貞)殿

これまでは、常陸国凶徒らの一人、楠木正家が瓜連城で蜂起した風聞が鎌倉に聞こえ、斯波家長を中心とした鎌倉方が知貞に参陣を命じた文書として理解されているが、佐竹氏と茂木氏との関係を踏まえると、別の側面も見えてくる。

瓜連城をめぐる常陸戦線に従軍する武士の主体は、守護佐竹貞義の子義篤の軍勢催促を受けた常陸の武士であったと考えられる。しかし、佐竹氏は管轄国内だけではなく、鎌倉期以来の佐竹氏の所領であった陸奥国飯野《いいの》荘(福島県いわき市)の伊賀《いが》盛光《もりみつ》にも動員をかけている。これは、佐竹氏の所領経営の中で同地に基盤を置く伊賀氏との関係性が生まれたことによると想定できる。しかし、茂木氏の所領は常陸国との境目にあるが、佐竹氏との直接的な関わりはみえない。両者の接点として考えられるのは、尊氏上洛戦での従軍であった。

知貞が常陸戦線に参加する二月ほど前の同年五月、下野国では沼和田《ぬまわだ》河原(栃木県栃木市)で足利方と南朝方との戦闘があった(南関四四五)。この合戦に茂木氏が参陣した形跡はなく、七月に知貞は常陸戦線に向かっている。なぜ他国の参陣に応じたのだろうか。

内乱初期、茂木氏は後醍醐方への従軍によって、本領である東西茂木保の確保を図っていた。しかし、後醍醐天皇綸旨で与えられた東茂木保の小山氏による遵行《じゅんぎょう》(所領の明け渡し)はうまくいかず(文書六〜九)、挙句の果てには東茂木保が摂津親秀《せっつちかひで》に与えられてしまう(文書二〇)。このような状況の中、茂木氏は所領確保の望みを建武二年の尊氏上洛戦への従軍に託し、相模での従軍中に東茂木保の確保が認められたのである(文書二〇)。翌三年四月過ぎに下野に帰還した知貞は、認められた茂木保支配の実効性を確保しようとしたが、下野守護小山氏当主秀朝《ひでとも》は中先代の乱で討死しており［松本二〇一五］、その跡を継いだ幼少の常犬丸（後の朝氏《ともうじ》）には所領の保証が期待できなかった。そこで、知貞が目をつけたのが、守護・大将として、尊氏のもとに軍功を上申できる立場にある佐竹氏であった。

茂木氏と佐竹氏は、近接した地域に所領を持つ武士同士の「近隣のよしみ」を持つ一方、明確な証拠はないが、尊氏方としてともに上洛戦を戦う中で親交を深める機会をもつことができたであろう。このことは、史料2の末尾で、貞義が「兼ねて又御子息、大輔と一所ニ御坐候覧、返す返す悦び入り候」と書き添えていることからもうかがえる。これは、「以前と同じようにまた、ご子息（茂木知政）が大輔（佐竹義篤）と一所にいらっしゃるそうで、返す返す喜ばしいことである」という意で、知政・義篤が上洛戦でともに従軍していたことを貞義が認知していたことを示す。実際に、史料2が出された建武三年十二月段階で知政が義篤と一緒にいたという事実は確認できないものの（十二月段階に知政は小山城に移っている）、状況証拠をあげることはできる。

同年八月二十三日、知貞が小山城に移るきっかけとなった南朝方による小栗城攻撃と連動する形で、前日の二十二日には、南朝方の小田治久《はるひさ》と広橋経泰《つねやす》が瓜連城を攻める佐竹氏と交戦している事実である。この八月頃、知政が瓜連城付近にいた義篤に従軍していたことは十分に想定できよう（知貞は戦況の悪化で小山に移り、知政は小山周辺の合戦に参加した十二月までのいずれかの時期まで義篤に従軍）。

茂木氏は、佐竹氏に従軍することによって所領の確保を狙い、上記のような行動を取ったのである。これは功を奏したようで、史料2の尚々書の部分から、佐竹貞義が筑前殿（少弐頼尚《しょうによりひさ》）を通じて、茂木氏の軍功を賞する「御感《ごかんの》御教書《みぎょうしょ》」が発給されるよう働きかけていたことがわかる。

一方、佐竹貞義にとっても、茂木氏とのつながりは関東・奥州地域の情報収集および戦争時の手勢確保のために重要であった。便宜を図ることを引き換えにして、茂木氏への影響力を保とうとしたのである。

ここで、史料3の解釈に戻る。近年の研究によると、軍勢催促状は、参陣した武士の着到をもとに発給されるのが一般的であり、なかには軍事動員に応じた武士の求めに応じて軍勢催促状が発給される場合もあったことが明らかにされている〔永山 二〇一九〕。ここには、軍勢催促状が、単なる動員要請以上に、恩賞申請などに必要となる公験《くげん》（証拠文書）として機能したという背景がある〔松本 二〇一四〕。この研究を踏まえると、知貞が主体的な判断によって常陸戦線への従軍を選択し、その行動の正当性を得て恩賞確保を確実なものとするために、斯波家長の奉書（「御教書」、史料3）を確保したとも解釈できる。

以上から、南北朝期の武士は、所領（恩賞）確保を確実にするため、公的・私的なさまざまなネットワークを利用していたことがうかがえる。特に茂木氏と関わりの深い佐竹氏は、守護・大将としての存在であると同時に、ともに従軍した近国の武士としての傍輩であったのである。

(2) 内乱期の本拠

南北朝期の茂木氏の三つの特徴のうち、本項では②長期間にわたって当主不在となる本拠について考えてみる。転戦に次ぐ転戦で茂木氏は二年以上も主力の武士たちが本拠を空ける場合もあった。どのように本拠を維持・経営していたのだろうか。なお、南北朝期の茂木氏の本拠は、現在の城山公園ではなく、約一キロ北東にある荒樫《あらかし》神社付近にあった可能性がある（詳しくは7章参照）。建武四年に宇都宮攻めの後詰が陣を敷いた「高藤宮前」が荒樫神社に比定されており、茂木氏の本拠が軍勢の駐屯地として利用されたとも考えられる（茂木2一九）。次の史料4は茂木氏の本拠の状況を伝える数少ない史料の一つである。

〔史料4〕明阿（茂木知貞）代祐恵軍忠状（文書一一二）

茂木越中入道明阿（知貞）代祐恵申す、
右、去ぬる七日茂木城落とされて後、一昨日十七日、近憐（隣）人々の合力を以て、凶徒を追い散らし訖ぬ、而して御判を賜り、重ねて近憐の輩を相催し、軍勢を差し置くべく候、合力の輩の交名においては、追って注進すべく候、
仍って言上件の如し、
建武三年（一三三六）十一月十九日　代祐恵（裏花押）
「（異筆）桃井殿」
「（異筆）承り了ぬ、（桃井貞直）（花押）」

建武三年十一月、茂木知貞が大将桃井貞直のもとで宇都宮を攻撃していた頃、南朝方の攻撃によって、茂木城が陥落した。史料4の発給者「代祐恵《ゆうけい》」は知貞の代官で、当主不在時には本拠に代官を置いて管理させていたことがわかる。

この時期、知貞は同年十一月三日の毛原合戦など宇都宮攻撃のために出陣中であり留守であった。おそらく代官祐恵には本拠茂木で事が起きた場合、大将桃井貞直に直接報告するよう主人知貞の指示が出ていたのだろう。もちろん知貞にも報告した可能性もあるが史料は残らない。史料5（図2参照）は代官祐恵の動きを示す史料である。

史料4と同月に提出された軍忠状だが、重要なのは「城槨落とされて後は」以下である。前文は、知貞の戦功書き上げであり、茂木城が落とされた後は、無足となってしまったので（所領を奪われた）、闕所地《けっしょち》のいずれかを軍功の賞として与えてほしいと要求している。十七日には茂木城をすでに回復しているから、史料5はそれ以前に提出されたこともわかる。

本拠を失う緊急事態にあって、代わりの地を確保しようと要請した祐恵の軍忠状は、かなりの緊急性を持って提出

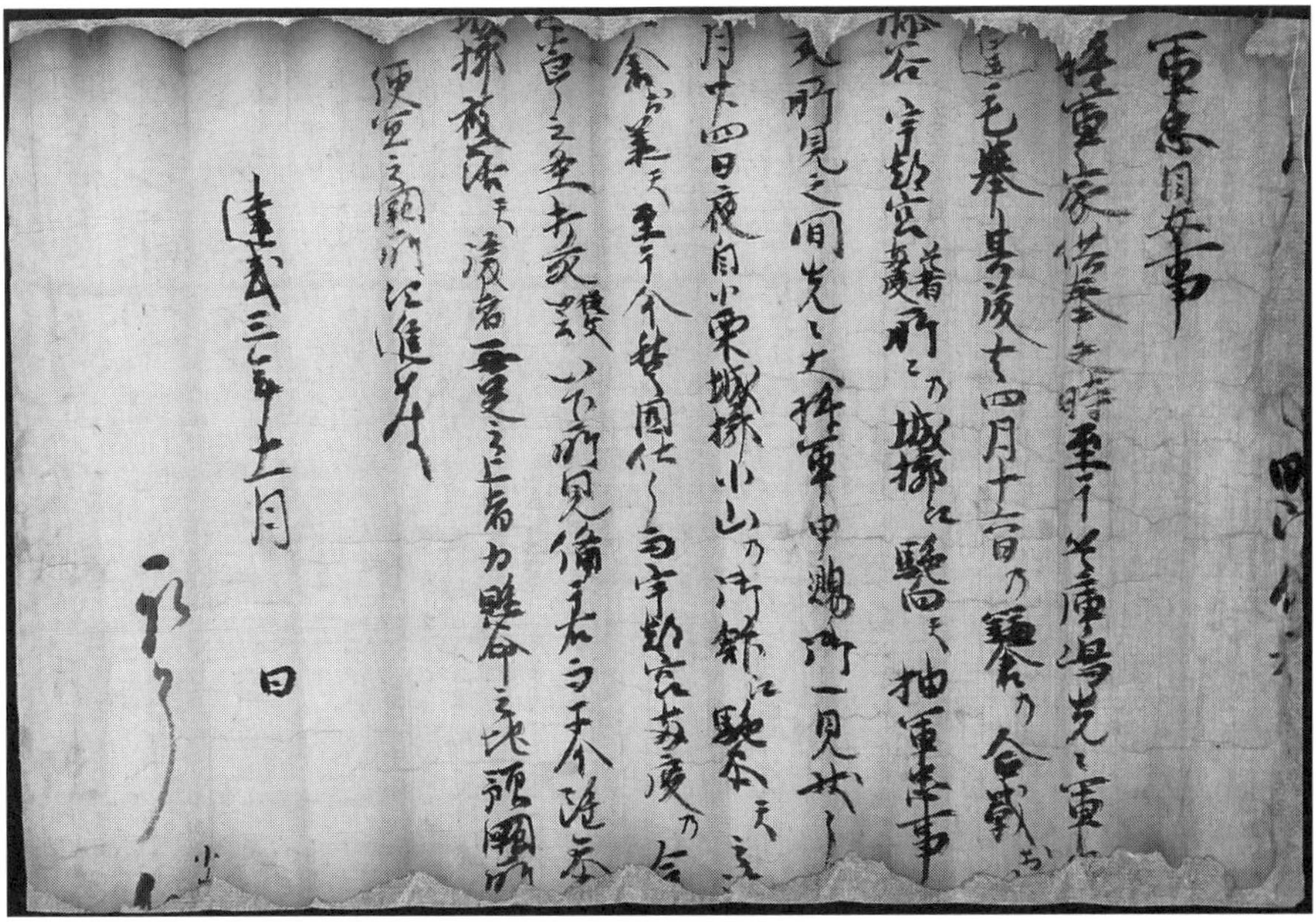

〔史料5〕明阿代祐恵軍忠目安状

〔茂木越中入道〕明阿代祐（知貞）〔恵申す〕

軍忠目安の事

〔右、〕将軍家供奉の時、兵庫嶋に至り先々軍〔忠〕毛挙に遑あら〔ず、〕其後去る四月十六日の鎌倉の合戦を〔始め〕、藤谷・宇都宮是は両度、所々の城槨え馳せ向かいて軍忠を抽ずる事、□□所見の間、先々大将軍御一見状を申し賜り了んぬ、□〔八月〕二十四日の夜、小栗城槨より小山の御館え馳せ参じての〔後、〕□倉を承りて、今に至るまで稽（警）固仕り了んぬ、而して宇都宮両度の合戦〔忠〕節を〔抽きんずる〕の条、打死従父卿公以下見る所を右に備う、而して今に参□と雖も、城槨落とされて後は、無足の上は、懸命の地として、闕所に預かり、便宜の闕所を□、注進件の如し、

建武三年（一三三六）十一月　日　　（異筆）「小山」

（異筆）「承り了ぬ、（花押）」

図2　明阿代祐恵軍忠目安状（文書一三）

されたもので、事前に主人知貞と協議する時間は十分に取れなかったとも考えられる。つまり、代官の祐恵に緊急対応時の裁量権が知貞から与えられていたからこそ、主人に代わって発給できた可能性が高い。戦況がめまぐるしく変わる情勢においては、当主が本拠を不在にしている場合、緊急対応を含めた本拠の管理に関する一定程度の裁量権を信頼の置ける代官に与え、本拠を維持していたのである。祐恵についてては史料がなく、詳細はわからないが、その役割の大きさを考えると、茂木一族またはそれに準じる家人で僧形の人物であったと思われる。南北朝期の武士では、特別な舎弟に一族内の裁判権や軍勢催促権を付与する「兄弟惣領」という慣行があったという研究成果もあるため［田中 二〇〇五］、それに類する存在と考える。

茂木城の陥落はまさに緊急案件の最たるものだが、「近隣人々の合力」によって短期間のうちに回復できたのは、事前に近隣の人々との間に、当主不在の危機対応として、合意形成がなされていたからであろう。個々の力では対応不能な問題を集団で解決する一揆の慣習が機能し［勝俣 一九八二］、茂木城の場合は功を奏したと思われる。

茂木城は宇都宮に近く、南朝方の進軍経路に接しているため、戦火に見舞われる危険が高く、実際に戦争が行われたこともあった（茂木2一九）。そこで祐恵は、史料4で大将の「御判」をもって、「近隣の輩」の軍勢を駐屯させようとした。取り戻したとは言え、本拠の喪失は本領の支配権の喪失につながる緊急事態であったため、一時的にでも軍勢の駐屯場所とすることで、その維持を図ったのである。

以上をまとめると、茂木氏の本拠に対する危機対応の手段として、次の三点をあげることができる。

①代官祐恵による本拠の維持・管理（緊急時の裁量もあり）
②近隣の人々の合力による緊急対応
③上部権力の保証（大将の御判）を受けての軍勢駐屯による本拠の防御

内乱による当主不在のリスクを抱える中、自力による維持・管理だけでは心もとなく、近隣の人々の合力、大将の権威を借りての防御と、実に多様な危機管理の方策をとっていたのである。

(3) 内乱の長期化とリスク対応

本拠の危機管理のあり方を探ってきたが、一時的な本拠の維持だけでなく、所領の確保も大きな課題であり、武家にとって重要なのは所領経営(年貢・諸役の勤め)と後継者の問題である。長引く内乱に茂木氏はどのように対処したのかを紹介する。

茂木知貞が、文和二年(一三五三)に一通の置文を残したことはすでに触れたが、次のように後継者の心構えを事細かに諭している。

〔史料6〕沙弥明阿置文写(文書二⑧：図3)

　　　　同前

　条々

一、配分所領等一筆同日譲与の状、□知世・知久一腹一世兄弟たるの上は、連枝芳昵を好むこと殊に浅からざるか、知世を父と仰ぎ、知久を子と□相互に水魚の思いを成し、一塵と雖も□の儀□べからざるなり、処分知行永代譲状に任せ、互いに違失無く、須らく家門を守り、子孫を栄すべし、是則ち今□忠孝、未来の報恩なり、もし此の〔旨に〕背かば不孝の者たるなり、

　(中略)

右、置文の状、件の如し、

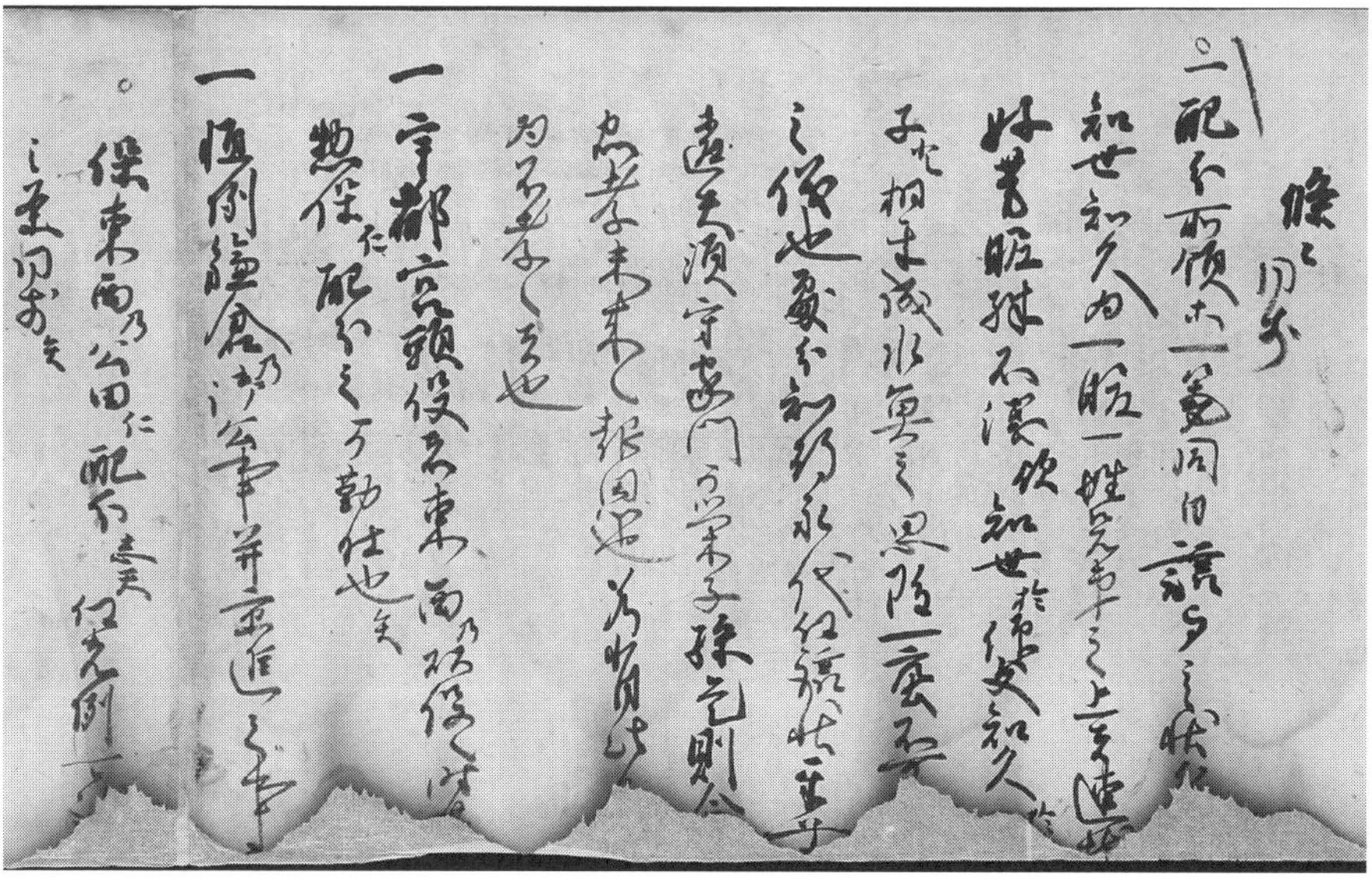

図3　沙弥明阿置文写（部分）（文書二⑧）

文和二年(一三五三)六月十日　沙弥明阿(茂木知貞)(在判)

この置文と同日付で嫡子知世と庶子知久の二人に宛てて譲状(文書二⑥⑦)を残したこともすでにふれたが、置文の内容は、知貞の意思を嫡子以外の子息にも示し、譲状の趣旨を補うものになっている(コラム2参照)。置文・譲状が認められた文和二年六月十日時点で、知貞の嫡子知世には後継者となる子息がおらず、知貞は知世に不慮の事態が発生したときのことを案じたのだろう、知世と知久は「一腹一姓の兄弟」であり、知世を父と仰ぎ、知久を子として互いに水魚の思いをなし、両者の協力の上で茂木家の家門を守るよう定めている。内乱期には、当主の戦死などで相続者が定まらない不安定な状況が頻発したため[呉座 二〇一二・二〇一四]、「家門を守り、子孫を栄す」には、兄弟間の諍いだけは是非とも避けねばならないのである。知世宛ての譲状には、知世に子がいなければ、知久の嫡子(香犬丸《こういぬまる》)を養子として跡を継がせ、もし知世に子が生まれても香犬丸を次男として立てよと後継者についても指示している。

置文の作成時は上京が求められる状態ではなかったが、

いくつもの合戦を経験している知貞は、内乱期のリスク対応として事前に準備していたのだろう。こうした置文・譲状の作成は稀なケースではなく、知貞の嫡子知世も譲状を受けた五年後の延文《えんぶん》四年（一三五九）に置文を残している。

〔史料7〕沙弥賢安（知世）置文写（文書二⑩：図4）

同前

今度上洛仕り候、戦場の習□候はば、ひとへに憑み奉るべく候の由、

（中略）

一、今度不慮の子細候はば、何日の死去に候と〔毎月〕十八日をもて忌日に御用有るべく候、

（中略）

一、当知行所領等の事は、故入道〔置文〕に任するの間、賢安実子誕生せしめ候はば、惣跡を〔相続〕せしむべきの条、予（余）儀に及ぶべからず候、朝音〔冠〕者に至っては、幼年より養子の号有る上は、次〔男〕たるべく之を進らせ候、もし又賢安実子無く候はば、朝〔音冠〕者、一円領知せしむべきの条勿論に候なり、

（中略）

□殿御置文の趣、賢安条々申し置き候、□毎事違変の儀有るべからず候なり、□戦場に発向せしむるの間、自然用意のため□置き候なり、此の条々御意に懸けられ候はば、殊に□畏れ存ずべく候、此の旨を以て御披露有るべく候、恐惶謹言、

延文四年（一三五九）十月九日　沙弥賢安

進上安養寺坊主教乗上人□

御侍

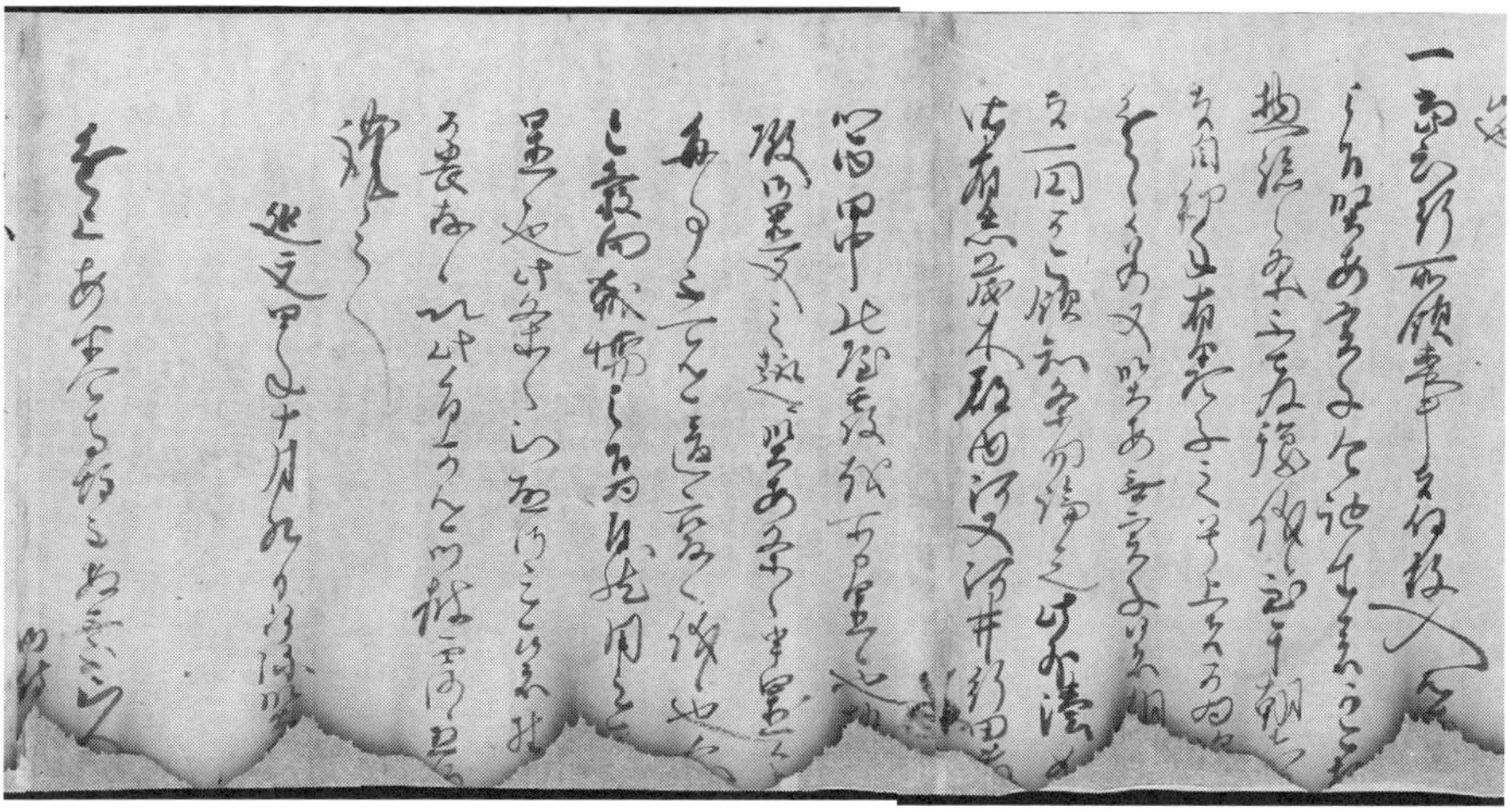

図４　沙弥賢安置文写（部分）（文書二⑩）

長文のため割愛したが、全六か条の置文である。発給日の延文四年十月九日は足利義詮の南朝攻めに参陣するよう公方基氏から上洛を要請された直後で、内容は知世（賢安）死後の供養、寺社で営む宗教行事、寺領に関する事項が主体であり、宛先の教乗上人に事後を託すものとなっている［松本 二〇一〇］。戦場での死を意識しての置文である。この中で、最後の条は父知貞の譲状（文和二年）と同じく、賢安死後の相続に関わる内容であり、円滑な相続が重大な課題であったことがよくわかる。京都での戦場を経験している知世もまた、父と同様、内乱によるリスクを理解していたのである。継嗣に恵まれなかった知世にとって、後継者問題まで定めた置文を弟知久ではなく、教乗上人に託したのは、水魚の思いが言葉通りにはいかないことを知っていたからであろうか。教乗上人は、茂木氏菩提寺の安養寺の僧侶であり、茂木一族からも信頼の厚い人物であった。そのため、本来口頭で伝えるべき相続人が果たすべき義務を「置文」としてまとめ［田中 二〇二〇］、その「披露」を教乗上人に託したのである。

内乱の初期こそ各地を転戦する機会が多かったものの、内乱が常態化している状況下で、戦争は京都・鎌倉の公方の動員による敵対勢力(「凶徒」)退治が主体になりつつあった。とはいえ、内乱の長期化と常態化は、当主の戦死に備えて、家の相続や財産に関わる事項を定める必要性が高まり、事後のための対応が武士の間に経験知として体得されていったのであろう。

おわりに

南北朝内乱に茂木氏がいかに対応したかを紹介してきた。改めてまとめることはしないが、観応年間以前の内乱初期は、全国規模での転戦の連続で、当主が長期にわたって不在になるなど、鎌倉時代とは大きく異なる状況にあった。不慮の戦死や所領の不知行化が起こる内乱期に、武士たちが軍事指揮権を持つ大将の軍功認定を積極的に得ようとしたのは、自らの所領を維持・確保するためであり、あるいは鎌倉時代に失っていた所領の回復を図るためでもあった。あくまで茂木氏ら武士らの主体的な行動である。

当主不在の本拠は代官に維持管理を委ねるだけでなく、近隣の人々の合力に期待し、上部権力の大将の命令による軍勢駐屯も要請するなど、茂木氏は所領を確保するために、あらゆる手段を講じていたのである。同陣している武士による「公験」の保証も、重要な生き残り戦略である(文書一五)。

一方、各地への転戦で行動を共にした佐竹氏との間に独自の人脈を築き、恩賞の確保に利用していた。これは、守護・大将である佐竹氏にとっても、情報収集や武士の動員のために重要なもので、管轄国にとらわれない広範囲なネットワークの形成が、武士を動員する側にも必要とされたのである。

内乱の長期化は、家を維持するための方策にも影響を与えている。鎌倉時代には、御家人の場合、一族間の紛争解決のため「一門評定」が開かれ、南北朝時代にまで変質を遂げながら継続していた〔小林 一九八七・一九九二、田中 二〇〇四〕。ところが、内乱の長期化に伴う当主の不在や戦死による一族間の紛争を回避するに、事前に相続の順序や所領経営の方針を定める必要性が生じていく。内乱の長期化は、「一門評定」では解決しにくい重要事案について、譲状や置文の文面に細やかな指示を記し定める慣習を茂木氏の中に残していったのである。

〈コラム2〉
茂木家の相続をめぐって

金子千秋

茂木文書には二〇通ほどの譲状《ゆずりじょう》と、同時期に作成された二通の置文《おきぶみ》がある。譲状とは、当主が所領などの財産等を相続人に譲る際に作成される文書で、権利譲渡を明示する証拠書類である。一方の置文とは、本来口頭で伝えられるはずの、相続人が果たすべき責務を後世のために記録したものとされている［田中 二〇二〇］。茂木文書の譲状・置文をみると、茂木家では南北朝期に相続形態に変化があったことがわかる。ここではその理由を探ってみたい。

◆譲状に見る相続の変化

一般的に、武士の相続は嫡子・庶子らへの分割相続から嫡子単独相続へと変化するとされる。茂木氏の相続も鎌倉中期より嫡子単独相続の傾向を示していた。嘉元《かげん》元年（一三〇三）の心仏《しんぶつ》（茂木知盛《とももり》）譲状（文書二④）では、所領が貧弱なので公事《くじ》を確実に勤めるため、嫡子知氏《ともうじ》へ所領一円を譲与する、としている。男女庶子は知氏を頼り、所領を競望してはならず、知氏の持つ譲状以外は認めない、と強く戒めている。

しかし文和《ぶんな》二年（一三五三）の明阿《みょうあ》（茂木知貞《ともさだ》）譲状（文書二⑥・⑦）では、分割相続が復活している。嫡子知世《ともよ》のほか、内容に差はあるものの、庶子知久《ともひさ》へも同日に相続が行われ、それぞれに譲状が作成された。さらにその二年後には、当初一期分としていた庶子知久への所領の一部を永代の領有とし、一期の後は知久子息の香犬丸《こういぬまる》（のちの朝音《ともね》）へ譲るとする旨の譲状も発給された（文書二⑨）。

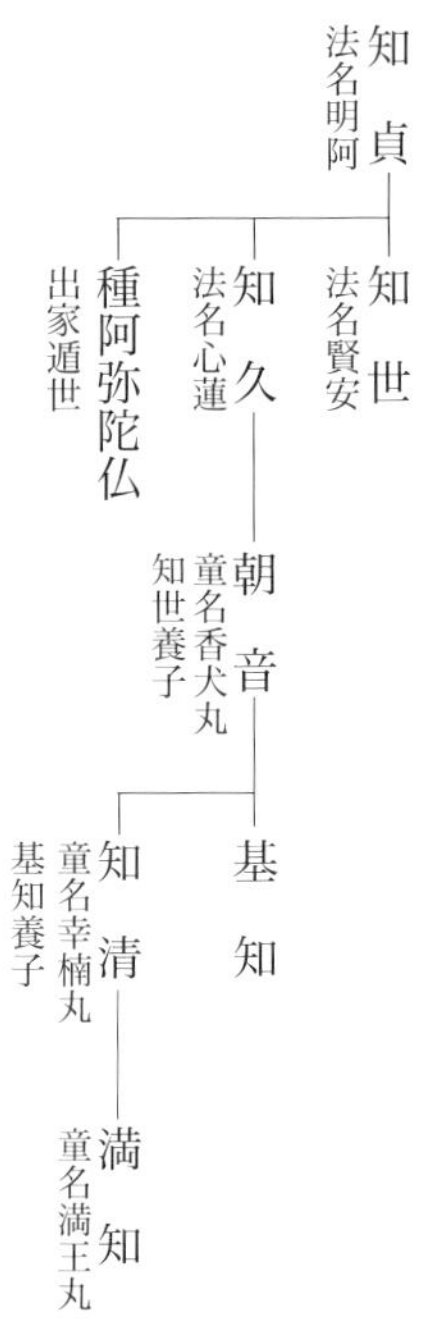

図1　関係略系図

この後、至徳《しとく》元年（一三八四）の朝音譲状（文書二⑫・⑭）でも、庶子への譲与や譲状の作成が行われている。庶子への譲与は嫡子に比べて所領がかなり限定的で、譲状の内容も公事に関する事項が多いといった差異はあるものの、分割相続が再び実行されていたのである。

◆置文の作成

分割相続が復活する文和二年の相続時、明阿（茂木知貞）は同年月日付けで置文も作成している（文書二⑧）。宛所は不明であるが、文脈から知世・知久兄弟に宛てたものであろう。そこには、兄弟力を合せて家門を守り子孫繁栄させること、宇都宮頭役《とうやく》や鎌倉御公事《みくじ》などの公事の詳細、知行が叶《かな》っていない所領への対処、出家遁世《とんぜ》した兄弟の処遇、といった多様な内容が記されている。また「処分知行を永代の譲状に任せ」との文言があることから、同年の譲状を補完し、遺命を追加したものとみなすことができる。

この六年後の延文《えんぶん》四年（一三五九）には、茂木氏の菩提寺安養寺《あんようじ》の教乗上人《きょうじょうしょうにん》宛てにも置文が作成されている（文書二⑩）。差出人は賢安《けんあん》（茂木知世）で、戦場に赴くにあたって用意されたものである。その内容は、自身が戦死した場合の弔い方や寺社への寄進、鮎田の寺院や日光参詣など、茂木領内外の寺社保護や宗教行事の事項が多くを占め、茂木氏の宗教政策の具体的な内容がうかがえるものである。

この内容から、教乗上人とは茂木氏の宗教政策の顧問的立場にあったことが想像される。非常時に備え、領主の責務のうち宗教面の部分を詳細に記し、宗教顧問へ託したものがこの置文と言える。また、本文中に「当知行所領等の事は、故入道□□《置文カ》に任せるの間」と述べられている。この故入道とは先代の明阿（知貞）のほかに考えにくく、所領などの権利は明阿の置文が効力を持ち、それ以外の宗教政策についてはこの賢安の置文が担うとする意図がうかがえる。明阿の置文から六年後の発給であり、先の置文では触れられなかった宗教面を補完する役割を持っていたと考えられる。

これら二つの置文の性格から、所領・公事については子孫らへ、宗教面の実務については教乗上人へと、役割ごとに置文を使い分けていたことがうかがえる。また教乗上人宛ての置文では、惣領の人選についても述べられている。賢安（知世）に実子がいなかったことから、万一の際は自身の後継について混乱や紛争の憂いなく相続ができるよう、一族外の信頼のおける人物へ託したものと考えられる。

◆南北朝期の茂木氏

こうした詳細な内容を持つ置文は茂木文書ではこれ以外に見られない。鎌倉期には庶子への譲与や公事に関わることを書き記した置文に類する史料（補遺①）はあるものの、譲状としての性格が強く、これら二通とは若干性格が異なる。そこで南北朝期に分割相続が復活し、二種類の置文がほぼ同時期に作成された理由についていくつか指摘しておきたい。

まず、理由の一つには、東西茂木保の支配が挙げられる。貞和《じょうわ》三年（一三四七）、茂木氏は足利尊氏《たかうじ》より長く知行が叶わなかった東茂木保を含む茂木保を与えられ、東西茂木保一円支配の機会を得た（文書二四）。ただし、このときは東茂木保内の小深《おぶか》・小高倉村は除外されていた。明阿の置文ではこの両村について、那須伊王野《いおうの》氏とみられる「資宿」のために知行が叶っていないと述べ、早く両村を取り返し知世が知行するよう指示している。本領の知行を盤石にしようとする意図がうかがえる。

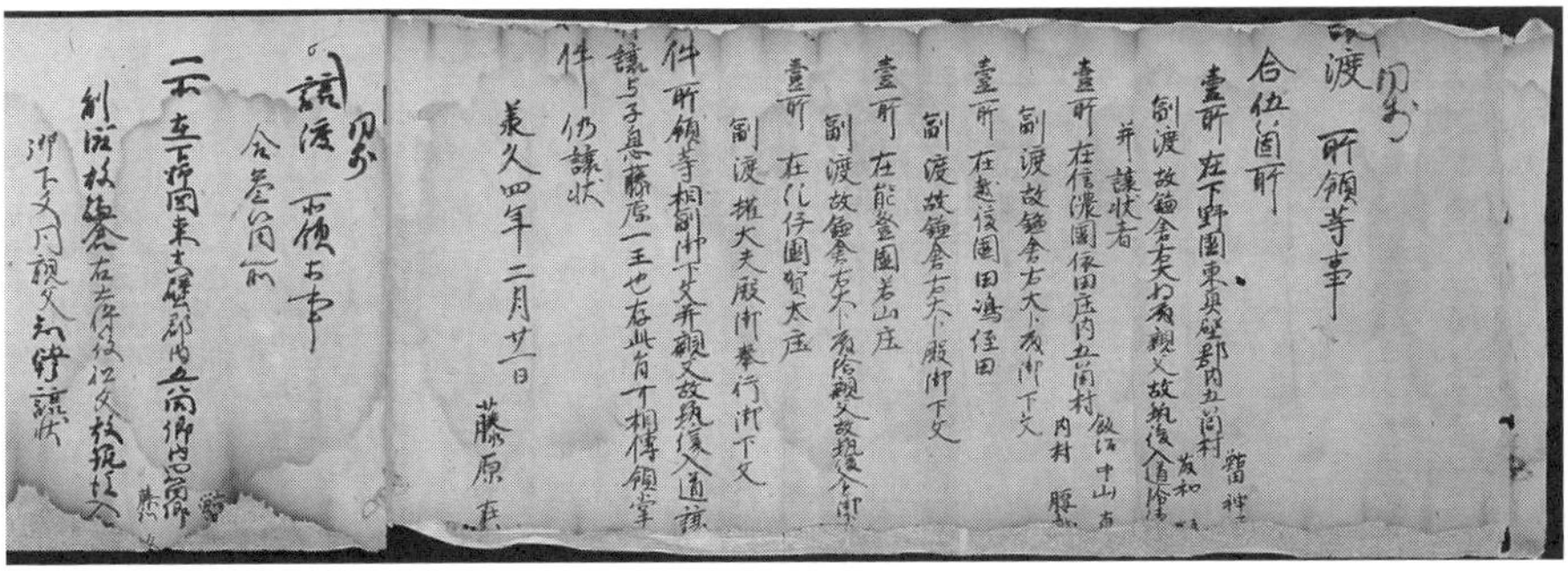

図2　茂木家証文写（冒頭部分）

次に、賢安（知世）が延文四年（一三五九）、畿内の南朝勢力討伐のために上洛したことがある。全国規模の戦乱への参戦に伴い、以前よりも戦死の可能性が高まったため、詳細な置文作成に至ったものと思われる。

そして、賢安（知世）に実子がいなかったことも挙げられよう。明阿は庶子知久への譲状において、知久子息の香犬丸（朝音）への譲与についても言及しており（文書二⑦・⑨）、嫡子知世への譲状でも知世に実子ができなければ香犬丸を養子とし、実子ができれば彼を次男とするよう言い置いている（文書二⑥）。それを受けて賢安も自身の置文の中で同内容を明記している。香犬丸に惣領の地位と所領が確実に継承されることを期待して、分割相続を行ったものと考えられる。

また、これより以前の建武《けんむ》三年（一三三六）、凶徒により明阿の宿所が炎上、所領安堵の下文《くだしぶみ》等を紛失するという事件が起きていた（文書一五）。教乗上人のような一族外の人物に遺命を預けたのは、こうした不測の事態に備える意味もあったのであろう。

この時期、茂木氏はようやく東西茂木保の一円知行が可能となったが、那須氏の存在や南北朝内乱の軍勢催促等により、安定した所領支配や一族の存続、公験《くげん》の保管に対する危機が高まっていた。そうした中で、相続を確実に行うことが望まれた結果、庶子への相続の復活や役割別の置文が作成されたと考えられる。

ちなみに分割相続に着目すると、同じく嫡子基知《もととも》と庶子幸楠丸（のちの知清《ともきよ》）に分割相続が行われた至徳《しとく》元年（一三八四）の朝音譲状（文書二⑫・⑭）の場合も、所領の危機を経験した直後であり、嫡子に子息がいない状態であったことがわかる。最後にこの事例について少し触れておきたい。

まず所領の状況を確認すると、朝音は茂木氏初代からの本領である西茂木保を一時失っていたとみられ、応安《おうあん》八年（一三七五）に当地を返付されている（文書三四）。さらに永徳《えいとく》元年（一三八一）には、「茂木庄半分小山跡」が義堂周信《ぎどうしゅうしん》に与えられている（茂木2四八）。この所領については東茂木保とみる研究がある［江田 二〇一一］。至徳元年の譲状では元の通り東西双方の茂木保が記載されているため、程なく所領は茂木氏の手に戻ったとみられるが、この頃の所領支配が不安定であったことは確かであろう。なおこの東茂木保については、永享《えいきょう》五年（一四三三）には東茂木保の四ケ村が浄妙寺《じょうみょうじ》・長寿寺《ちょうじゅじ》御料所となり茂木氏に預け置かれている（補遺⑩）。この間の茂木氏の動向が判然としないため詳細は不明であるが、あるいは永徳元年に義堂周信に当地が与えられて以降、そのまま返付されていなかった可能性もある。しかし朝音譲状では権利を限定する書き方などではなく、それまでと同様に所領として書き上げられているため、ひとまずこの時点では茂木氏は当知行の所領として認識していたと考えたい。

次に嫡子の子息であるが、基知に子息がいた形跡はない。明阿が譲状で示したように、朝音が庶子幸楠丸の子息に直接譲与する旨を記した譲状や置文の類は残されていないが、幸楠丸に譲られた所領が明阿の庶子知久に譲られた箇所と重なる場所が多いことから、明阿の相続を念頭に置いて分割相続が行われた可能性がある。幸楠丸は兄基知の養子となり、分割相続の四年後に所領をそのまま兄から相続し、やがて子の満知《みつとも》に受け継がれている。

こうしたことから、茂木氏の分割相続は、所領の危機のほか、嫡子の相続が危ぶまれた場合において、庶子の子息に惣領の地位と所領を譲る道筋を残すために行われた面もあったと考えられる。ただし庶子には限定された所領を譲るに留め、大部分を嫡子に譲っていることから、嫡子の面目を保ち、また嫡子に子息が生まれた場合にも対応できるようにしたものと思われる。

以上のように、南北朝期に分割相続が行われたのは、政治的に危機のある情勢下で庶子にも所領を相続し、嫡子の所領に問題が起きた際の保険としたため、そして嫡子に子息が誕生しなかった場合、円滑に庶子の子息に所領を引き継ぐための行為だったのではないだろうか。

このような分割相続や置文の作成といった相続における措置は、茂木氏の置かれた状況を反映したものと言えよう。

3章　室町期茂木家の苦悩
——茂木城合戦とその前後——

大塚悠暉
高橋　修

はじめに

南北朝動乱を武家方(北朝方)として活動した茂木氏は、度重なる軍勢催促に応えることで本領の茂木保を保つことができた。惣領としての地位にあったのは、茂木知貞《ともさだ》・知世《ともよ》・朝音《ともね》の三代である。本章で主に扱うのは、続く基知《もととも》・知清《ともきよ》を挟んで次の世代、すなわち満知《みつとも》と持知《もちとも》の惣領時代で、南北朝合一後の応永《おうえい》年間(一三九四〜一四二八)から応仁《おうにん》・文明《ぶんめい》の乱が戦われた文明三年(一四七一、茂木持知の名が史料上最後に確認できる年)までの間となる。

この時代の茂木氏を論じるうえで重要となるのは、前代に引き続き鎌倉府・鎌倉公方との関係である。もちろん、鎌倉公方と関東管領上杉氏の争い、さらに室町幕府・足利将軍家の関東統治への介入と、東国武士層の動向も視野に入れるが、紙幅の都合により、鎌倉公方(古河公方も含む)との関係に、特に焦点を絞ることにする。

鎌倉公方は室町幕府が関東統治(応永期以降は東北も含む)のために設置した鎌倉府の長官である。足利義詮《よしあきら》が築いた基盤を引き継ぎ、基氏《もとうじ》・氏満《うじみつ》・満兼《みつかね》・持氏《もちうじ》・成氏《しげうじ》と続く。義詮・基氏の公方就任は足利尊氏《たかうじ》の意向によるものだが、氏満以降の公方はいずれも相続による家督の継承であり、将軍家は介入しないのが建て前であった。将軍家の連

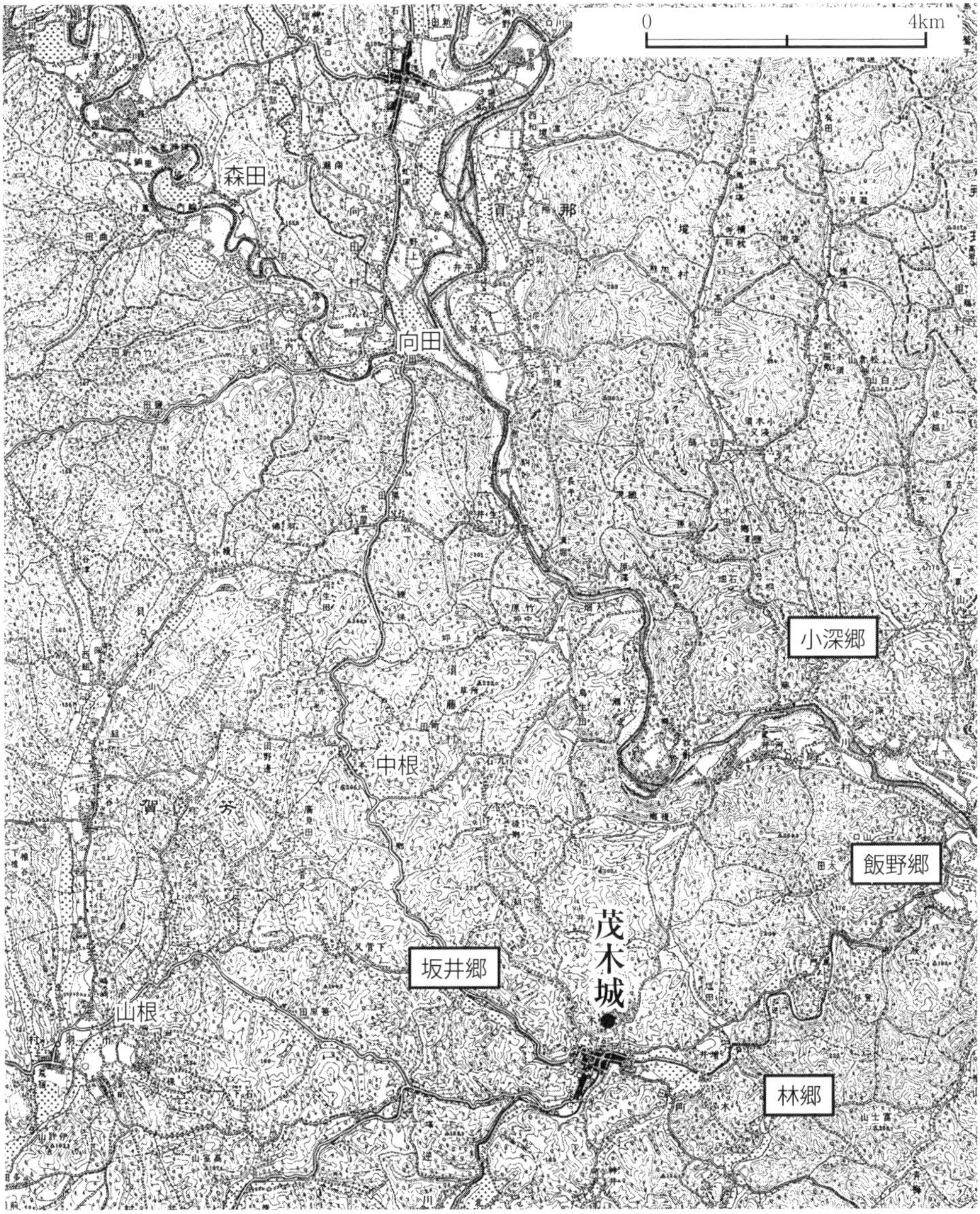

図１　茂木保とその周辺（原図　1:50000 地形図　陸地測量部 明治 39 年（1906）測図）

枝、有力な足利一門でもあった鎌倉公方は、その行政機関である鎌倉府を従え、室町幕府から自立した公権力として関東・東北に君臨した。

茂木満知・持知が茂木家の惣領であった時代について、鎌倉公方を軸に関東の政治情勢をみると、永享《えいきょう》の乱・結城合戦にいたる内乱を招いた持氏段階と、内乱が関東全域に拡大する享徳《きょうとく》の乱の主体となった成氏段階とに大きく分けることができる。本章ではそれぞれの情勢のなかで、茂木氏がどのように立ち廻り、本領を確保していったのか、内乱の展開に即して考察してみたい。

1　茂木満知と公方持氏①―寄進地没収と預け置き処分の意味―

(1)　坂井郷田谷村の日光山寄進地

応永二十三年(一四一六)十月、鎌倉公方足利持氏は、犬懸《いぬがけ》上杉氏の禅秀《ぜんしゅう》(氏憲《うじのり》)を首謀者とするクーデターにより鎌倉を退去している(『鎌倉大草紙』)。この事件に始まる一連の騒擾を上杉禅秀の乱というが、室町殿足利義持が持氏の支持を打ち出すと(『看聞日記』)、幕府・持氏方の攻勢を受けた禅秀は、応永二十四年正月、鎌倉雪ノ下で自害し、クーデターは失敗に終わる。幕府の支援を受けることにより鎌倉公方に復帰できた持氏は、鎌倉府の再整備と公方権力の安定化を狙い、禅秀方にくみした東国武士たちに対して抑圧的な対応をとる。禅秀方に味方したのは、下総の結城氏、常陸の佐竹山入《やまいり》氏・真壁《まかべ》氏・小栗《おぐり》氏、下野の宇都宮氏・那須《なす》氏などで、持氏方との間で軍事衝突が起こっている。

乱後の応永二十九年には鎌倉で佐竹一族の山入与義《ともよし》が誅殺され(『喜連川判鑑』)、与義子息の祐義《すけよし》が額田《ぬかだ》城に蜂起するも鎮圧されている。翌年には小栗満重《みつしげ》の乱が起こり、満重と宇都宮持綱《もちつな》が敗死、真壁氏も所領の多くを失うことになる。

これら一連の内乱の中で茂木氏がどのように動いたのかは、史料がなくて確かなことはわからない。ただ茂木満知が鎌倉府とつながっていたことを示す史料が、茂木文書に四通残っている。一通は茂木満知が反持氏方の動きを鎌倉府に報じ、それを受けて鎌倉府が事後の対処について指示したものである（史料1、文書三七：図2）。

文書の発給者である沙弥は鎌倉府の政所《まんどころ》を統括する執事二階堂行崇《にかいどうゆきたか》と思われ、宛所の網戸式部大夫《あじどしきぶたいふ》は下野国小山の網戸城主網戸基広《もとひろ》に比定されている［山川 二〇一九］。この時の茂木家当主は茂木越中三郎満知である。満知が父知清から所領を譲られたのは約二十年前の応永十一年のことで（文書二⑮）、西茂木保に属する藤縄《ふじなわ》・坂井《さかのい》・小井戸《こいど》・神井《かのい》・鮎田《あゆた》の諸郷、および東茂木保の茂木・林・増井《ましい》・馬門《まかど》・飯野《いいの》の諸郷が譲られている。西茂木保は一円支配であるのに対して、東茂木保は鎌倉府御料所の預け置き（代官支配）であった可能性が高い（後述）。

史料1で、公方持氏の意を受けた二階堂氏が網戸基広に命じたのは、以下のような内容である。茂木氏の「曩祖」明阿（知貞）が日光山桜本坊に寄進した茂木保坂井郷田谷《たや》村（現茂木町坂井字田谷）は、桜本坊から代官与藤五が派遣され管理していたが、彼が公方持氏と敵対した宇都宮持綱の残党に同心して没落したとの情報を満知が知らせてきた。事実であれば、田谷村は鎌倉府政所の御料所となすべきなので、薬師寺行政《ゆきまさ》とともに実否を確認して報告せよ。

この奉書は公方持氏の意向を政所の職員である二階堂氏が承って、現地で対応に当たるべき網戸氏・薬師寺氏に伝達したものである。宇都宮持綱は禅秀の乱では持氏方であったが、応永三十年八月、持氏と長年敵対していた小栗満重の乱に加担したため、持氏方に攻められて敗死している。すなわち「宇都宮残党等」と表記されるのは、この時の持綱一味の敗残勢力という意味である。「御敵」の「御」の敬意は公方持氏に対するものである。「御敵を致し没落せしむ」とは、公方の敵となったために桜本坊の代官は没落を余儀なくされたと読める。

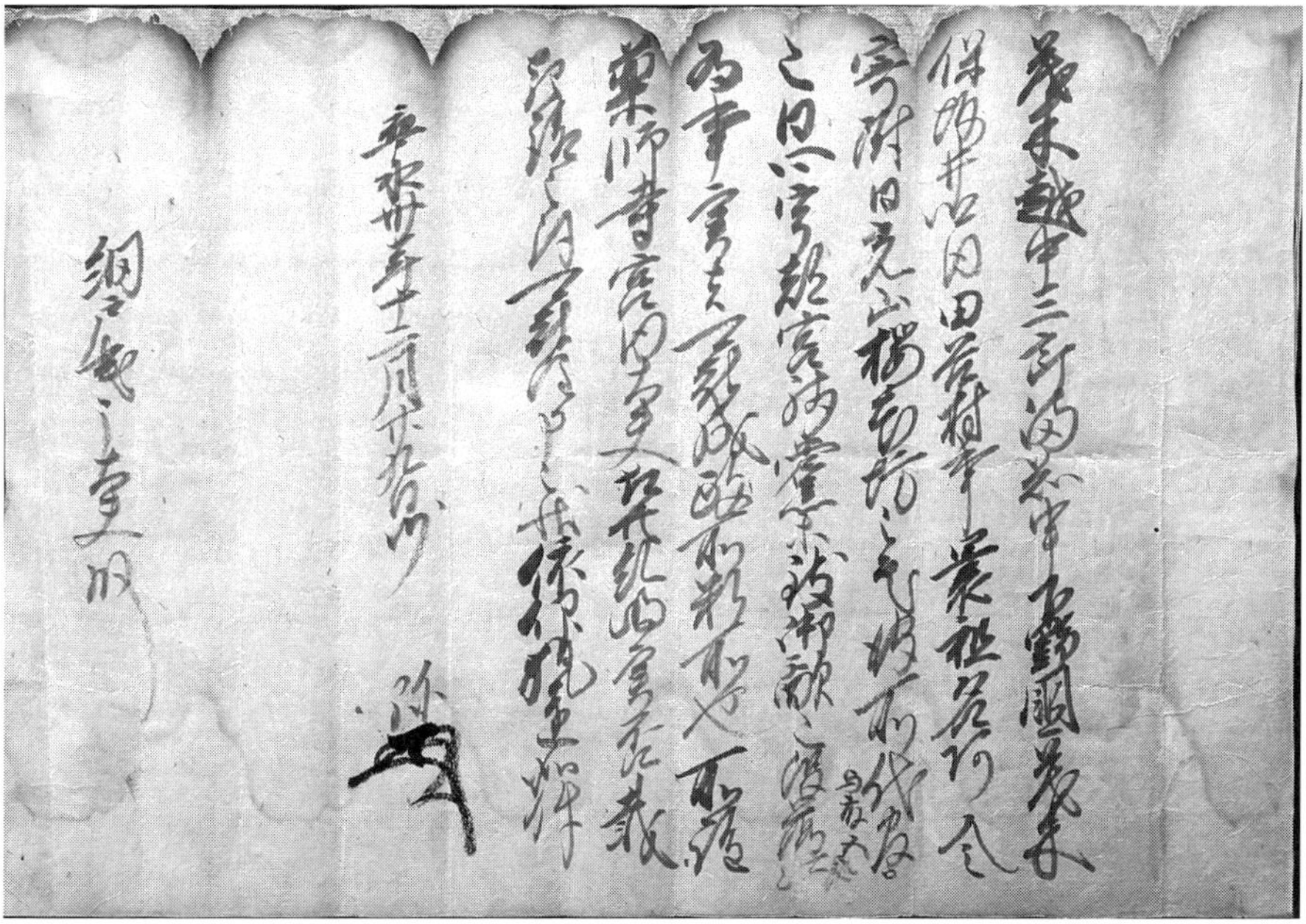

〔史料1〕鎌倉府政所執事沙弥某奉書

茂木越中三郎満知申す、下野国茂木保坂井郷内田谷村の事、嚢祖名（明）阿日光山桜本坊に寄附せしむるのところ、彼の所の代官与藤五、宇都宮（持綱）残党等に同心せしめ、御敵を致し没落せしむると云々、事実たらば、政所料所と成さるべきなり、詮ずるところ、薬師寺宮内（行政）大夫と相共に、実否を糾明し起請の詞に載せ、注申せらるべきの条、仰せに依って執達件の如し、

応永卅（一四二三）年十二月廿九日　　沙弥（花押）

網戸式部（基広）大夫殿

図2　鎌倉府政所執事沙弥某奉書（文書三七）

ここで留意すべきは、寄進した本主の茂木氏に返付するのではなく、没収地を政所の料所となすべしとの判断が下されていることである。この経緯をどう評価すべきであろうか。

(2) 謀反人の調査と預け置き

この時、網戸基広と薬師寺行政が調べるべきは、代官与藤五の没落の実否についてである。桜本坊は、後の永享三年(一四三一)に日光山の寺宝を盗み出し、宇都宮等綱《ともつな》(持綱の子)のもとに逃亡する事件を引き起こしているので、桜本坊代官与藤五も、宇都宮氏の被官であった可能性がある［新井 一九九五、江田 二〇一一、山川 二〇一九］。当時の日光山座主は鎌倉に滞在しながら、公方持氏の威を借りて山内の主導権を握っていたが、桜本坊のような山内坊院には、それを覆そうとする動きもあったようである。

史料1を承けて、網戸基広と薬師寺行政が「八幡大菩薩の御罰をまかり蒙るべき」との起請の詞を載せて、鎌倉府奉行所に提出した請文《うけぶみ》二通(文書三八・三九)が、奉書と同じ十二月二十九日に発給されている。二通の請文には、「□(網)戸式部(基広)大夫請文〈応永卅 十二 卅 茂木三郎これを申す、〉」(文書三八)、「薬師寺宮内大輔請文〈応永卅 十二 卅 茂木三郎これを申す、〉」(文書三九)の端裏書があり、満知が三十日までには請文二通を受け取りこれを奉行所に示していることがわかる。二十九日に奉書と二通の請文が同時に発給され、翌日までに満知が入手していたということは、政所執事の二階堂氏はもちろん、網戸基広・薬師寺行政・茂木満知の三者も鎌倉に滞在中だった事実を表わしている。在鎌倉の満知は、桜本坊代官与藤五の「御敵を致し没落せしむ」事実について、茂木保からの報告を受けただけで、自身が具体的に把握していたわけではないだろう。

請文は、奉書に対する命令受諾書というだけではなく、「将来これを確実に履行すべきことを伝える文書」すなわ

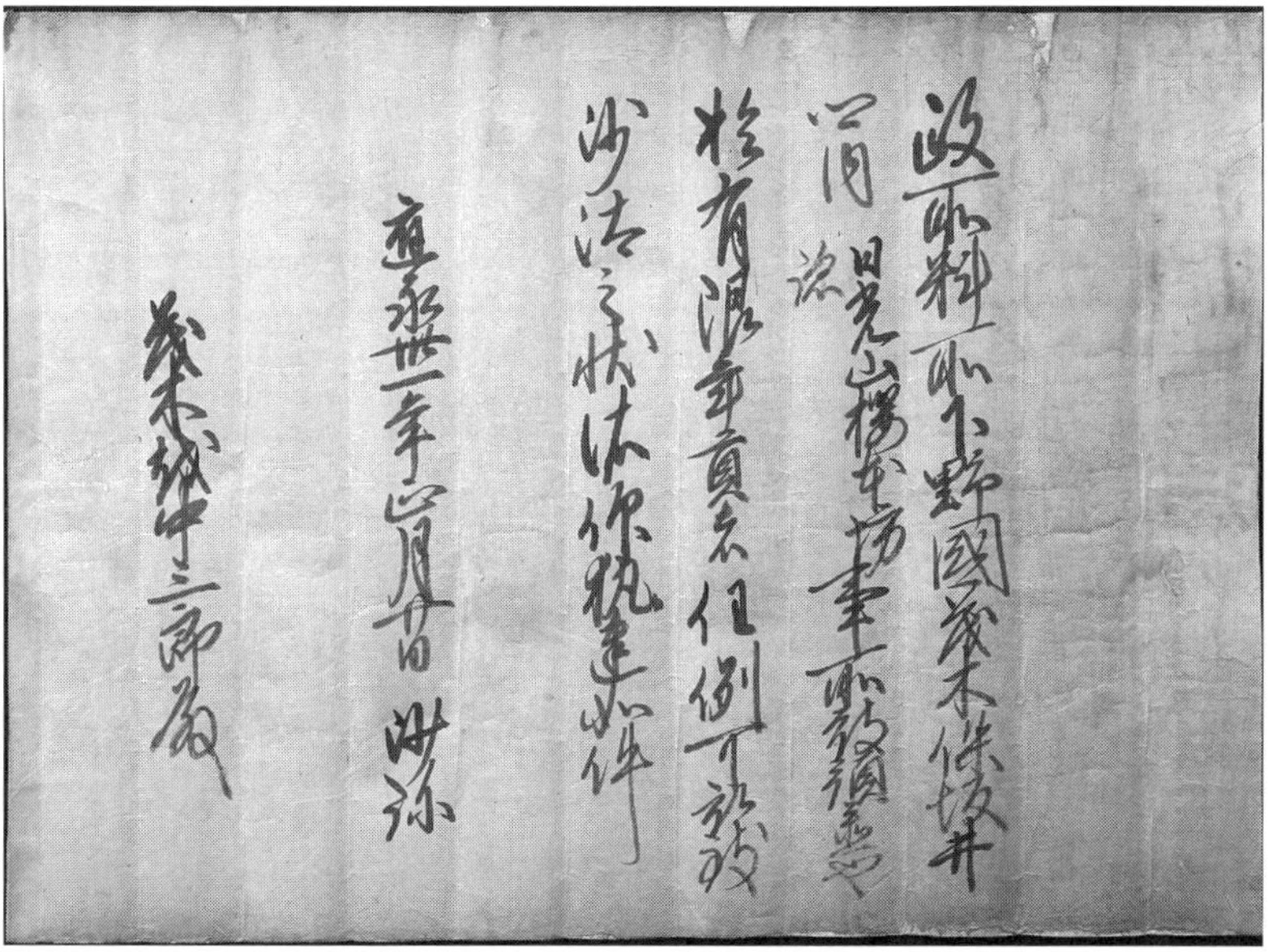

図3　鎌倉府政所沙弥某奉書案（文書四〇）

ち予約承諾書でもある。二通の請文に「御敵没落の条、勿論に候」（文書三八）、「この度御敵いたし没落するの条、勿論に候」（文書三九）とあるのは、「御敵没落」が確かであれば偽りなく報告するとの意味で、請文を提出した後、ただちに実否調査に入ることになるわけである。

翌応永三十一年（一四二四）正月二十日、史料1と同じく沙弥（二階堂氏）が茂木満知あてに田谷村を預け置くという内容の奉書を発している。

〔史料2〕鎌倉府政所沙弥某奉書案（文書四〇：図3）

政所料所下野国茂木保坂井郷内日光山桜本坊跡事、預け置かるところなり、限りある年貢においては、例に任せて、沙汰を致さるべきの状、仰せに依って執達件の如し、

応永卅一年正月廿日　　沙弥

茂木越中三郎殿

史料1の日付から約一月弱の調査を経て、代官の「没落」の事実が確認されたのである。坂井郷田谷村の桜本坊跡は鎌倉府の御料所（直轄領）となり、そのまま満知に

預け置かれている。ちなみに史料2は、茂木氏が手にした案文(控え)であり、正文は鎌倉府に保管されたのだろう。

預け置きの処分により、満知は鎌倉府の現地代官に任じられた。それは実質的な領主支配を認められたに等しい。「嚢祖」知貞が日光山に寄進した坂井郷は、茂木氏本拠(茂木郷や藤縄郷)に至近の郷である。山間の谷田に加え坂井川沿いにも耕地が開け、実りの良い土地だったと思われる。日光山参詣の財源を、こうした坂井郷内に確保するほど信仰に篤い茂木氏(文書二⑩)は、知貞以来、家督交代ごとに桜本坊への寄進を確認してきたのだろう。桜本坊代官が茂木氏とは立場を違え、公方の「御敵」となり「没落」したことは、茂木氏にとってはまさに青天の霹靂《へきれき》であった。しかし在鎌倉の茂木家当主満知による鎌倉府に対する速やかな働きかけにより、与藤五の没落が確認され、政所料所となった没収領の田谷村は、満知に預け置かれたのである。

やがて永享の乱に帰結する鎌倉公方をめぐる不穏な政治情勢は、このように、茂木氏の本領茂木保内の村の領有にまで影響を及ぼし始めていた。当主の満知には、これまで以上に、局面ごとの的確な政治的決断が求められるようになっていたのである。

2　茂木満知と公方持氏②——本領支配をめぐる激動——

(1) 東茂木保林・飯野の二郷の安堵

茂木満知への田谷村の預け置きが決定された一ヶ月後の応永三十一年(一四二四)二月、幕府と鎌倉府の和睦が成立するが、同三十五年正月、将軍義持が跡継ぎを指名せずに没し、新たな将軍として義円《ぎえん》(後の義教《よしのり》)がくじ引きで選ばれると、再び幕府・鎌倉府間の緊張が高まる。ことの発端は、幕府・鎌倉府の和睦により停止されていた公方持氏による佐竹一族の山入氏討伐の再開であった。茂木氏の動きは定かではないが、正長元年（一四二八）十二月二十七日、満知に東茂木保の林・飯野両郷を宛行う持氏御判御教書《ごはんみぎょうしょ》（文書四一）と上杉憲実施行状《のりざねせぎょうじょう》（文書四二）が発給されている。

〔史料3〕足利持氏御判御教書（文書四一）

□《（下）》野国東茂木保内林・飯野□□《（両郷）》の事、勲功の賞として宛行うところなり、てえれば、早く先例を守り、沙汰致すべきの状件の如し、

正長元年十二月廿七日　（花押）《（足利持氏）》

茂木《（満知）》式部丞殿

〔史料4〕上杉憲実施行状（文書四二）

下野国東茂木保内林・飯野両郷の事、早く御下文の旨を守り、下地を茂木式部丞に沙汰付け致すべきの状、仰せに依って執達件の如し、

正長元年十二月廿七日　安房守《（上杉憲実）》（花押）

結城弾正少弼《（基光）》入道殿

関東管領上杉憲実の施行状は公方持氏の命令を取り次ぐ文書で（文中の「御下文」は史料3の御判御教書を指す）、下野国内の所領問題を管轄する守護結城基光《もとみつ》にあてて出されている。公方持氏→管領憲実→守護結城基光の確認を経て、東茂木保の林・飯野両郷が満知に宛行われたのである。「勲功の賞」としての両郷一円の知行安堵は、公方持氏により満知の軍功が高く評価されていたことを示している。四ヶ月ほど前の山入祐義討伐に茂木氏が参陣したとみる説〔山川 二〇一九〕に異論はなく、相応の戦功をあげたのだろう。ちなみに守護基光は現地の守護代か守護使に管領憲実の指示（＝持氏の命令）を取り次ぐ伝達書（遵行状《じゅんぎょうじょう》・打渡状《うちわたしじょう》）を出したはずだが、残念ながらこうした文書は残されて

いない。

⑵ 東茂木保は御料所

もともと東茂木保は、建武《けんむ》元年(一三三四)に茂木知貞が後醍醐《ごだいご》天皇綸旨《りんじ》をもって知行が認められた所領である(文書六)。とはいえ容易には支配が実現できず(文書七~九)、貞和《じょうわ》三年(一三四七)に足利尊氏より「小深《おぶか》・小高倉《こたかくら》村」を除いた東茂木保を勲功の賞として宛行われるが(文書二四)、領有はさらに変転を繰り返す。知貞の家督を継いだ朝音の時代にさかのぼって整理すると、次のとおりである。

①応安《おうあん》元年(一三六八)、東西茂木保すべてを鎌倉府が没収。朝音の平一揆加担に対する処罰か(文書三四からの類推、2章参照)。

②応安八年、西茂木保を公方氏満が朝音に返付(文書三四)。ただし東茂木保は確認できない(2章参照)。

③永徳《えいとく》元年(一三八一)、「茂木庄半分小山跡」を義堂周信《ぎどうしゅうしん》に寄進(茂木2四八)。

③の義堂周信は公方基氏・氏満父子の信頼篤く、将軍家の菩提寺である等持寺《とうじじ》の住職も務めた臨済宗の高僧である。この「茂木庄半分小山跡」については、まず平一揆で茂木朝音が没収処分を受け功績のあった小山義政《よしまさ》に与えられ、康暦《こうりゃく》二年(一三八〇)、小山義政が公方氏満に対して反乱を起こして滅亡すると、鎌倉府が再び同地を没収、「小山跡」として義堂に寄進された、という経緯が復元されている[江田 二〇一一]。

西茂木保はすでに朝音に返付されているので(文書三四)、「茂木庄半分小山跡」は、東茂木保を指す[泉田 二〇一九]。応永十一年(一四〇四)の満知あて知清譲状(文書二⑮)には、譲与対象に東茂木保内の林・飯野が加えられているので、両郷は、東保にありながら茂木氏領として維持されている。他方、義堂に贈られた「茂木庄半分小山跡」は、御料所の寄進であって、茂木氏の現地支配への関与は限定的なものだったはずである。正長《しょうちょう》三年(一四三〇)、満知は東茂木保内小深村の未進年貢徴収を鎌倉府から命じられているが(文書四三)、これは小深村が御料所として、満知に預け置かれていたことを示すものと考えられる。

小深村の他にも、御料所としての東茂木保預け置きに関する史料がある。永享五年(一四三三)五月二十五日付で鎌倉府の奉行所あてに出された訴状である(補遺⑩)。足利尊氏の仏事を営む財源として浄妙寺《じょうみょうじ》・長寿寺《ちょうじゅじ》(ともに現神奈川県鎌倉市)に「東□□(茂木)保内四ヶ村」が寄進されていたが、満知による現地の年貢徴収に未納が発生したため、鎌倉府による成敗が要請されている。訴状には住持の「等展」ほか「等」の字を用いる僧侶が十一名連署している。東茂木保の四ヶ村が義堂の手から浄妙寺・長寿寺に移っているのである。江田郁夫氏はこの四ヶ村を茂木・増井・馬門・小高倉とみなしているが[江田 二〇一二]、「四ヶ村」の「村」を郷と解釈する理由が示されず、比定の根拠も明らかではない。

(3) 東茂木保内某村の宛行い

林・飯野二郷を領有していた満知は、永享九年(一四三七)に「東茂木□□□村」を「勲功」の賞として持氏から宛行われた(文書四四)。焼損により欠損した上の二文字は「保内」でまちがいないだろう。その下の村名を表わす部分を「小深」と推定する説がある[江田 二〇一二]。確定には至らないため、本章では「某村」としておく。某村の勲功の賞としての宛行いには、永享九年六月に勃発した鎌倉府内部の公方持氏と関東管領上杉氏との紛争がからんでいるのではないか[山川 二〇一九]。いわゆる「永享九年の大乱」と呼ばれる騒動である。

以上にみてきた通り、東茂木保において満知が所領として知行を安堵されていたのは「林・飯野二郷」と「某村」

のみである。浄妙寺・長寿寺に寄進された「東茂木保四ヶ村」(比定地不明)と小深村は、鎌倉府の御料所が茂木氏に預け置かれたものであった。こうした公方持氏による御料所東茂木保の宛行いと預け置きを受けることができたのは、公方持氏を主人と仰ぎ、軍功を励んでいたからにほかならない。とはいえ御料所の「東茂木保四ヶ村」「小深村」についても年貢未納を訴えられているので、満知は、一方では現地において着々と支配権の拡張・浸透を図っていたのだろう。

永享九年の東茂木保某村の宛行いをもって茂木氏は「惣保一円」支配を達成したと評価する向きがある。一円支配が実現可能な状況に近づいていることはまちがいないが、しかし一方では年貢未進を訴えられているのであり、それが事実と認定されれば鎌倉府による所領没収の罪科を受ける恐れもあった。「惣保一円」支配の達成という評価には慎重であるべきだろう。この段階においては依然、軍功を積み鎌倉公方との良好な関係を構築することが所領支配を支えるという状況が継続していたものとみるべきである。

(4) 祇園城参戦と茂木保の没収

永享十年(一四三八)八月初旬、公方足利持氏と管領上杉憲実との対立が決定的となり(『看聞日記』永享十年八月二十二日条)、憲実が上野国に下向すると、持氏は憲実追討のため鎌倉を出陣、武蔵府中に陣を置いた。前月にはすでに駿河守護今川氏に対して憲実合力を命じていた将軍義教は、篠川公方満直《みつなお》や東北の伊達《だて》・芦名《あしな》・白河らの領主たちにも、憲実の危急を救うよう命じている〔山田二〇一五、植田二〇一六〕。

九月八日、持氏は憲実にくみする下野小山氏の祇園城に軍勢を差し向けるが、その中に茂木氏がみえる。

〔史料5〕足利持氏書状(戦下七)

(封紙ウハ書)
「那須五郎殿　　持氏」
(端裏)
「(切封墨引)」

注進委細披見しおわんぬ、随って路次相違無く下着、目出たく候、同じくは祇園城の事、先度仰せられ候如く、近所の輩に相触れ長沼・茂木と談合せしめ、早速攻め落とすべく候、委細は海老名よりこれを申し遣わすべく候、謹言、

(永享十年)
九月八日　　　　(足利持氏カ)(花押)

那須五郎(持資)殿

宛所の那須持資《もちすけ》(下那須氏)は下野国では有力な公方与党の武将で、持氏は長沼・茂木と相談して祇園城を攻め落とすよう命じている。海老名は持氏の有力な家臣である(『永享記』)。九月十二日には那須持資に対して祇園城攻略を持氏が賞しているので(戦下九)、九月段階の下野方面では公方に従う下那須氏・長沼氏・茂木氏が協調して戦況を有利に進めていたようである。

とはいえ、持氏方の攻勢が続いたわけではない。九月二十七日、相模早川尻(神奈川県)で幕府軍が鎌倉府軍を退けると、持氏は武蔵府中から相模海老名に陣を移してこれに備えるが、持氏方の有力武将の中から幕府方に寝返る者が出始める。十月十九日、情勢有利と見た憲実が上野から府中の分倍河原《ぶばいがわら》に陣を移し、十一月一日には持氏の子息が鎌倉で捕縛されている。海老名にいた持氏本人も鎌倉に戻る途中で身柄を拘束され、翌年二月十日には自害に追い込まれている。ここに東国を舞台にした永享の乱が決着をみた。その結果、公方持氏に従った茂木満知は窮地に立たされた。「もて(茂)木一ゑん(円)」すなわち茂木氏の本領茂木保すべてが幕府方に没収されてしまうのである(茂木2六二・六三)。平一揆にくみした朝音以来、二度目の本領没収であった。

（5）結城合戦と茂木保の回復

鎌倉公方足利持氏が自害した後の永享十一年（一四三九）二月二十九日、佐竹義人《よしひと》は茂木保を三方に分けて、一族の大山氏に入部するよう指示している。

〔史料6〕佐竹義人書下状写（茂木2六二）

下野国茂木郷（保）一方の事、委細の旨は、以前に二方壱岐守申し候、御入部有るべきの状、件の如し、

永享十一年二月廿九日　（佐竹義人）（花押）

大山因幡入道殿

一族山入氏との対立もあって長く持氏を支えてきた佐竹義人は、永享の乱では幕府・上杉方に転じたことで、没収処分を受けた茂木氏領を手に入れている〔山川 二〇一七〕。三名の代官を茂木保に派遣した佐竹氏に対して満知がとった行動はつかめないが、公方持氏の後継者問題をめぐって結城合戦が起きると、情勢が再び大きく動き始める。

将軍足利義教は、鎌倉公方に自身の子を据え、鎌倉府を幕府に忠実な組織に改変しようと目論んでいた。それに対して、持氏の遺児安王丸《やすおうまる》・春王丸《はるおうまる》兄弟が持氏方の諸氏に支えられて永享十二年三月、常陸国中郡荘《ちゅうぐんのしょう》木所《きどころ》城に挙兵する。二人の遺児が下総の結城氏に迎えられて結城城に入ると、関東・東北各地を巻き込んで結城合戦が勃発する〔小国 二〇一三〕。合戦の詳細は省略するが、茂木保に進出していた佐竹義人は、山入佐竹氏が幕府方についたのに対抗し、持氏遺児の支持に動いた〔山川 二〇一七〕。一方の茂木氏は「師但馬をば茂木筑後守家人これを虜とす」という『鎌倉大草紙』の記事から、一転して幕府方として参戦していたことがわかる。永享の乱で没落の危機にあった持氏方の諸氏の中には、茂木氏のように幕府に従うことで所領回復を目指す者があった。

結城合戦は嘉吉《かきつ》元年（一四四一）四月、結城城落城、安王丸・春王丸らの捕縛で幕を閉じる。落城後も幕府・上杉方

は引き続き安王丸・春王丸等を支援した勢力の追討を図り、「常州辺の残党（佐竹氏）」（北区一一二四）もその対象になっている。持氏遺児を支援した佐竹氏は「もて木《（茂）》一ゑん《（円）》」を没収され、幕府方として活動した茂木氏の手に再び戻された可能性が指摘されている〔江田 二〇一二〕。ただし、東茂木保の小深・山内の二郷は、七十年以上のちの永正《えいしょう》十年（一五一三）に、佐竹義舜《よしきよ》が茂木筑後守（実名不明）に宛行っているので（文書六九）、この時、茂木保すべてが茂木氏に回復・安堵されたわけではなさそうである。

3　茂木満知・持知父子と公方成氏 ―茂木城合戦―

⑴ 享徳の乱へ

結城落城から二ヶ月後の嘉吉元年（一四四一）六月、「将軍犬死」と評される事件が起こる。将軍足利義教が暗殺されたのである（『看聞日記』）。この事件をうけて幕府の方針が変わった。持氏遺児の一人、万寿王丸《まんじゅおうまる》が公方に推任されたのである。のちに成氏《しげうじ》と名乗る新たな鎌倉公方の誕生である。関東管領には、上杉憲実の固辞もあって、その子憲《のり》忠《ただ》が任じられ、ここに鎌倉公方―関東管領体制の鎌倉府が再建された。

この再建鎌倉府体制下で、永享の乱・結城合戦で所領没収の憂き目にあった武士と、新たに所領を獲得した武士との軋轢が激化し、再び関東全域を巻き込む抗争に発展する。宝徳《ほうとく》二年（一四五〇）の江ノ島合戦、そして享徳《きょうとく》三年（一四五四）の公方成氏による管領憲忠の謀殺に端を発した享徳の乱である。

江ノ島合戦は上杉方が公方成氏攻撃を計画し、それを察知した成氏が江ノ島に退去した後、成氏軍が上杉軍の軍事的排除に成功した事件である。江ノ島合戦における茂木氏の動向は不明だが、続く享徳の乱では成氏と敵対することになる。

成氏は憲忠を謀殺した享徳三年十二月以降、武蔵から常陸国小栗、下野国只木山《ただきやま》・天命《てんみょう》へと各地を転戦し、戦局を優位に進めた。しかし翌年(一四五五)三月二十八日、幕府の要請を受けた後花園《ごはなぞの》天皇が成氏追討を認めると形勢が変わり、成氏を朝敵とする討伐戦が始まる〔則竹 二〇一三〕。四月には、幕府が駿河今川氏に成氏追討の命を下し、六月、今川氏が鎌倉を制圧する。三月以来、古河・足利・結城と転戦した成氏は、新たな本拠を、水陸交通の要衝であり、そこから関東北部全域に睨みを利かすことができる下総古河の地に定めた。古河公方の誕生である。

そうしたさなかの五月一日、宇都宮等綱が幕府方に呼応するとの噂が流れ、成氏は下那須氏の当主持資に等綱への備えを命じている(戦下三六)。等綱は江ノ島合戦で成氏を支えた主力であり、宇都宮氏の寝返りは下野方面の戦局を大きく揺るがすことになった。下野の成氏方は宇都宮氏・下那須氏・小山氏等によって構成されていたが、その一角が崩れたのである。

茂木氏も宇都宮氏と同じく反成氏の動きをみせはじめる。以下、享徳四年七月から十二月にかけての宇都宮等綱に対する成氏方の反転攻勢を則竹雄一氏の成果を参考にしながら概観しつつ〔則竹 二〇一三〕、茂木氏の動向について主に「那須文書」(『戦国遺文 下野編』)に拠りながら明らかにしていく。

(2) 茂木満知の「造意」

康正《こうしょう》元年(一四五五)七月二十九日、宇都宮等綱が「先忠を翻して野心を企てている」との情報を受けた成氏は、那須持資に、もし事実なら等綱の在所を即座に攻撃するので、忠節に励むよう命じる(戦下四一)。八月十九日には、茂木筑後守(満知)と下那須氏与党の森田・向田・下河井氏等がこれまで通り味方するはずであることを、成氏は持資に伝えている（戦下四二）。下那須領内の森田・向田の地は茂木領に近く、茂木氏の本拠・茂木城とは幹線で結ばれている（図1参照）。十月十五日、成氏方の小山持政《もちまさ》等が等綱勢と木村原（栃木市）で合戦に及び（戦下五六）、十一月一日以降には、等綱嫡子の明綱《あきつな》が成氏方に帰伏している（戦下四八）。

十二月、那須持資の軍勢が宇都宮館を攻撃（戦下五〇）、翌年の四月四日以前には、等綱が成氏方に降参し、出家することで宥免される（戦下六三・六四）。ところが等綱は成氏との抗争を止めたわけではなかった（戦下六七・六八）。本拠の宇都宮を嫡子明綱に押さえられた等綱は南奥の白河結城氏を頼るが、その後も宇都宮に戻ることはできず、四年後に白河で没している〔則竹二〇一三〕。

等綱が降伏するより前の康正元年の冬、茂木満知は成氏と敵対する行動をとっている。理由は定かでないが、正月十六日付の那須持資宛成氏書状がその後の戦局を語る。

〔史料7〕足利成氏書状（戦下五七）

（端裏）「（切封墨引）」

去年宇都宮へ出陣在り、数日陣労の事、度々仰せ出だされ候ところ、既に茂木辺りへ罷り越すの間、使節対談に及ばず帰参し候き、仍て茂木筑後入道謀略の事、連々聞こしめし候ところ、結句旧冬造意、是非無き次第に候、申し上げる旨に任せらるべく候、次に森田・向田の事、年来その方同道、時宜一定候はば、宇都宮四郎（明綱）へ堅く仰せ付けらるべく候、謹言、

（康正二年）正月十六日　（足利成氏）（花押）

那須（持資）越後守殿

「去年宇都宮へ出陣」は前年の持資による宇都宮攻撃のことであろう。文意はとりにくいが、康正元年八月半ばに

は成氏方に従う意思を示していた茂木満知（筑後入道）が、これに敵対したのである。宇都宮在陣中の持資は、成氏に何度も茂木氏の謀略・造意を知らせていたのだろう。成氏が発した使者は、茂木あたりまで出向いたが、かつての同盟者である満知との対談はかなわずに帰参している。満知が謀略をめぐらせていたことは常々成氏の耳に入っていたが、昨年冬、満知の造意（裏切り）がついに明らかになった。森田・向田は、日ごろ持資にしたがっていた者である。情勢が定まれば、成氏方に帰伏した宇都宮明綱には厳しい命令が下ることになるだろう。大意を取れば、以上のとおりである。

康正元年中には満知造意のうわさは流れていたのである。この後の展開を考えれば、「時宜一定」以下の一文は、森田・向田が満知の謀略に誘い込まれた事実が定まれば、明綱に討伐させる、とも解釈できる。森田・向田・下河井等が満知の謀略に乗るとの噂が成氏と持資に届いていたので、わざわざここで確認をとったのだろう。先に指摘した八月十九日の成氏による満知や森田らに関する確認（戦下四二）は、七月二十九日の等綱野心の露見と連動していた可能性がある。

茂木満知の敵対が確実になったのは康正元年冬で、等綱が成氏方に屈して出家したのが同二年四月四日以前である。成氏の意に沿うかたちで宇都宮をめぐる戦局が落ち着いた同年三月、いよいよ那須持資を大将とする茂木攻撃が開始されるのである。

(3) 茂木城の激戦

（康正二年〔一四五六〕）三月六日付の那須持資宛足利成氏書状（戦下五九）には、「去る三日、茂木において合戦をいたし、親類・家人数輩、疵をこうむられ候由聞こし召され候」とあり、持資方に負傷者を出すほどの交戦があったことがわかる。成氏は持資にその口(茂木)のことは頼むので計略をめぐらすよう指示しているが、茂木城は落ちない。三月十五日付の持資宛足利成氏書状(戦下六一)の関係する部分の大意は次の通りである。

持資は茂木城に向かい、城近くに陣を敷き、日々、矢戦があったと聞いている。早く(城を落とし)没落させるよう計略をめぐらすように。森田のことは宇都宮明綱に命じたが、森田がいろいろ言い訳してくるので、かさねて明綱に命じたところだ。向田のことは、「上裁」(成氏の命)に応じることになるだろう。

このように成氏方の戦略は、茂木城を攻める持資だけでなく、那須方面の森田・向田への対応を担う明綱が重要な役割を担っていた。ところが、ここで那須方面の指揮官明綱が勝手に陣を退いてしまう。四月五日付の持資宛足利成氏書状(戦下六五)は、宇都宮明綱と那須持資の戦線での協力関係を成氏が重視していることを示す。次に関係箇所の大意を示しておく。

成氏の承諾を得ずに陣を退くのはよくないと明綱に厳しく糺したところ、重ねて軍勢を仕立てると申してきた。持資は明綱と策略の相談をせよ。常陸あたりの敵方(佐竹氏か)が出陣してくるとの情報もある。まだ常陸の敵方は出陣してこないが、これまでどおり在陣して戦功に励んでおり、その忠義には感謝している。

四月十九日になっても、明綱はまだ軍勢を動かせなかった。その後の戦局については、那須持資宛足利成氏書状(戦下六六)の大意の中から示しておく。

宇都宮等綱が宇都宮から没落したことは詳しい情報を知らせた通りなので、安心してほしい。といっても茂木の要害は未だに落ちていない。茂木の陣では昼夜を問わず戦功に励んでいると聞いている。比類なき陣労である。未だに茂木城が落ちていない以上、明綱には急ぎ軍勢を派遣するよう命じる。次に森田の新要害のことは、明綱にきつく命じているので落とせるだろう。

明綱の軍勢は、森田新要害に展開する手はずだったわけだが、その動きは鈍かった。五月十八日にも成氏は重ねて森田新要害への攻撃を命じるものの（戦下六七）、落城を示す史料はない。さらに六月七日、宇都宮等綱が出陣するとの噂がたち（戦下六八）、成氏は持資に合戦への備えを確認している。四月五日に明綱が勝手に陣を退いたのも、等綱方の勢力が不穏な動きをみせたからだろう。等綱方の勢力を排除しきれない情況が四月以来続いているのは確実で、六月七日の成氏書状は、その思惑通りに明綱が動けていないことを語っている。

七月二十八日、宇都宮等綱・明綱の和睦が成立する。その経緯は不明だが、等綱を匿う幕府方の南奥白河・小峰両氏が和睦のため軍勢を動かすことになっているので心得ておくようにと、成氏は持資に伝えている（戦下七〇）。この書状のなかで成氏は、茂木攻めの陣中にある那須持資に対して、在陣は一身の忠義であり、昼夜戦功に励んでいることは比類なき忠節であると激励している。上野方面の戦況が有利であることを伝えたのは、茂木方面での作戦展開に注力せよという含みをもつのだろう。いずれにせよこの等綱・明綱の和睦によって、茂木城攻めの戦局が大きく変わることになる。

九月三日、成氏は持資に武蔵・上野の戦況は心配しなくてよい、肝要なのは「その口」（茂木）である、と伝えたうえで、持資一人の武略により何とか戦線が保たれていることをねぎらっている（戦下七二）。まだ茂木城は落ちていないことがわかる。

十一月八日、成氏は、中根（茂木町千本中根）の敵陣が没落すれば、諸方の軍勢を合わせるように持資に指示している（戦下七四）。中根は下那須一族の千本《せんぼん》氏領にあり、中根から南下すればすぐに西茂木保坂井郷を通過して、約八キロで茂木城に達する（図1参照）。茂木氏は敵勢が坂井郷内に入るのを防ぐため、中根を占拠したのである。

十二月五日になっても、まだ茂木城は落ちていない。成氏は持資に茂木の情況を報告せよとの書状を出している。

〔史料8〕足利成氏書状(戦下七六)

(端裏)「(切封墨引)」

道景(等綱)進退、無為たるべきかの由、小山下野守(持政)申し上げ候といえども、御覚悟の外に候あいだ、未だ御返答に及ばず候、如何たるべく候や、心底を申し述べるべく候、仍中根落居候はば、彼の勢を茂木城に差し向けらるべき由申し候、何様小山・宇都宮に仰せ付けらるべく候、次に野口・長倉へ御書一両日以前にこれを遣わされ候、急ぎ調法あるべく候、謹言、

(康正二年)十二月五日　(足利成氏)(花押)

那須越後守(持資)殿

道景《どうけい》(宇都宮等綱)の進退は「無為」なのか(そうであるならばなぜ軍勢を動かせないのか)と小山持政から問い合わせがあった。しかし戦略どおりに事が進んでいないので、持政にはまだ返事を出していない。そちらの戦況はどうなっているのか、持資の心底を申し述べよ。中根が落居したならば、明綱の軍勢を茂木城に差し向けさせるべきだと持政は言う。何があろうとも小山・宇都宮には茂木城への軍勢派遣を命じるであろう。常陸国の野口・長倉には茂木攻めに加わるよう書状を出すので、急いで説得せよ。

ここでいう「御覚悟」は那須持資に対する敬意表現で、成氏本人の覚悟ではない。史料8は、持資の覚悟が固まっていないことに成氏だけでなく、小山持政ももどかしく感じている様子がうかがえる。明綱の軍勢を茂木城に差し向けようと持政が提案しているのだから、森田の新要害はすでに明綱が確保していたものとみられる。この康正二年十二月五日の段階で、未だに茂木城は落ちていない。そして持資の次の戦略は、まず中根の茂木勢を破り、そのまま茂木城の攻略を目指す、というものであった。

（4）茂木持知の決断

ところが、十二月十四日の那須持資宛足利成氏書状は、茂木城攻めに大きな情勢の変化が起きたことを示唆している。

〔史料9〕足利成氏書状（戦下七七）

（端裏）「（切封墨引）」

茂木要害の事、是非なき子細に候、さりながら式部大夫無為の事、目出たく候、覚悟の前に候といえども、はやく彼の人躰本意のごとく調法候はば、然るべく候、謹言、

（康正二年カ）十二月十四日　　成氏（花押）

那須越後守殿

茂木要害のことは、どうしようもない子細である（力攻めでは落とすことができないとの意か）。そうではあるが、式部大夫に何事もなかったのはよかった。こうした状況は覚悟していたことだが、はやく式部大夫の意向をよく汲んで適切に対処するようにと、公方成氏は那須持資に伝えている。

式部大夫は満知子息の茂木持知に比定できるので、十二月十四日以前に、成氏方との徹底抗戦を主張する満知と、和平により成氏方に降ろうとする持知との間に、意見の対立があったことがうかがえる〔江田 二〇一二〕。前掲の史料8が発給された十二月五日時点では中根は攻略されておらず、茂木城攻めにも大きな進捗はなかったようだが、十四日には成氏が持知の「無為」（無事）を喜んでいるわけである。そしてこの十四日以降、茂木城をめぐる攻防に関する史料がみられなくなる。持知の降参をもって茂木攻めは中止されたものとみられる。

要衝中根を死守できたことが、和平という成氏の譲歩を引き出す条件を作り出したことはまちがいないが、茂木氏

側にも和平を模索しなければならない理由があった。長引く戦闘状態の中で中根が成氏方に落ちれば、宇都宮勢が侵攻し、西から小山持政の軍勢も同時に攻め込んでくる。さらに東茂木保と境を接する常陸の長倉氏が成氏の合力要請に応じて進軍すれば、茂木城は成氏方に包囲されることになる。

史料的な裏づけはないが、膠着する茂木城攻めのなかで、成氏方（那須持資）からの調略が進んだことも考えられる。持資の城攻めが難航した四月以降、遅くとも十一月上旬頃までには調略が進み、茂木氏側の和平を期待する勢力を代表して、持知がそれに応じたのではないか。いずれにせよ、ここに茂木城をめぐる一連の合戦は終結したのである。

では持知の「本意」は、どこにあったのか。その手がかりは、これ以降、満知の名が史料にまったく登場しないことと、持知が茂木家の家督を継いでいることにある。持知の「本意」は、満知の謀略・造意（成氏に対する謀反）の罪が、宇都宮等綱と同じく許され、所領没収の罪科に問わないこと、茂木家の家督は嫡子の自分が継承することであったろう。成氏は持知の「本意」にかなう「調法」を持資に指示したのであった。

残された史料には、満知に対する処罰の痕跡はみあたらない。茂木氏の場合、宇都宮等綱・明綱父子とは違い父子間の対立はうかがえない。また満知が等綱ほどに幕府方との結びつきをもたなかったことも、和平が進んだ要因だろう。残念ながら満知のその後はわからない。等綱と同じく隠居・出家し、茂木保内の寺院か、日光山内のどこかの坊院で隠棲生活を送ったのだろうか。

ここまで史料に即して茂木城をめぐる合戦の経緯を整理してきた。茂木城の開戦について、満知・持知の父子敵対に原因を求める所説には賛成できない。合戦が一年近く長引いたのは、公方成氏方と上杉方の上野・武蔵方面での戦局、宇都宮家の父子敵対、下那須一族の森田氏の茂木氏合力といった、複合的な要因によるものとみるべきであろう。終戦をもたらした持知の成氏方への帰伏は、茂木家存続のための政治的決断であったと考える。

おわりに―茂木家の終焉と始まり―

茂木家では、公方成氏を裏切った満知が当主の座を避り、父に代わって持知が当主となることで、再び鎌倉公方体制に復帰することになった。

茂木城合戦の終結から十五年ほどの間、成氏方と上杉方の争いは伊豆・相模・武蔵・上野を舞台に展開するが、文明三年（一四七一）に政局が大きく動く。三月、結城氏・小山氏を含む成氏方の軍勢が上杉軍に大敗を喫したのを機に（『鎌倉大草紙』）、幕府は成氏方への対抗策を本格化する。とりわけ成氏に衝撃を与えたのは、彼を支えてきた下野の小山持政、常陸の小田成治《しげはる》らが幕府方に転じたことである（戦下一三四）。特に成氏に「偏に兄弟の契盟たるべく候」（戦下七八）とまで信頼された持政の離反は大きな痛手であった。

幕府・上杉方は成氏方の拠点（八椚城・赤見城・樺崎城・館林城・舞木城等）を次々に攻略し（戦下一四七）、古河城を陥落させる。成氏は古河を退去して下総千葉氏の本《もと》佐倉《さくら》城へと移った。文明三年六月二十四日のことである。成氏は苦境に立ち、茂木持知に軍事支援を要請している（史料10：図4）。

「遠路」をしのいで持知が書状を届けてきたのは喜ばしいことだと成氏は書き始める。「近所の者共（小山氏・小田氏・佐野氏ら）大略敵に与する」情勢にあっても、那須持資と同心して成氏に味方してくれているのは忠節の至りだと褒めあげ、千葉孝胤《のりたね》の補佐を得ているので安心してほしいと伝えている。さらに準備が整い次第、本佐倉城より出陣するので、その間は持資の在所（那須領内）を支えるよう武略をめぐらせてほしい、結城氏広《うじひろ》の要害は持ちこたえているから何事も氏広と相談してほしい、と伝えている。成氏は、那須持資・結城氏広が味方になり、近いうちに反撃に

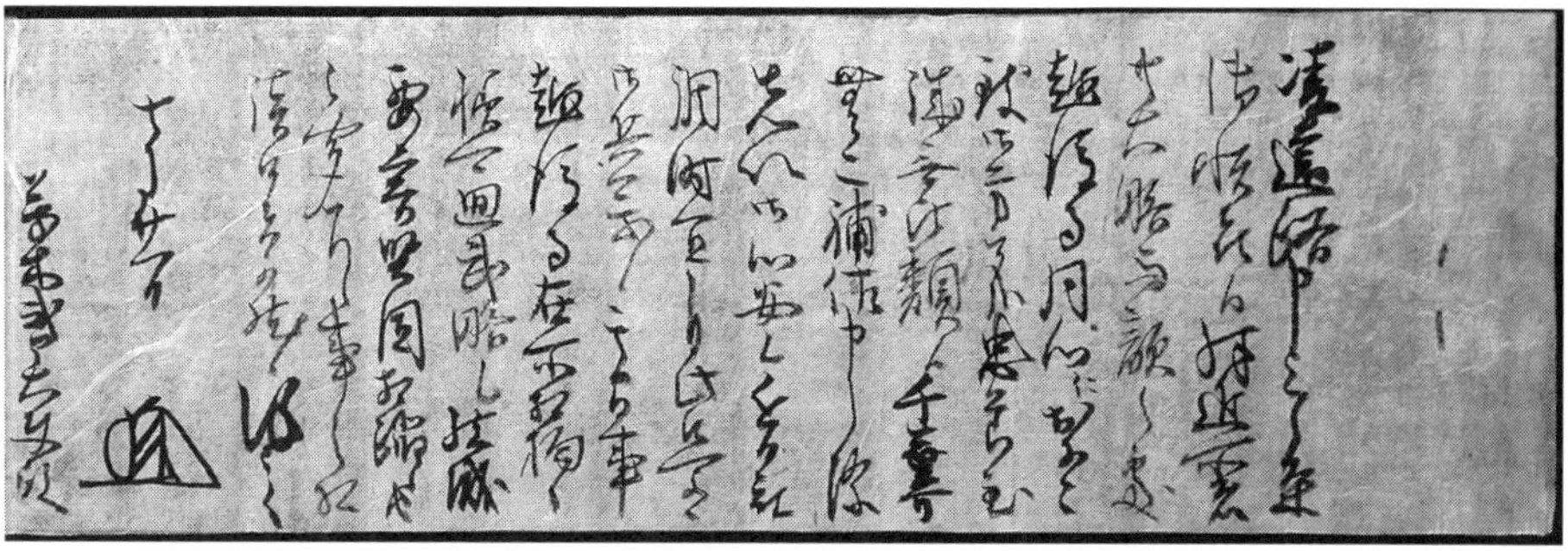

〔史料10〕足利成氏書状

遠路を凌ぎ申し上げるの条、御悦喜に候、殊に近所の者共大略敵に与するのところ、越後守《那須持資》同心に今においては御方を致し候か、忠節の至誠比類無く候、千葉介《千葉孝胤》無二の補佐申すの際、先ず以て御心安く候、近日時宜を調えられ、此の口より御兵義あるべく候、其の間の事、越後守在所相拘え候様、武略を廻らすべく候、結城《結城氏広》要害堅固に相踏み候由、聞こしめされ候、事々相談し候はばしかるべく候、謹言、

七月廿一日《文明三年》　（花押）《足利成氏》

茂木《持知》式部大夫殿

図4　足利成氏書状（文書四五）

出ると伝えることで、茂木保に留まる持知を離反しないようつなぎ止めようとしているのである。

さらに翌二十二日、成氏は持知に宛て袖判を据えた文書を発給する〔和氣二〇〇四〕。

〔史料11〕足利成氏袖加判申状　（文書四六：図5）

（花押）《足利成氏》

茂木式部大夫持知申す

一、野州山根七ヶ村の事

一、相州懐島六ヶ村の事

享徳廿年《文明三》七月廿二日

幕府の定めた文明の年号を使わず、享徳を使い続けるところに成氏の強い意志が読み取れるが、この文書の効力は疑わしい。そもそも下野国山根は那須一族千本氏の所領で茂木氏の支配が

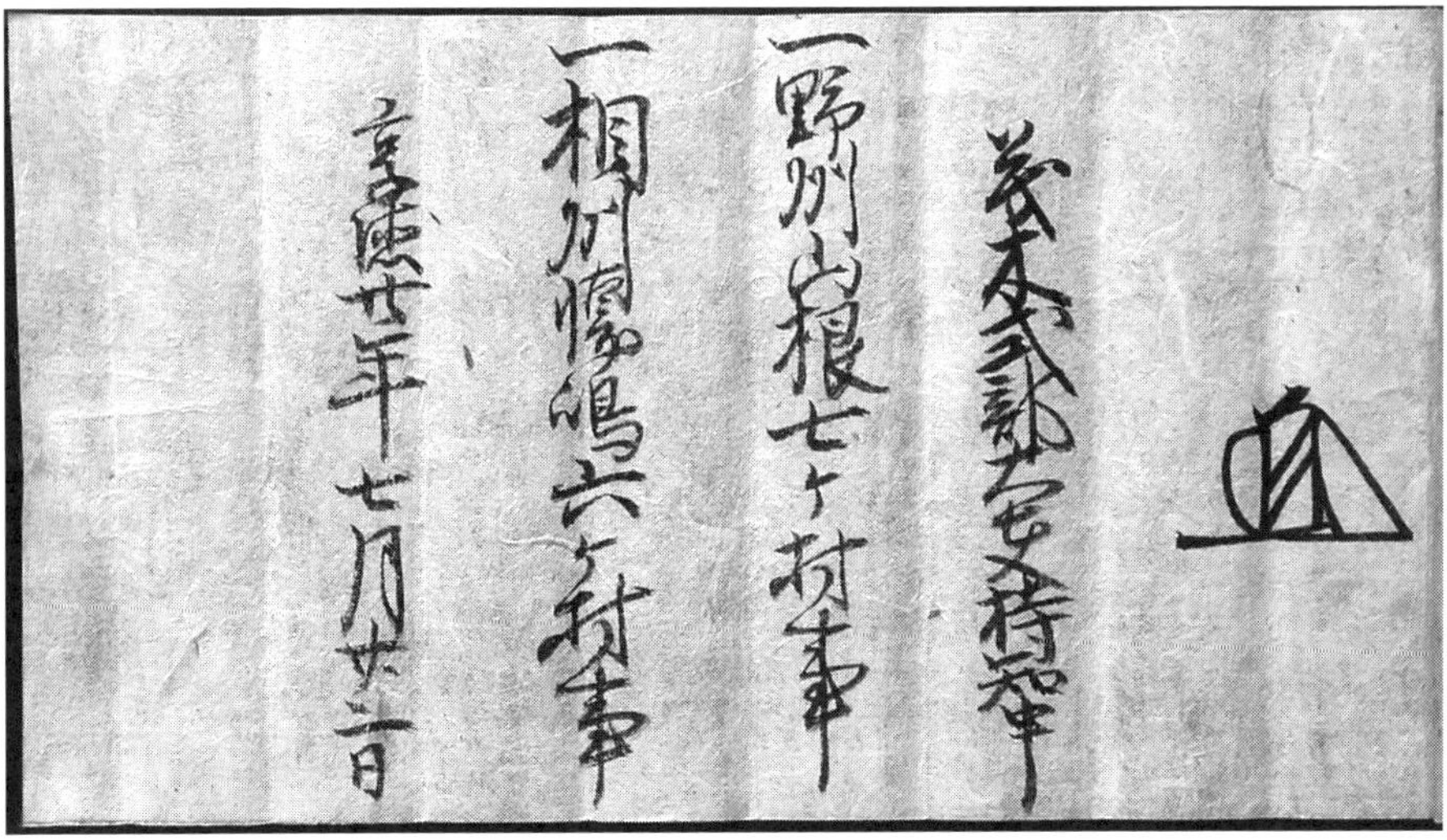

図5　足利成氏袖加判申状（文書四六）

及んでいた形跡はなく（図1参照）、相州懐島《ふところじま》も観応《かんのう》二年（一三五一）に茂木氏代官と在地領主との所領争いが確認できるだけで（文書二六）、その後の茂木氏の支配は認められない。佐藤博信氏は、史料10・11が密書的機能を持っていたと指摘し、両文書は下野茂木から下総佐倉に参上した使者に対する返礼として、一組みにして渡されたものと推定している［佐藤 二〇〇六］。

文明三年七月時点で、茂木持知は成氏に味方するものの、茂木保に留まっていた。さらに密書であるとすれば、こうした持知を引き止める方策として、空手形を発給したものとみるべきかもしれない。この空手形を最後に、持知は、史料上から姿を消している。

八月、成氏は香取神宮に対して祈禱を依頼し（戦古一六九）、古河への復帰に向けた動きを活発化する。いったんは成氏を古河から逐った幕府・上杉方であったが、結城氏らの成氏支持により古河一帯を勢力下に収めることができず、成氏方に対して決定的な勝利を得るには至らなかった。

翌四年四月、公方成氏は古河への復帰を果たす。その原動力は圧倒的に不利な戦況にもかかわらず、一貫して成氏を支持した諸氏の合力であった（戦下一八二）。茂木氏も公方成氏の有力な与党勢力としての活動を開始する。文明九年、茂木上総介治興《かずさのすけはるおき》は、成氏のもとに代官を派遣し、上野国への出兵を要請されている（文書四七）。

この茂木上総介治興は、持知の子でも兄弟でもないようである。鎌倉時代以来の茂木家の通字である「知」を使わない治興とは何者なのか。諸説あるものの、文明九年以降の茂木文書では、茂木家歴代の受領名ではない上総介を名乗り、「治」を通字にもつ当主が主役になっている。鎌倉以来の由緒を誇る「知」を使う茂木氏の時代は終わりを告げ、新たに「治」を使う茂木氏の時代が、ここから始まるのである。

〈コラム3〉

西茂木保の寺社と文化財

大山　恒

茂木氏は、常陸国守護となる八田知家《ともいえ》が治承《じしょう》四年（一一八〇）に茂木郡の地頭職《じとうしき》を安堵され入部したことに始まる。知家《ともいえ》の三男知基《とももと》は西茂木保を相続して「茂木」を名乗る。茂木氏相伝の地である西茂木保のエリアには、中世にさかのぼる縁起をもつ寺社や中世に成立した文化財が数多く残っている。茂木氏が本領として初代より受け継いだ西茂木保のなかで、茂木氏にかかわる寺社や文化財を郷ごとに紹介しよう。所在地の移動伝承がある場合は、現在地で取り上げる。

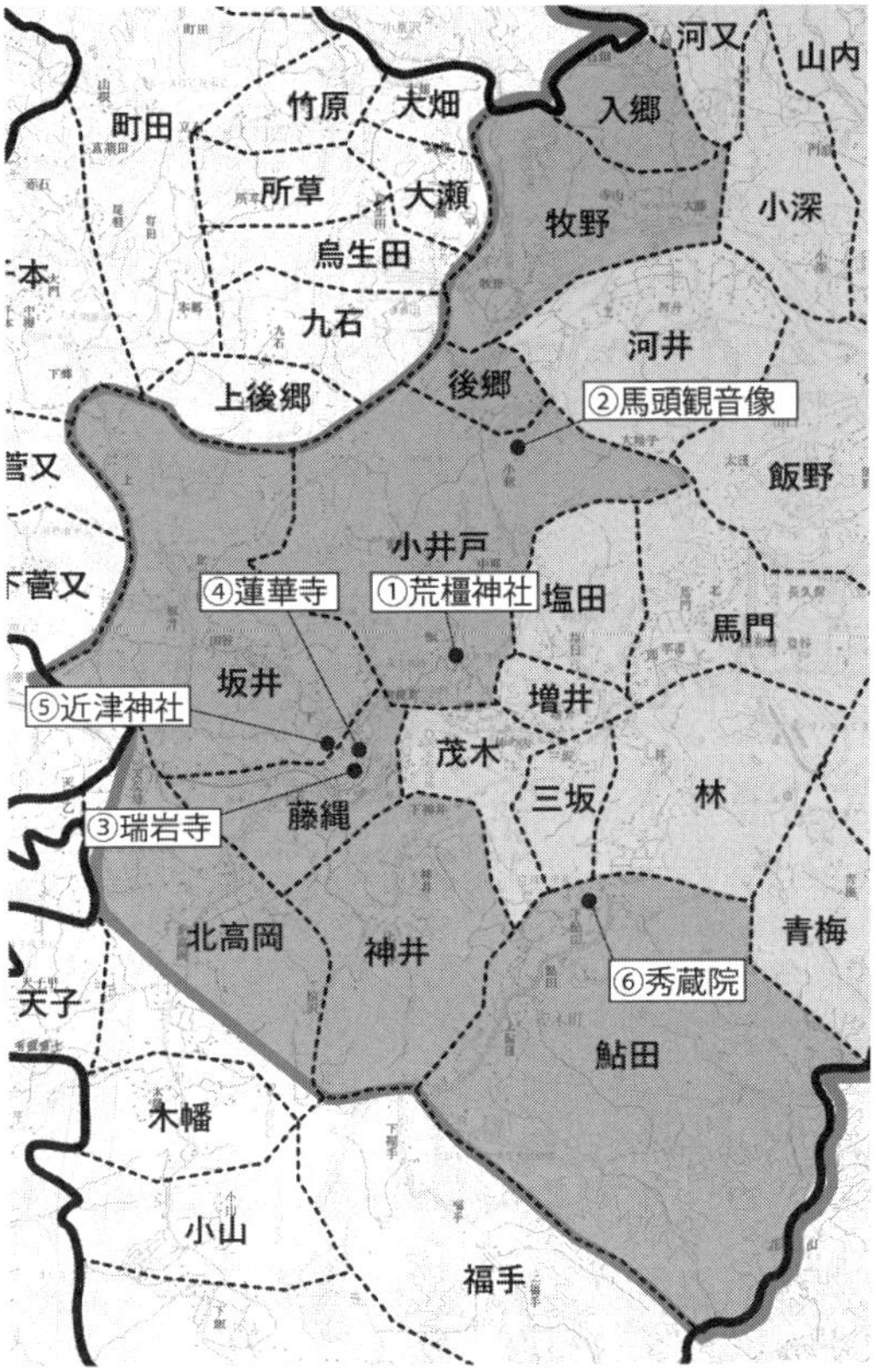

西茂木保　寺社・文化財略地図

小井戸《こいど》郷

①荒橿《あらかし》神社　茂木氏の本城であった茂木城の北東に荒橿神社は位置する。大同《だいどう》元年（八〇六）に高藤山《たかふじやま》に創建され、高藤宮ともいわれ、『延喜式』

瑞岩寺岩谷堂

観音寺蔵馬頭観音像

神名帳にも見える。茂木氏が茂木城を構えた際に北東（丑寅）の鬼門除けとして祀られたともいわれている。境内には、本殿・拝殿のほかに阿弥陀堂がある。これは三重塔の初層部分のみが残ったものとみられる。昭和六十三年（一九八八）に行なわれた調査により、益子町にある西明寺《さいみょうじ》三重塔（国指定重文）とその上層を支える組上げの構法などが共通していることが判明した。全体の構造などは西明寺三重塔に比べ簡略化されていることから、十六世紀後半の建築といわれている。境内には推定樹齢八〇〇年のケヤキ（県指定天然記念物）がある。

藤縄《ふじなわ》郷

②観音寺蔵馬頭観音像　観音寺は、延長《えんちょう》八年（九三〇）に信教《しんぎょう》法師が中興したと伝わる。馬頭観音像《ばとうかんのんぞう》（町指定有形文化財）は、その翌年の九三一年に、俵藤太《たわらのとうた》こと藤原秀郷《ひでさと》がこの寺で母と対面し、寄進したという伝承をもつ。

③瑞岩寺《ずいがんじ》　瑞岩寺は、大同年間（八〇六～八一〇）に弘法大師空海《くうかい》が東国巡錫《じゅんしゃく》の際にこの地を訪れ、庵《いおり》を結んだことに始まるといわれている。境内には岩窟の岩谷堂があり、鎌倉期作ともいわれる岩谷地蔵尊が祀られている。茂木家臣給分注文（4章参照）の寺家分の項に「上地蔵堂藤縄郷」とあるのは、瑞岩寺のことと思われる。

④蓮華寺《れんげじ》　大内山観音院蓮華寺は時宗の寺院。寺伝によると康保《こうほ》年中（九六四～九六七）に桓武平氏の平維茂《たいらのこれもち》が開基となり、創建したと伝わる。蓮華寺のある山の頂には近津《ちかつ》神社があり、その別当寺であったのかもしれない。かつては「近津道場」とも呼ばれていたという。

坂井郷《さかのい》

⑤近津神社　茂木城から南西方向一キロの場所に近津神社がある。社伝によると建《けん》久《きゅう》七年（一一九六）に創建、茂木城の病門除けといわれる。現在の本殿は、享保《きょうほう》五年（一七二〇）に茂木藩主の細川長門守により寄進されたと伝わる。

鮎田郷《あゆた》

⑥秀蔵院《しゅうぞういん》　秀蔵院は真言宗の寺院。寺伝によれば、天慶《てんぎょう》三年（九四〇）、阿闍梨《あじゃり》法印有朝《ほういんゆうちょう》の開山という。康暦《こうりゃく》三年（一三八一）の茂木知世《ともよ》の置文《おきぶみ》（文書二⑩）に「鮎田の願西寺」がある。現在、鮎田地区の寺院は秀蔵院のみだが、墓域には中世にさかのぼる五輪塔も見つかっている。置文には「鮎田の願西寺の仏物」の対応を安養寺に任せるとあり、茂木氏との関係がうかがえる。

蓮華寺

近津神社

秀蔵院

4章　十五世紀末の茂木氏家臣
——給分注文を読み解く——

泉田 邦彦

はじめに—茂木家臣給分注文の魅力—

茂木文書には、文明《ぶんめい》十四年(一四八二)十一月に作成された、茂木家臣給分注文《きゅうぶんちゅうもん》と呼ばれる史料がある(補遺⑾。茂木氏給人帳とも。以下、給分注文と略す)。給分とは、たとえば武家の主人が家臣の奉仕に対して土地や金銭を給与すること、注文とは、ある事柄に関する要件を列記した記録・報告書のことである。つまり、給分注文とは、十五世紀末の段階で茂木氏が家臣の奉公(軍役)に対し、給付すべき土地や貫高を一覧化した記録であり、当時の茂木氏家臣団の構成がうかがえる史料なのだ。

考察の前提として、給分注文の記載内容を整理した表1・2を示そう。表1は給分注文の情報を記載順に一覧化したもので、給地の場所が判明するものについては東西茂木保各郷の別と貫高を記した(ここから引用する場合は殿原《とのばら》1のように記す)。表2は給分注文に記された情報を、給人の身分および給分高ごとに一覧化したものである(111頁参照)。当時の茂木保の領域は東・西に分かれており、西茂木保は鮎田・神井・藤縄・小井戸(牧野・後郷を含む)・坂井の五

表1 「給分注文」にみえる給人の給分高および給地一覧

種別	給人名	給分高（貫文）	給地・切付	西茂木保	東茂木保
殿原 1	赤上豊前ー	30.500	13.500 鮎田堀内, 6.000 鮎田郷〈此内 1.500 公事面〉, 11.000 小井戸堀内	小井戸 11.000 鮎田 19.500	
殿原 2	赤上内匠助	4.350	2.000 切付小井(土郷ヵ), 0.700 小井土郷庵室内,(1) 500 小井土郷御馬屋方田 3 反, 150 ー	小井戸 4.200	
殿原 3	赤上ー	25.360	16.000 三坂蔵田, 9.360 馬門		馬門 9.360 その他 16.000
殿原 4	塩沢但馬(守)	16.600	5.200 坂井郷松本公田, 3.400 坂井郷梅沢公田, 1.500 坂井郷持倉公田, 5.000 藤縄郷切付, 1.500 藤縄郷スナ田田 3 反	坂井 10.100 藤縄 6.500	
殿原 5	塩沢ー	13.000	11.500 田屋瀧沢, 1.500 ー内山下	坂井 11.500	
殿原 6	塩沢信濃守	27.500	17.000 増井堀内, 8.500 藤縄郷〈此内 1.500 白金郷切付〉, 2.000 飯野郷畠	藤縄 8.500	増井 17.000 飯野 2.000
殿原 7	塩沢清左衛門	5.000	1.500 藤縄郷田 3 反, 1.500 ミそのを畠, 0.700 屋敷, 1.300 切付	藤縄 1.500	
殿原 8	河連将監	12.900	7.000 小井土郷檜木, 5.000 藤木, 0.900 小井土郷山口公田	小井戸 12.900	
殿原 9	彦四郎祖母	3.300	坂井郷紀藤内	坂井 3.300	
殿原 10	助二郎(祖母ヵ)	2.000	鮎田愛敬窪	鮎田 2.000	
殿原 11	市河四郎ー	16.450	9.800 林郷堀内分, 3.500 嶽堂, 2.250 小井土郷愛敬窪, 0.900 宿ー	小井戸 2.250	林 9.800
殿原 12	青山修理亮	7.000	4.750 坂井郷下若森, 2.250 坂井郷	坂井 7.000	
殿原 13	入野治部ー	10.000 〔10.500〕	4.650 林郷坂下公田, 3.000 林郷堀内分, 2.000 切付, 0.400 北高野畠		林 7.650 飯野 0.400
殿原 14	関主計助	10.300 〔10.297〕	5.000 神井郷堀内, 2.000 小井土(えの木ヵ)戸, 2.165 藤縄郷田 2 反畠 1 まい, 1.132 切付	小井戸 2.000 藤縄 2.165 神井 5.000	
殿原 15	河上六郎	4.500	此内 1.000 切付		
殿原 16	檜山八郎	18.570	11.500 窪内郷, 2.800 高畑ー, 1.243 高畑郷大井土公田, 1.6 (94)ー, 1.233 穀米田 4 反		飯野 15.543
殿原 17	鮎田大炊助	10.000	坂井堀之内	坂井 10.000	
殿原 18	檜山ー	8.160	1.660 河口公田, 6.500 井河瀬(公田ヵ)		飯野 8.160
殿原 19	檜山太郎五ー	1.500	切付		

殿原 20	檜山大炊助	10.000〔9.497〕	6.060 阿弥陀堂内, 0.990 橋本内, 0.800 穀米田 2 反, 1.647 切付		
殿原 21	檜山―	3.750	此内 3.000 切付		
殿原 22	塡石平左―	10.370	2.900 切付, 7.470 牛越蔵田		飯野 7.470
殿原 23	塡石平五郎	3.000			
殿原 24	塡石八郎五郎	2.880	切付		
殿原 25	河俣八郎―	5.000	切付		
殿原 26	河俣四郎―	2.000	切付		
殿原 27	菅(俣ヵ)―	5.000	幕串		
殿原 28	安藤左―	3.000			
殿原 29	下河井六郎左―	3.000			
殿原 30	近沢五郎左衛―	5.000	切付		
殿原 31	町井―	5.000	切付		
殿原 32	町井五―	5.000	切付		
殿原 33	町井四郎左衛―	4.600	切付		
殿原 34	塡石二郎兵衛―	10.000			
殿原 35	塡石三郎左衛門	10.000			
殿原 36	塡石左―	4.600			
殿原 37	塡(石)―	6.000	此内 1.160 高藤分		
殿原 38	菱治〔沼ヵ〕大―	3.000			
殿原 39	高田刀帯〔ママ〕	3.000			
殿原 40	小堀助三郎	3.000			
殿原 41	蔵助	3.000			
殿原 42	幸―	3.100			
殿原 43	宮下源右衛門	10.000	3.000 堀内(馬門郷ヵ), 2.980 古内, 1.2（20)屋敷, 2.800 切付		馬門 5.980
殿原 44	河連六―	5.000	坂井栗木	坂井 5.000	
殿原 45	小林弾正―	3.000	坂井観音堂分	坂井 3.000	
殿原 46	小林―	5.300	3.000 檜山薬師堂, 0.800 羽黒, 1.500 中之内		林 5.300
殿原 47	よしゆ彦衛門	2.000	切付		
殿原 48	てミね彦左衛―	1.700	切付		
殿原 49	てミね彦藤次	2.000	切付		
殿原 50	檜山―	8.000			
殿原 51	岩崎―	6.000			
殿原 52	関孫四郎	3.300	1.500 馬門宮之内, 1.000 小井土, 0.800 藤縄	小井戸 1.000 藤縄 0.800	馬門 1.500
殿原 53	石河兵庫	5.000			
殿原 54	藍河五郎左衛門	5.000	林郷見明		林 5.000
殿原 55	養心庵	13.500	5.500 上小井土, 5.000 藤ナハ郷, 3.000 ―	小井戸 5.500 藤縄 5.000	
殿原 56	道珎	10.000	1.104（ママ）1 反, 0.650 切付		
殿原分小　計		419.000〔420.084〕		139.715	111.163

種別	給人名	給分高（貫文）	給地・切付	西茂木保	東茂木保
寺家1	慶古	3.500	坂井観音堂	坂井 3.500	
寺家2	玉泉	3.000	上地蔵堂藤縄郷	藤縄 3.000	
寺家3	広林	3.500	安養寺観音殿（ママ）	藤縄 3.500	
寺家分小計		10.000		10.000	0.000
中間1	小六	2.900	此内 0.300 北高野畠		飯野 0.300
中間2	七郎太郎・与左右二郎両人	2.700	小井土中之内	小井戸 2.700	
中間3	丞	3.500			
中間4	三郎五郎	2.700	1.000 根本田 2 反 0.500 宮之内田 1 反, 0.400 増井郷一, 0.600 増井郷, 0.200 北かうや畠		増井 1.000 飯野 0.200
中間5	四郎太郎 坂井	2.500			
中間6	彦二郎 塩沢	1.500			
中間7	八郎五郎	1.750	此内小井土之郷中内田 2 反	小井戸 1.750	
中間8	弥七 田（屋ヵ）	3.000	1.500 志とう田, 1.200 田屋田 2 反, 0.300 藤縄スナ田畠	坂井 1.200 藤縄 0.300	
中間9	与八	3.500	1.500 常陸佐久公田, 2.000 中根公田	鮎田 2.000	
中間10	清二郎 馬門	1.700			
中間11	八郎三郎 阿久（津ヵ）	1.500			
中間12	彦八 飯野	1.000			
中間13	弥太郎 飯〔野〕	1.500			
中間14	安藤五郎	1.000			
中間15	八郎五郎	1.000			
中間16	三郎二郎	2.000	1.000 根本, 0.500 スナ田田 1 反, 0.500 河井	藤縄 0.500	その他 0.500
中間17	孫八 大田	1.000			
中間18	竹一	2.300			
中間19	せうりく	1.500	槻木	藤縄 1.500	
中間20	五郎四郎 まくいと	1.000			
中間21	五郎四郎 御馬屋	1.000			
中間22	与二郎	0.900			
中間23	孫一	1.000			
中間24	満一	1.000			
中間25	源藤一	1.380			
中間26	行阿ミ	1.500	小井土郷	小井戸 1.500	
中間27	地志	6.000	宿御中間 17 人分		
御中間分小計		52.280 〔52.330〕		11.450	2.000

種別	給人名	給分高（貫文）	給地・切付	西茂木保	東茂木保
職人1	九郎左衛門	1.500			
職人2	六郎五郎	1.000			
職人3	五郎衛門子	1.000			
職人4	六郎太郎	1.400			
職人5	二郎太郎	2.600	0.900 藤縄槻木田3反，増井郷田1反	藤縄 0.900	
職人6	紀藤三ー	3.200			
職人7	定使 坂(井)	2.300			
職人8	定使 小井土	2.000			
職人9	定使 鮎田	1.000			
職人10	定使 飯野	0.500			
職人11	大夫	0.700			
職人分 小　計		17.200		0.900	0.000
総　計		498.500〔499.164〕		162.065	113.163

○凡例
・[新川 1980]の「茂木氏家臣給分一覧」を基に、情報を加筆・修正し作成した。
・【殿原3】「三坂蔵田」について、三坂村は東茂木保であるが、10郷の所属は不明のため「東茂木その他」とした。
・【殿原5・中間8】「田屋」は、茂木文書37応永30年鎌倉府政所執事沙弥某奉書などから坂井郷とした。
・【殿原7】「ミそのを」は[永原1969]の指摘に従い、藤縄郷とした。
・【殿原13、中間1・4】「北高野／北かうや」は[永原1969]の指摘に従い、飯野郷とした。
・【殿原16】「窪内郷／高畑」及び【殿原22】「牛越」は、『角川地名辞典9栃木県』の情報から飯野郷とした。
・【殿原18】「河口／井河瀬」は茂木文書2-⑦文和2年(1353)沙弥明阿(茂木知貞)譲状写から飯野郷とした。
・【殿原46】「檜山薬師堂／羽黒／中之内」は、文禄3年飯野内檜山検地帳に地名がみえるため、檜山村を含む林郷とした。
・【中間16】「河井」について、河井村は東茂木保であるが、10郷の所属は不明のため「東茂木保その他」とした。

郷で構成され、東茂木保は茂木(槻木)・林(檜山を含む)・増井・馬門・飯野五郷と小深・小高倉両村等で構成されていた。給分注文には、茂木郷を除く(槻木は藤縄郷として給分注文に記載されている)、九郷の地名が確認でき、さらに殿原五六人、中間《ちゅうげん》四四人、寺家《じけ》三人、職人一一人という茂木氏家臣一一四人の名前も確かめられる。十五世紀の茂木氏権力を考察する上ではこれ以上ない好史料といえよう。

ところが、給分注文には未だに解決されていない課題が多い。たとえば、伝来の経緯にも謎が残る。給分注文は、ふみの森もてぎが所蔵する茂木文書の原本には現存していない。どうやらある段階で原本から流出したらしく、給分注文と茂木氏系図(補遺⑬)は、東京大学史料編纂所蔵の「茂木文書」影写本《えいしゃぼん》に収録された写のみが知られる。影写本の奥書には「右、羽後國北秋田郡十二所町茂木知端蔵、明治三十一年七月採訪、同三十二年三月影写了」とあることから、少なくとも採訪された時点では両史料とも茂木知端《ともただ》氏の所蔵であった。茂木文書の伝来を再検討した松本一夫氏は、茂木知端氏が明治三十二〜同三十四年頃に経済的な支援を受けていた吉成氏に茂木文書原本を譲った際、茂木家の存在証明として最も価値のある家系図と給分注文だけは手元に残したと推定している［松本 二〇〇五］。

本章では、1節において給分注文に関する課題を整理し、以降の各節において同史料の再検討を試みる。一連の検討から給分注文を読み解くことで、十五世紀末の茂木氏家臣および茂木保の実態について一歩踏み込んでみたい。

1 給分注文をめぐって―課題の整理―

(1) 永原慶二氏の分析

最初に給分注文を取り上げ、本格的な分析を加えたのは、永原慶二氏である［永原 一九六九］。永原氏は、茂木氏家臣団の最大の特徴として、統一的な貫高《かんだか》基準（田一反＝五〇〇文）をあげ、その内部には明確な階層差が存在することを指摘した。殿原は平均八貫文程度の給分を持つ有姓の者であるのに対し、中間・寺家・職人はそれぞれの貫高が平均二貫文・三貫文強・一貫五〇〇文程度にとどまり、すべて無姓の者たちで構成される。このことから、殿原は村落上層の地侍《じざむらい》と位置づけられ、自身が領主として支配する土地を給分として与えられる一方、自身が年貢負担をしなければならない土地も持つ、兵農未分離の存在と捉えられた。当該期の茂木氏の権力構造は、自身とは血縁関係にない地侍層をも家臣団に編成し、それ以前の血縁関係による同族結合を中核としたものとは異なっていることと、統一的な貫高基準による知行制が展開していることから、「国人領主の一典型と見て差し支えない存在」と理解されている。

一方で、永原氏は給分注文に対する四つの疑問点をあげている。

①給分注文は国人領主層の武家文書には類例が乏しい。

②茂木文書影写本における給分注文の挿入箇所は、「ほぼ年代を追う所領関係文書群の中間にこれのみが挿入され、排列上の異和《（ママ）》感がつよい」。

③史料群の大半が中世の武家文書の字体であるのに対し、稚拙な感じが強く、文字も異種である。

④作成者の署名がなく、「文明十四年十月日」が茂木家にとってどのような意味を持つのかもはっきりしない。

①と③については永原氏自身が解答を示している。①は貫高による年貢表示の採用には検討の余地があるとしながらも、貫高表示自体は南北朝～室町期の武家文書において広くみられるものとし、③は作成目的が「覚書的なものとすれば、形式・字体等のことはさして重大ではない」と理解を示した。新川武紀氏は永原説を引きながら「史料としての信憑性にさほど問題はない」とし、原本が所在不明であることに触れつつ「紙質とか墨色・筆跡など、形式上の詳細な検討も必要である」と述べたが〔新川 一九八四〕、史料的性格に対して永原説以上の言及はみられない。したがって、永原氏の提示した疑問点の②と④がさしあたり再検討すべき課題となろう。

(2) 分析の課題

まず、疑問点②について再検討を加えたい。影写本の給分注文写は、状を貼り継いだ形態である。筆写されたものが史料の原本だったのか、写だったのかは不明であるが、影写本の給分注文の下部にはテキストの欠損箇所もそのまま写し取られている。この欠損は、原本の多くにみられる焼損痕であろう。とすれば、焼損痕は元禄《げんろく》～宝永《ほうえい》年間（一六八八～一七一一)に編纂された「秋田藩家蔵文書一四(茂木筑後知量並家臣家蔵)」にも確認できるから、影写のベースになったテキストは写であっても元禄年間以前には成立していたことになる。

永原氏が参照した影写本の茂木文書は三冊に分かれる。給分注文は一冊目にあり、冒頭の茂木家証文写(文書二)と鎌倉家政所下文(文書一、これ以降ほぼ編年に排列される)の間に配置されている。現存の証文写は、承久《じょうきゅう》四年(一二二二)～応永《おうえい》十一年(一四〇四)の譲状写計一五点を二五紙にわたって貼り継ぎ、一三か所の紙継目に裏花押がある。しかし、永原氏が参照した影写本では冒頭二か所と終盤二か所の計四か所を除き「ツギメ裏花押以下略」とされており、これらの譲状が連券していることは理解しづらいため、氏は「ほぼ年代を追う所領関係文書群の中間にこれのみが挿入され」たものと捉えたのではないか。現存の茂木文書をみると、複数の料紙を貼り継いだのは、二紙を継いだ佐竹義舜書状(文書五三)のほか、足利成氏書状(文書四五)と足利成氏袖加判茂木持知申状(文書四六)を継いで二紙にしたものに限られ、それ以外はすべて一紙ものである。あえて影写本の排列を説明するならば、複数紙を貼り継いだ証文写と給分注文を先に影写した後、鎌倉家政所下文以降の史料をほぼ編年順に収録する方針を採ったものと理解するほかないだろう。

続いて、疑問点④を考えよう。茂木氏系図に茂木治時《はるとき》の死没が文明十一年とあるため、先行研究では次代の茂木知行《ともゆき》の作成と捉えてきた[永原 一九六九、茂木町史 一九九七・二〇〇一]。しかし、茂木氏系図にみえる戦国期の茂木氏当主の活動時期や官途・受領名は、一次史料の情報と一致せず、系図を鵜呑みにすることは難しい。すでに指摘したように、文明三年(一四七一)まで活動が確認できる茂木式部大夫《しきぶのたいふ》持知《もちとも》の後、ある段階で茂木氏当主は上総介《かずさのすけ》系茂木氏に系統が移った可能性があり(後述)、作成主体や目的については再考する必要があると考える。

以上のことから、2節では茂木氏惣領の家督継承に注目しながら、給分注文が作成された文明十四年以前の状況を押さえたい。その上で、3節において給分注文の内容を再検討し、十五世紀の茂木氏家臣や茂木保の実態を考察する。同時代史料の不足を補うため、領内に残された文禄《ぶんろく》三年(一五九四)検地帳をはじめ、近世史料や史跡にまつわる伝承から中世の痕跡を丹念に拾い上げ、多角的なアプローチを試みる。4節では中世後期の東国で作成された分限帳《ぶんげんちょう》や類似史料を取り上げ、それらが作成された背景を踏まえつつ、給分注文の作成背景と目的を探ってみる。

なお、給分注文を読み解くうえで、これまで指摘されることがなかった文言がある。給分高を示す合計の表記は、殿原分「已上四百十九貫文歟」のように、寺家分も中間分も職人分も、全体の総高も「惣都合四百九十八貫五百文歟」と、すべて断定を避ける「歟」の表現がとられている点に注意を払う必要があろう。つまり、作成主体による家臣たちの給分高の把握状況には不確定要素が含まれていたものと推察され、この点は給分注文全体を理解する上で大きなカギになるだろう。

2　茂木氏の家督問題—式部大夫持知と上総介治興—

給分注文が作成される文明十四年以前の茂木保の領有状況は、2~3章に詳しいので参照願いたい。ここで確認しておくべきは、文明三年(一四七一)以降の茂木氏惣領《そうりょう》に対する理解である。

前述のとおり、持知以降の茂木氏系図の情報は信憑性がなく、一次史料から系譜を復元する必要がある。文明三年に比定される七月二十一日付古河公方足利成氏《しげうじ》書状(文書四五)では、「茂木式部大夫殿」が成氏方の那須・結城両氏と相談し、室町幕府方の軍勢に備えることが命じられ、翌二十二日には持知あてに成氏の袖加判《そでかはん》申状(文書四六)も発給されている(この二通は3章に詳しい)。

しかし、翌文明四年十一月付の東茂木保小深《おぶか》郷片倉大明神造営棟札写には、持知は現われず、別の茂木一族の名がみえる。

〔史料1〕東茂木保小深郷片倉大明神造営棟札写（茂木2金石文等六）

大丹《(旦)》那茂木上総介治興
同　息式部大夫治泰
下野国小深郷片倉大明神　造営畢、
東茂木　政所檜山豊前守朝増
文明亖年壬辰十一月　代物十五貫　俵十五
大工　太郎左衛門尉
　渡佐守

すなわち、茂木治興《はるおき》・治泰《はるやす》父子が東茂木政所の檜山朝増《ひやまともます》とともに、片倉大明神の造営を主導しているのである。加えて、次に掲げる文明九年に比定される十二月一日付足利成氏書状も宛所は「茂木上総介殿」である（文書四七・図1）。このことから文明三〜九年の間に茂木氏当主が式部大夫持知から上総介治興に移った可能性が推察されよう。

この書状から読み取れるのは、①茂木家代々の家督継承者が名乗る「三郎」が成氏のもとに派遣されていたこと、②三郎が帰宅するにあたって成氏は上総介殿あてに「御書」をしたためたこと、③さらに御書の返信（懇ろの言上）が成氏の手元に届き「御悦喜」と謝辞を述べたうえで、武州・上州境での合戦に備え、上総介殿に代官派遣を要請したこと、この三点である。

三郎の帰宅先は文脈からして上総介殿であろうが、三郎が成氏のもとに派遣されたのは上総介の名代だったのかも

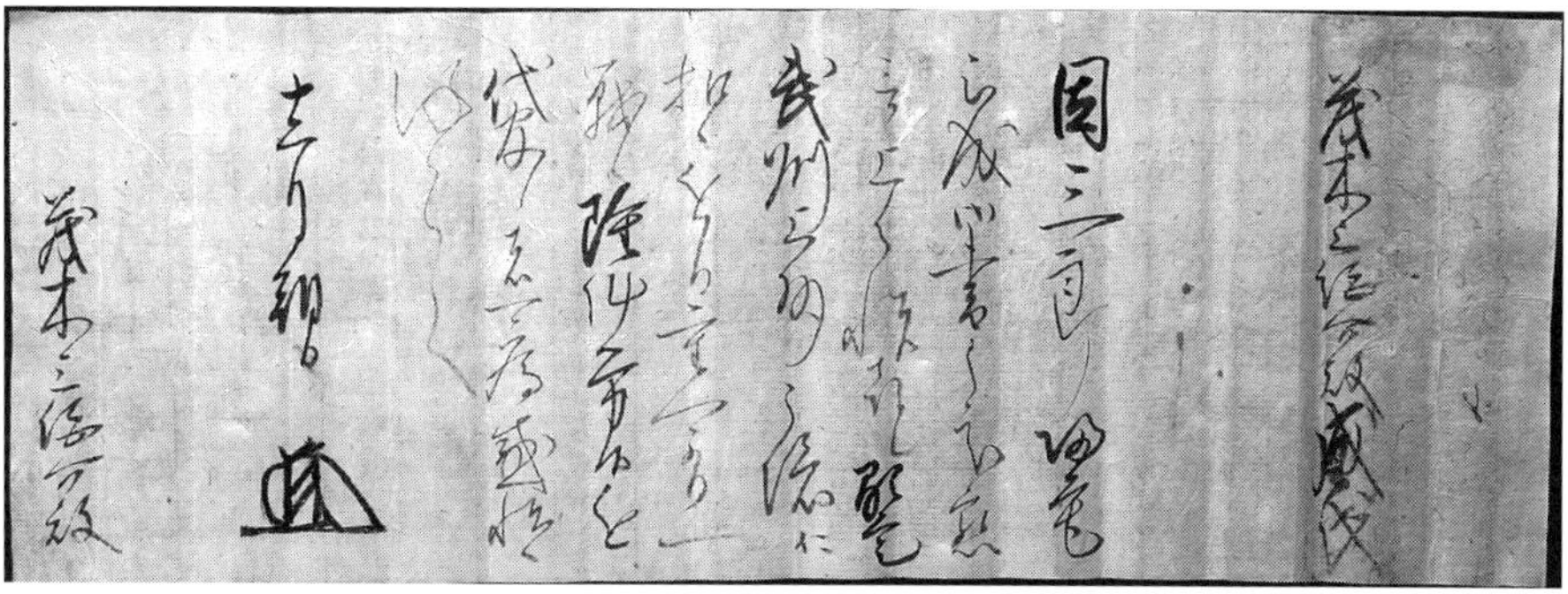

〔史料2〕足利成氏書状

（封紙ウハ書）「茂木上総介殿　成氏」

（端裏）「（切封墨引）」

三郎帰宅により御書をなさるのところ、懇な言上御悦喜に候、（山内上杉）顕定武州・上州の境に控え候、近日重ねて一戦あるべく候、陣労候といえども代官を進らせ候はば感悦たるべく候、謹言、

（文明九年／一四七七）十二月朔日（足利成氏）（花押）

茂木上総介殿（治興）

図1　足利成氏書状（文書四七）

しれない。三郎の帰宅後に再び代官の派遣を成氏が求めてきたと解釈できようか。

では、この「三郎」とは何者なのか。確実なのは、当時は上総介治興が茂木家の当主と推定できること、三郎は家督後継の候補者であることだが、二つの意見にわかれている。①案は持知の家督後継者とする説［泉田 二〇一九］、②案は文明四年の棟札に登場する治興子息の式部大夫治泰とする説［森木 二〇一九］、である（5章で森木氏は治泰子息とする③案を提示）。①案は持知に子息や兄弟がいた痕跡が史料にまったく残らず、②案は治泰の仮名が三郎であった徴証に欠けるなど、両案ともに決定打がない。③案もまたしかりである。三郎の比定には多くの課題を残すものの、江田郁夫氏は後世に足利政氏《まさうじ》が茂木氏を小田氏と呼んでいること（文書六二～六四）、茂木氏の通字が「知」から小田氏代々の「治」へと変化していることから、享徳《きょうとく》の乱後

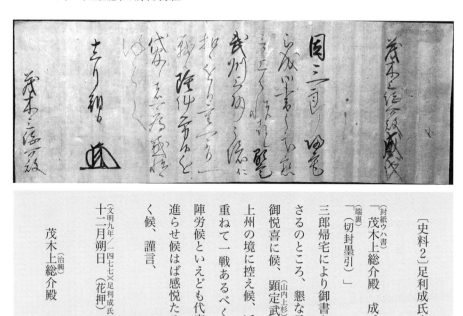

に小田氏の一族が茂木氏の家督を継承した可能性を指摘している［江田 二〇一一］。江田氏の指摘も踏まえれば、①・②案のいずれであっても、持知から治興への家督継承は、満知以前の茂木氏が代々の所領を嫡子に譲ったのとは異なって、通字・官途・受領名の劇的な変化を伴う、政治的な背景が潜んでいたと考えられる。給分注文の作成目的にもからむ大事な問題なので、あとで再説したい（5章の③案は持知―治興の家督継承問題に影響はない）。

ところで、東茂木保については、文明四年時点では上総介治興・治泰父子と東茂木政所の檜山豊前守朝増によって小深郷に片倉大明神が造営されていた（史料1）。その約四十年後の永正《えいしょう》十年（一五一三）八月晦日に、治泰の次代と推定される茂木筑後守（実名不明）が佐竹義舜《よしきよ》と起請文による同盟関係を結び、「下野国山内郷幷小深郷」を与えられている（文書六九）。すなわち、永正十年以前には、上総介系茂木氏が東茂木保に対する何らかの権限を有していたこと、少なくとも小深郷の一部は東茂木政所の管轄下にあったことは確かである。

東茂木政所について、かつて筆者は、鎌倉府が料所＝直轄料支配のために政所を置いたように、茂木氏が東茂木保における直轄領支配のために設置した可能性を指摘した［泉田 二〇一九］。しかし、片倉大明神の所在する東茂木保小深郷は、正長《しょうちょう》三年（一四三〇）鎌倉府奉行人の雑賀《さいか》前遠江守《さきのとおとうみのかみ》・明石《あかし》前筑前守《さきのちくぜんのかみ》が茂木満知《みつとも》に「御料所東茂木保内小深郷」の年貢徴収を命じているように、鎌倉府の直轄領であった（文書四三。3章参照）。鎌倉府料所は鎌倉府政所の管理下にあったことが指摘されており［山田 一九九五］、檜山朝増がつとめた東茂木政所は古河公方体制の政所が現地支配のために設置した可能性も想定される。当該期の古河公方と茂木氏との関係を踏まえれば、小深郷は公方から茂木氏に預け置かれ、茂木氏が家臣の檜山氏を代官として政所に派遣し、公方家に年貢を納めていたと捉えられようか。

給分注文の作成背景については4節で改めて見解を示すこととするが、ここでは文明十四年の給分注文が上総介系茂木氏によって作成された可能性を指摘しておく。

3　給分注文にみる給人と茂木保

(1)①給地の表記について

それでは給分注文の分析に移ろう。表1を参照されたい。給地の構成は、殿原7に象徴されるように、田（蔵田《くらた》、公田《くでん》、穀米田《こくまいた》を含む）・畠・屋敷・切付《きりふ》が貫高で表記されている。

給分注文からは畠の貫高換算基準はうかがえないものの、田の基準をうかがえる記述が一〇ヶ所みえる。田一反あたりの換算高を整理すると、三〇〇文が二ヶ所（殿原16、職人5）、四〇〇文が一ヶ所（殿原20）、五〇〇文が六ヶ所（殿原2・4・7、中間4〔二ヶ所〕・中間16）、六〇〇文が一ヶ所（中間8）である。田一反＝三〇〇〜六〇〇文と幅がみられるのは田地による生産力の違いによるものと思われる。平均田一反＝五〇〇文の換算にもとづけば、殿原層の給地は最大が殿原1赤上豊前《あかがみぶぜん》の六町一反、最小が殿原19檜山太郎五―の三反であり、平均貫高八貫文に対する平均給地は一町六反になる［新川 一九八〇］。

給分注文の全貫高数を東西茂木保ごとに集計したところ、西茂木保一六二貫六五文、東茂木保一一三貫一六三文という値を得た。給分高が大きい順に一〇郷を並べると、

①坂井（西・五四貫六〇〇文）　②小井戸（西・四四貫八〇〇文）
③藤縄（西・三四貫一六五文）　④飯野（東・三四貫七三文）
⑤林（東・二七貫七五〇文）　⑥鮎田（西・二三貫五〇〇文）

⑦増井(東・一八貫)　⑧馬門(東・一六貫八四〇文)　⑨神井(西・五〇〇文)
⑩茂木(東・〇文)　　東茂木保その他(一六貫五〇〇文)

となる。給分注文は家臣層の給分のみが対象であり、茂木家の収入分は除外されているが、西茂木保に給人の給分地が五〇貫文弱ほど多いことがわかる。

②給人の構成について

続いて、表2から給人の構成を概観しよう。給分総高四九九貫六一四文(原史料は四九八貫五〇〇文)のうち、殿原層の給分高総計は四二〇貫八四文あり、全体の約八四％を占める。殿原は五六人と全体の半数近くあり、茂木氏の給人が殿原を中核とするものであったことは確かであろう。さらに、殿原の半数は五貫文以上であるのに対して、寺家・中間・職人の大部分は五貫文未満であり、とりわけ中間と職人は三貫文未満がほとんどである。従来指摘されてきたように、殿原とその他の身分の者との格差や、殿原内部の規模の大小が確認できる。加えて「十三貫五百文鮎田堀内」のように、貫高と地名がセットで表記されるケースと、地名を記さないケースにわかれる。貫高の対象地名を明記するのは、「所付《ところづけ》」と呼んでいるが、所付のない者は、殿原二五人、中間一七人、職人一〇人である。

所付の有無について、永原慶二氏は給分の知行的性質の違いから説明している。地名表記(所付)のある給分とは、給人にその給地の年貢を得る権利(給地の知行)が茂木氏によって認められたものであり、給人の収入分にあたる。したがって、給分注文の貫高は、すべて茂木家に納めなくてもよい年貢であって、百姓・耕作者にとっては年貢を納める対象が給人に指名されている人物(赤上氏など)になる。

年貢を現物の作物で納めるのか、銭で納めるのかはわからない。けれども、殿原16檜山八郎と殿原20檜山大炊助《おおいのすけ》の給分にだけみえる「穀米田《こくまいた》」が現物納を意味するなら、ほかの給分の年貢は銭納だったのかもしれない。また、殿

表2　給人の身分および給分高構成(永原1969を加筆・修正)

区分	殿原	寺家	中間	職人	計
30貫文以上	有姓1人 (堀内給付1人)				1人
20～29貫文	有姓2人 (堀内給付1人)				2人
10～19貫文	有姓13人 (堀内給付5人) 宗教者2人				15人
5～9貫文	有姓14人 不明1人		無姓1人 (宿17人分一括)		16人 (33人)
3～5貫文未満	有姓13人 無姓2人 不明2人	宗教者3人	無姓3人	無姓1人	23人
3貫文未満	有姓3人 無姓4人		無姓23人	無姓10人	40人
計	56人	3人	27人 (44人)	11人	97人 (114人)
給分総額	419貫文 〔420貫84文〕	10貫文	52貫280文 〔52貫330文〕	17貫200文	498貫500文 〔499貫614文〕

※原史料の総計は498貫500文であるが、〔　〕内に実際の総計を記載。
※殿原のうち、欠損があり名前を判読できない者は姓不明とした。

原1赤上豊前は鮎田郷六貫文の給分のうち一貫五〇〇文を「公事面(免)」とされているが、これは公事が賦課されていた畠地分の公事免除であろう。

所付の殿原については後述することとし、ここでは所付のない者たちに目を向けたい。給分注文の「切付《きりふ》」は、家臣に与える一定額の手当てであり、茂木家の財源(年貢・公事の総額)から捻出されるものである。切付の記載がある殿原二一人のうち、給分高一〇貫文以上は八人、五貫文以下は一三人(うち切付のみが九人)確認できる。殿原の中でもどちらかといえば、収入高の低い者たちは、給分地の知行ではなく、茂木家から銭の給付を受けていたのであろう。もちろん、一〇貫文以上の殿原へ給付される切付に関しては、給分地の代替の意味があったと考えられる〔永原一九六九〕。

中間《ちゅうげん》は、主人に仕えて雑務などをこなす者の意味で、給分注文には二七件を確認できる。そのうち給分地の表記がある者は九人しかおらず、ほとんどが「弐貫五百文　四郎太郎坂井」のように給付額+個人名+居住地?の表記か、あるいは「壱貫文　八郎五郎」のように給付額+個人名であって、給地の表記がない。

とくに注意したいのは、「御中間給分」と「御」の文字を付していることで、この「御」は二七件の中間すべてに与えられているわけではなく、「御中間」は茂木家が抱えている中間であることを表わしている。類例は、上野国の新田岩松氏の応永《おうえい》十一年（一四〇四）村田郷地検目録に「御中間孫太郎給分」とあって、岩松氏の中間に孫太郎がいることがわかる。

中間2「二貫七百文 小井土中之内 七郎太郎 与左右二郎 両人」のように給地を明記する九名の中間の給分額は、合算でも一六貫余しかなく、御中間の総額五二貫二八〇文（足し算すると五二貫三三〇文）の三割程度にとどまる。彼らは給地を明記しない大多数の中間よりも経済的には恵まれているのかもしれないが、いずれも無姓の者たちであって、身分的な差はないのだろう。茂木家お抱えの中間がすべて百姓身分なのか、侍身分に引き立てられた百姓も含むのかは、判断つきかねるが、なかには「宿 御中間」（中間27）として六貫文が一七人分に割り当てられているケースもある（一人あたり三五〇文）。当時の宿がどのように経営されていたのか知るすべはないものの、宿の関係者（商人だろうか）にも手当てが支給されていたわけで、彼らを茂木家の中間として取り立てたのであろう。御中間の者たちは、茂木家の所領経営を多方面から下支えする主力メンバーの一角を担っていたと考えてよいだろう。

寺家分の総額は一〇貫文で、寺家1慶古《けいこ》（坂井観音堂）、寺家2玉泉《ぎょくせん》（上地蔵堂藤縄郷）、寺家3広林《こうりん》（安養寺観音堂）の三人で、ほぼ均等割になっている。坂井観音堂は坂井地区で屋号「観音堂」を持つ河上長一郎宅に比定され〔永原 一九六九〕、安養寺《あんようじ》観音殿は茂木町大字弾正《だんじょう》（藤縄郷）に所在する藤縄山安養寺に比定できるだろう。安養寺は、寺伝によると、茂木元久《もとひさ》娘である安養尼が草庵を結んで閑居したことを起源とし、延文《えんぶん》四年（一三五九）譲状には茂木知世《ともよ》の菩提寺として確認できる（文書二⑩）。上地蔵堂は藤縄郷に所在する瑞岩寺《ずいがんじ》と推定され、境内には鎌倉時代作と言われる岩谷地蔵尊が祀られているが、他に比して五〇〇文少ない理由はよくわからない。

職人給分は、総額一七貫二〇〇文で、一一人の職人はいずれも無姓である。職人11大夫は神職の者であろう。そのほか大工や番匠《ばんじょう》、大字河井に地名が残る「鍛冶屋」等が想定されようか。とくに目を引くのが、郷名が記された「定使《じょうづかい》」の存在である。定使とは、本来、年貢・公事を催促するために領主が現地に派遣する使者のことで、領主の所領を維持・管理するための役職である。ところが、給分注文では定使を職人のカテゴリーで把握しているところに特徴がある。

茂木保の場合、給分高が多い坂井・小井戸・鮎田・飯野各郷に定使分が置かれ、年貢・公事の徴収に当ったものと想定されるが、四郷の定使の給分高に差異がある。すなわち、西茂木保である坂井・小井戸・鮎田各郷は一貫文～二貫三〇〇文であるのに対し、東茂木保飯野郷は五〇〇文なのである。給分注文は基本的に一つの貫高表記に対し一人の給人を記載しているので、定使の数による違いとは考えにくい。給分高が上位の西茂木保藤縄郷や東茂木保林郷にも定使は設定されておらず、残念ながらその理由は判然としない。

⑵殿原の存在形態について

①茂木保と堀内

各郷の堀内を給付されている殿原は、貫高一〇貫文以上の者に限られることから、すでにその重要性が指摘されてきた。堀内を給付されたのは、

殿原1　赤上豊前守　　総高：三〇貫五〇〇文　鮎田堀内：一三貫五〇〇文＋小井戸堀内：一一貫文、

殿原6　塩沢信濃守　　総高：二七貫五〇〇文　増井堀内：一七貫文、

殿原11　市川四郎　総高：一六貫四五〇文　林郷堀内分：九貫八〇〇文、
殿原14　関主計助　総高：一〇貫三〇〇文　神井郷堀内：五貫文、
殿原13　入野治部　総高：一〇貫文　林郷堀内分：三貫文、
殿原17　鮎田大炊助　総高：一〇貫文　坂井堀之内：一〇貫文、
殿原43　宮下源右衛門　総高：一〇貫文　（馬門郷ヵ）堀内：三貫文、

である。

新川武紀氏は、各郷の堀内に給地を持つ赤上豊前以下の殿原について、彼らがいずれも一〇貫文以上の給分を持ち、殿原層の中でも上位に位置づけられていたこと、現在も各郷の小字堀内には上位殿原層と同姓かつ茂木氏旧臣伝承を持つ子孫が現存していることを指摘した［新川 一九八〇］。その上で、茂木氏の権力構造について「周囲に土塁と堀をめぐらし、いわゆる堀内に広大な屋敷を構えて居住する村落上層農民を上から把握し、給人化することによって自己の家臣団の中に組み込んでいった」との見解を示した。

右の新川氏の見解は、フィールドワークに立脚した諸分野からのアプローチにより堀内の様相が具体化されたことで見直されている。歴史地理学の立場から中世北関東の「堀の内」群に言及した伊藤寿和氏は、各郷の「堀の内」（現行地名）が小高く日当たりの良い山地・丘陵の緩斜面に立地し、小支谷の川沿いに開発された水田を見下ろしていること、現在は屋敷や畠に利用される「畠の堀の内」であり、周囲全体に水堀や土塁を巡らした方形館としての堀内でないことを指摘した。茂木保の「堀の内」は、畠を主とし、貫高を面積に換算した場合、水田一反＝五〇〇文でなく、畠一反＝二〇〇文となることから、かなりの面積が免租地《めんそち》として給分とされたとし、その重要性を説いた［伊藤 一九九八］。

考古学の立場からは、田村雅樹・馬籠和哉両氏が茂木保をモデルに山間地形における中世村落の景観復元を試みている。両氏の踏査成果によれば、「堀の内」地名を持つ神井・小井戸・鮎田・北高岡・小山・林六地区の共通点として、河川を区画線として左・右岸微高地および台地上に殿原層の屋敷や寺社が点在し、「堀の内」地名が必ず主要路の分岐点に位置するという。また、「堀の内」や「中の内」といった「内」地名ではほぼすべての地点でかわらけ（土《は》師《じ》質《しつ》土器）や内耳《ないじ》土器を採集できたことから、「内」地名が武士の屋敷や寺社といった政治的場所であった可能性も提示されている［田村・馬籠 二〇〇三］。あるいは、「内」地名は中世の在家《ざいけ》跡であるという小林清治氏の推測もあるから［小林 一九九三］、茂木保においてもその可能性が想定されよう。

ここで、中世後期の茂木保における堀内の具体像を一次史料から提示してみたい。取り上げるのは、時代は下るものの文禄三年（一五九四）十月小深郷検地帳（栃木３九）である。茂木保の文禄検地は、石田三成《みつなり》・増田長盛《ながもり》・佐竹義宣《よしのぶ》による常陸・下野の佐竹領国検地の一環として実施されたもので［斉藤 一九八五］、小深郷では佐竹氏の奉行牛丸《うしまる》兵左衛門尉が、飯野村および檜山村では石田三成の奉行大嶋《おおしま》助兵衛が検地帳をとりまとめた（栃木３二―二―２）。茂木氏が常陸国小川に知行替《ちぎょうがえ》になるのは、文禄三年検地を経て、五四万石余の領地を得た佐竹氏が配下の知行割を実施した後であるから、この段階の村落は茂木氏時代の様相を示しているといえる。

小深郷は、那珂川《なかがわ》北岸の標高約五五㍍の台地上（台地下との高低差は約一〇～一五㍍）に位置する。北・東は山内郷、西は小井戸村に含まれる牧野・後郷と隣接し、那珂川を挟んで南側に河井・飯野村がある。地区の西端は木須川《きすがわ》が流れ、これと那珂川の合流地点である合戸地区は江戸時代に河岸《かし》が設けられ、下流の水戸と舟運による荷物の移送が行われていた［茂木町史 二〇〇二］。堀内は地区南東の台地上に位置し、現在の耕作地は大部分が畠地であり、田地は当地を南北に流れる水路沿いにのみ谷地の奥まで分布する。

当時の小深郷は、田が約一七町／約一七六石、畠が約三二町、屋敷が約一町五反、総面積約五一町／総石高約四〇七石あり、全四七三筆のうち田一八〇筆、畠二六二筆、屋敷三一筆あった。「塩沢甚兵衛」「ぶつち内甚兵衛」「甚兵衛」のように名前が同一であっても肩書が異なる者を一人と数えた場合、名請人《なうけにん》は六一人確認できる。耕作地の多い順に名請人を記すと、矢野右京亮《うきょうのすけ》（合計面積五町九九歩・石高四一石五斗五升）、合戸《ごうと》豊後（合計面積四町七反一畝二四歩・石高四四石八斗四升）、小林左馬允《さまのじょう》（合計面積三町九反五畝五歩・石高三二石四斗八升）となる。受領名・官途名を名乗る地侍と推測される者たちである。

名請人の名乗りには名字か地名か区別がつかず、有姓か否かの判断が難しい者もいるが、「きもいり藤左衛門」の合計は面積六反一畝七六歩・石高四石九斗四升五合四勺であるから、これを百姓身分のモデルと捉えることができるだろう。給分注文で所付の記載がある中間の貫高を田一反＝五〇〇文換算で表わすと、中間4三郎五郎は二貫七〇〇文＝五反四畝、中間8三貫文＝六反であるから、きもいり藤左衛門の存在形態に近いといえそうである。矢野右京亮以下の者たちと村役人クラスの者とでは、耕作地の規模が大きく異なり、前者は給分注文の殿原の系譜を引く者たちと捉えられそうである。

検地帳から堀内を抽出したものが表3である。ここに屋敷地はみえないが、検地帳の末尾には屋敷地が一括で記載されているので（屋敷三一筆のうち二筆記されているのは「小林左馬允」と「こいふち弥左衛門」のみであり、残りの二七筆はそれぞれ異なる名請人が記される）、堀内にも屋敷地があった可能性が想定される。

耕作地の九割以上が畠地である小深郷の堀内は、「小高く日当たりの良い山地・丘陵の緩斜面に立地」しており、伊藤寿和氏が指摘した茂木保にある他郷の「堀の内」と同様の景観的特徴を有する〔伊藤 一九九八〕。堀内の東には「中ノ内」も近接し（『茂木町小字と小字地区』）、田村・馬籠両氏が山間地形村落のモデルとして提示した、「比較的広

表3　小深検地帳の「堀内」一覧

種別	面積（町反畝．歩）	石高（石．斗升合勺）	名字（肩書）	名前
下田	6.20	0.6000	木戸	新衛門
下田	1.18	0.1440	近沢	大学
田計	7.38	0.7440		
上畠	17.22	1.7733	高沢	新左衛門
上畠	18.20	1.8667	木戸	総九郎
上畠	22.12	2.2400	矢野	隼人
上畠	48.16	4.8533	五井ふち	弥左衛門
中畠	17.10	1.3867		雅楽助
中畠	24.00	1.9200	木戸	新衛門
中畠	16.00	1.2800	舟こし	新兵衛
中畠	16.04	1.2907	きもいり	藤左衛門
中畠	6.29	0.5573	矢野	隼人
中畠	21.14	1.7173	矢野	隼人
中畠	12.00	0.9600	檜山	備後
中畠	6.29	0.5573	薬師	別当
中畠	20.00	1.6000	五井ふち	弥左衛門
下畠	5.10	0.3200	矢野	右京亮
下畠	14.20	0.8800	矢野	右京亮
下畠	3.80	0.1960	矢野	隼人
下畠	25.18	1.5360	五井ふち	弥左衛門
下畠	20.12	1.2240	檜山	与衛門
山畠	6.00	0.1800	矢野	右京亮
畠計	318.96	26.3386		
堀内総計	326.34	27.0826		

域な耕作地を有」し、近隣に「内」地名がみられる「堀の内」を中心とした村落が想定できそうである〔田村・馬籠 二〇〇三〕。茂木保における「堀の内」は、伊藤氏が指摘するように用水施設や開発拠点としての意味合いが強く、茂木氏の被官になった殿原層が在村しながら土地の開発を主導したものと推察される。

②中近世史料にみる殿原

ところで、茂木保における殿原とはどのような人たちなのだろうか。この点を明らかにするため、中近世史料から関連情報を拾い集めて整理をしてみる。

まず、全給人のうち最大の給分高を持ち、鮎田と小井戸の堀内を認められていた赤上豊前守を取り上げよう。文明年間前後の動向は詳らかではないものの、彼の子孫は代々「豊前守」を名乗ったようである。一次史料では、赤上豊前守知勝《ともかつ》が娘の病気平癒の祈願を鹿島神宮に依頼し（茂木2 一四三）、天正《てんしょう》十六年（一五八八）十二月二十二日には「赤上豊前守」が高野山清浄心院《しょうじょうしんいん》に月牌《がっぱい》を立てた記録がみられる（鹿沼三八）。「下野国供養帳」には、元亀《げんき》三年（一五七二）～慶長《けいちょう》二年（一五九七）にかけて茂木治良《はるよし》やその一族をはじめ、家臣の中でも特に重臣と思しき者たちが追善《ついぜん》・

逆修《げきしゅ》供養の位牌を立てたことが確認できる。文禄年間の朝鮮出兵において赤上勘左衛門貞能《さだよし》が茂木治良とともに肥前名護屋《なごや》へ渡海したことを、後述する「家人家筋書上帳《けにんいえすじかきあげちょう》」が記すように、名護屋における同人の活動は「大和田重清《おおわだしげきよ》日記」にも記録され、赤上氏は中世を通じて茂木氏家臣の最上位にあったことを推測させる。

赤上氏をはじめ、上位の殿原を考えるにあたり、近世秋田藩茂木家中の情報は示唆に富む。秋田藩の陪臣《ばいしん》を分析した畑中康博氏の成果によれば、江戸時代の茂木家中（佐竹氏の陪臣）のうち、武士身分を持つ「近進」には中世以来、茂木氏に仕えた家が八家あり、これらが基幹となり近世の茂木家中は形成されたという［畑中 二〇一一］。その八家とは、塩沢良太郎（八九石）、関新太郎（六七石）、赤上清（六五石）、町井《まちい》藤太郎（六〇石）、川又《かわまた》久馬（五三石）、小嶋忠治（二七石）、川連《かわづら》小隼人（二七石）、田谷《たや》沖負（二〇石）であり、給分注文にも同名の者たちが確認できる。

興味深いのは、江戸時代に彼らの由緒を書き上げた「家人家筋書上帳茂木弥三郎」（系図一二／秋田県公文書館蔵）には、彼らの一族が茂木治良に従い、天正年間の「益子の役」で討死したことが記されている点である。これは、天正十五年九月十四日に益子・結城両氏の軍勢一五〇〇騎が茂木領に攻め込み、同月十七日に茂木氏が矢口の台（茂木町北高岡）で迎え撃ったものであるが（補遺⑬、5章参照）、「家人家筋書上帳」によれば、関尾張守、町井備前守、川連□之助・兵庫父子、小嶋備後守親晴《ちかはる》・善次郎貞家《さだいえ》父子が討死したという。実は、一次史料である「下野国供養帳」にも同日に川連太碩頭、小嶋善次郎子、小池備後守親が供養のための月牌を立てたことがみえ、この合戦が事実であり、「近進」八家の先祖たちが茂木氏の給分に応じた軍役を勤めたことが確かめられる。

弘治《こうじ》二年（一五五六）「結城氏新法度」第六六条には、下総結城氏の給人たちの給分高に応じた軍役規定がある。五貫文の手作地《てづくりち》を持つ者は具足・甲を身につけ参陣し、馬およびその具足は結城氏が用意して貸すこと、一〇貫文の所領を持つ者は馬一疋・具足一領で出馬すること、一五貫以上の者は従者を連れて参陣することが命じられていた。

茂木氏の場合も給分高に応じた軍役を殿原に課し、彼らが茂木氏の軍勢動員の中核を担ったことが推察されよう。

もう一つ注目したいのが檜山一族である。給分注文には殿原16檜山八郎（一八貫五七〇文）をはじめ、計六人の檜山姓を確認でき（殿原18〜21・50）、判明する給地はいずれも飯野郷に比定できる。この檜山一族は、殿原全体の一割強を占める計四九貫九八〇文の給分が認められた、飯野・山内・小深郷に根を張る東茂木保の一大勢力だったのだろう。たとえば、伝承ではあるものの、山内字館石《たていし》にある浄土宗の大黒山延命院万福寺《だいこくさんえんめいいんまんぷくじ》は寛正《かんしょう》三年（一四六二）三月に檜山雅楽佐《うたのすけ》の屋敷地に再建されたといわれているし〔茂木町史二〇〇二〕、文明四年（一四七二）片倉大明神造営棟札に東茂木政所として現われた檜山豊前守朝増も確認でき、「下野国供養帳」には天正九年七月に位牌を立てた山内郷の檜山伊豆守がみえる。さらに文禄三年「小深郷検地帳」でも一町六反余の田畠（石高一五石前後）を持つ檜山与衛門・檜山備後が確認できる。檜山氏と東茂木保の所縁の深さは、給分注文以外にも認められるのである。

東茂木保ばかりではなく、給分注文では西茂木保の藤縄郷に属す槻木《つきのき》村（東茂木保茂木郷に推定される）には、茂木筑後守に仕えた檜山氏もいた。系図の由緒によれば、檜山氏は自身の田地として槻木村の過半を所持し、八幡社や持福《じふく》坊《ぼう》を祀っていたという（茂木3―1―18「藩士檜山家系図」）。茂木筑後守に仕えた檜山助左衛門は、茂木氏の秋田移封に伴い浪人し、槻木村の庄屋となったが、慶長十五年（一六一〇）に細川興元《おきもと》が茂木藩を領した後、元和《げんな》四年（一六一八）に知行を得て茂木藩士となった（庄屋役は助左衛門の弟孫右衛門、その子の孫右衛門へと引き継がれる）。茂木藩二七ヵ村の総代庄屋である茂木藩検断所《けんだんじょ》を勤めた小堀《こぼり》家も、元は茂木筑後守に仕えた檜山氏であり（茂木3―1―19「藩士小堀家系図」）、殿原層の中には茂木氏の転封に従わず、帰農して従来の居住地にそのまま土着した者もいたようである。

以上の情報を整理すると、茂木家の給人である殿原たちは、戦時には一族とともに軍役を勤めるべく出陣して茂木氏を支えていた。とりわけ上位の殿原層は給分として茂木氏から知行地も認められ、堀内を核とする給地の開発を主導し、村落に寺社を勧請するような村の中心人物でもあった。転封時には茂木氏に従って秋田へ移る者、そのまま帰農し百姓になる者がいた。給分注文に登場する殿原は、このような村に生活基盤を置く地侍層(侍身分に引き立てられた有力百姓層も含むか)と捉えることができるだろう。

4　給分注文作成の背景をめぐって

(1) 先行研究の理解

先行研究では、給分注文の成立をどのように捉えてきたのか。永原慶二氏によれば、茂木氏の場合、永享《えいきょう》の乱・結城合戦を乗り切り所領を保全したものの、自己の存立を確保するためには独自の軍事力の強化を促進せねばならなかった。そういった軍事的緊張に対処するなかで生み出された、「政治・軍事情況の所産というべき」ものとして、給分注文の成立を位置づけている[永原　一九六九]。新川武紀氏や『茂木町史』第五巻通史編1の記述も永原説を踏襲しており、いまなお永原氏の見解が到達点といえるだろう。

ただ、史料の残存状況を考慮したとしても、なぜ茂木氏が給分注文を作成したのか、具体的な説明には至っていない。この点を解決するには、東国において年貢を貫高表記している注文や分限帳を取り上げ、それらが作成された契機から探ってみる必要がある。

(2) 中世後期東国の貫高表記史料を手がかりに

中世後期の東国において給分注文のように年貢を貫高表記している史料には、①応永十年(一四〇三)~十七年の上野《こうずけ》新田《にった》庄地検目録、②応永三十一年の常陸《ひたち》真壁《まかべ》郡窪《くぼ》郷・飯野《いいの》郷年貢注文、③天文年間(一五三二〜一五五四)の奥州留守《るす》氏分限帳等がある。以下、それぞれの史料的性格と作成契機について先行研究に学びながら、給分注文の作成契機を考えてみたい。

①永徳四年〜応永十七年 上野新田庄地検目録

上野国新田庄に関する地検目録は五点現存している(正木文書)。永徳《えいとく》四年(一三八四)小島・上堀口田帳《かみほりぐちでんちょう》、明徳《めいとく》五年(一三九四)江田《えだ》郷内得河《とくがわ》方目録、応永十一年村田郷地検目録・同十五年由良《ゆら》郷奥村《おくむら》地検目録・同十八年上今居《かみいまい》地検目録である[峰岸 一九六二・二〇一一]。

いずれも貫高表記であり、段別の年貢高は、江田郷・村田郷・由良郷奥村ではほぼ田は二五〇〜三〇〇文、畠は一五〇〜二〇〇文の範囲、上今居郷では田は三五〇〜四〇〇文、畠は三七〇〜四四〇文である。地検目録にみられる岩松氏の所領は、御料所(岩松氏直轄領)・諸給分・庶子分・寺社分で構成され、村田・上今居・由良三郷では各郷の約半分が御料所分として押さえられ、残り半分が四対六の割合で寺社と諸給分に振り当てられている。また、前記の三郷の給分には、殿付の有力家臣(岩松氏一族を含む)、殿付ではない有姓の下級家臣、中間、政所、定使などが確認できる。地検目録の作成目的は、所領内における御料所分の確定・把握にあり、鎌倉府からの賦課に対応するためであったと考えられている[峰岸 一九六二]。

②応永三十一年 常陸真壁郡窪郷・飯塚村年貢注文

応永三十年八月、京都扶持衆《ふちしゅう》として活動した真壁氏は、惣領秀幹《ひでもと》が鎌倉公方足利持氏《もちうじ》と敵対して没落し、所領も没収された。真壁氏没落後、応永三十一年八月三日までに、鎌倉府は奉公衆宍戸《ししど》氏の庶子一木《いちき》氏に真壁郡窪郷・飯塚村・白井郷を付与し、親幕府勢力の所領内に楔を打ち込んだ。一木氏は新たに獲得した所領に対する年貢賦課のため、同年八月三十日付で窪郷年貢注文・飯塚村年貢注文を作成したことが小森正明氏によって明らかにされている［小森一九八九］。

これらの史料は、一律に田数一反あたり三〇〇文の年貢額を乗じていることから、従来の公田段銭《くでんたんせん》がそのまま年貢化したものと推測されている。窪郷における年貢負担者と田数の関係からは、三町以上の規模の所有者は侍身分・有力百姓層、五反未満は零細農民と捉えられ、十五世紀前半の郷村では内部に格差が生じていた様子がうかがえる。

③天文年間 奥州留守分限帳

十六世紀奥州の史料ではあるものの、給分注文と内容構成が近いものに、奥州留守氏の留守分限帳がある。留守分限帳とは、『御館之人数』（以下A）、『里之人数』（以下B）、『宮うとの人数』（以下C）の三帳の総称で、留守氏が給人たちに軍役を賦課するための基本台帳として作成されたものである。Aは留守氏譜代家臣五九人、Bは外様家臣七二人、Cは塩竈《しおがま》神社神職一九人を対象にしたもので、それぞれの知行地規模が貫高で表記されている。田は刈、畠は貫文を単位とし、田地一〇〇刈＝二〇〇文、在家一軒＝二〇〇文、蔵一つ＝七〇〇文と換算され、惣知行高は五九六貫文に及ぶ。ただし、留守分限帳は知行人別に所領を記したもので、留守氏直轄領は含まれていない［大石二〇〇〇、吉井二〇〇〇］。一五〇人の給人のうち、Aの余目《あまるめ》氏・吉田氏＝留守一族、Bの郷六《ごうろく》氏・南目《みなみめ》氏＝留守領内に知行権を持つ半独立的な領主層の四人のみ殿付で表記され、特別な存在と位置づけられている［吉井二〇〇〇］。

作成年月日は明示されていないが、「つちのへのさるのとしより」と、天文十七年（一五四八）が所領確定の基準年とされていることから、伊達氏天文の乱終結との関わりが指摘されている。大石直正氏は、天文の乱中に大きく動揺し、混乱を極めた留守氏家臣の所領規模を整理・確定するために作成されたものと捉え［大石二〇〇〇］、吉井宏氏も同様に、天文の乱後、留守景宗《かげむね》が家中の秩序を整理し、家臣団を編成し直すために作成したとの見解を示した［吉井二〇〇〇]。

取り上げた三種の史料に共通しているのは、いずれも年貢や軍役の賦課のために作成され、所領の所有者や貫高が把握されたことである。記載内容は田数・畠数・貫高・所領の場所・所有者等に限られ、その背景が直接うかがえるわけではない。ただ、窪郷・飯塚村年貢注文および留守分限帳は、紛争を経て新たに獲得した所領の年貢賦課や、紛争で混乱した家中の再編のために作成されたことが政治史の整理から裏付けられたのであり、政治的秩序の転換がその契機となったことは示唆的である。

(3) 給分注文の作成目的を考える

給分注文の場合も、政治的秩序の転換を作成の契機として想定できるだろうか。翻って、当時の茂木氏を取り巻く政治状況を確認してみたい。給分注文が作成された文明十四年十一月は、室町幕府と古河公方足利成氏の和睦が実現し、ようやく享徳の乱が終結した時期である。この間、東国では室町幕府・上杉氏と成氏との対立が、各地域において惣領家と庶子家との抗争に連動し、国人たちの権力構造や支配領域の再編が進んでいった。市村高男氏は、十五世紀末から十六世紀初頭は東国において戦国世界が形成される画期とし、旧族領主層が室町期以来の一族間の分裂・対立を克服し、従来の権力構造や支配領域を再編しながら、戦国期特有の権力へと変質していったことを指摘する[市村二〇〇九]。

文明年間の史料が乏しいため、具体的な経緯は推測にならざるをえないが、茂木氏の場合も鎌倉期以来の通字「知」を名乗る持知から、「治」を通字とする治興・治泰父子へと惣領の系統が変化したことは確かである。いずれの系統も古河公方との関係を維持しており、室町幕府と古河公方との争いを背景にする系統の変化は想定しづらい。とすれば、惣領の系統変化の要因は、古河公方との関係をめぐる茂木氏内部の問題として考えるべきであろうか。さきに課題として残した「三郎」（史料2）の人物比定とも密接に関係してくるので、整理し直してみよう。

①案の「三郎」を持知後継者と解すれば、文明三〜九年に惣領の座に就いた上総介治興は、成氏のもとに派遣した「三郎」から茂木家の家督を奪ったと解釈せざるを得ない。②案は「三郎」を治興子息の治泰と解するので（5章の③案は「三郎」を治泰子息とする）、棟札銘の文明四年十一月には家督交代が起きていた可能性を示唆する。さらに江田氏が提起する治興の小田氏養子説にしても、通字・官途名が先例を破り、新儀である以上、持知が主体的に動いた縁組とは考えにくい。つまり、①案・②案のいずれとも（③案「治泰子息説」であっても）、治興の家督継承は、武力行使の有無にかかわらず、通常の所領譲与ではないと考えるべきではないか。

ここで古河公方と茂木氏との関係に目を向けてみたい。史料1でみたように、文明四年の東茂木保小深郷片倉大明神の造営を主導したのは治興・治泰父子である。この前年七月、成氏は茂木持知に送った書状で、「殊に近所の者共大略敵に与するの処、越後守（那須持資）同心に今において御方致し候や」と述べている。近所の者＝小山氏・小田氏・佐野氏らが幕府―上杉方へと離反するなかで、成氏自身も古河を追われて、同年六月には一時的に下総国佐倉《さくら》に拠点を移した（3章参照）。成氏が古河に復帰するのは、文明四年春に近所の者共が再び成氏の下に属した後であり、この間の持知の動向は詳らかでない。ただ、文明三年七月時点で成氏が「今において御方を致し候や」と述べているのは、これ以前の持知は「御方」ではなかったとも解釈でき、文明四年春には成氏方として動いていない可能性も想定される。

成氏には、扇谷上杉氏・太田氏との対立関係から、雪下殿《ゆきのしたどの》と呼ばれた鶴岡八幡宮若宮別当に自身の弟を据えたり、享徳《きょうとく》三年（一四五四）に関東管領上杉憲忠《のりただ》を謀殺したり、対立する長尾・太田両氏を排除しようとして失敗する（江の島合戦）など、意に沿わぬ者を排除しようとした経歴がある〔佐藤 一九八九〕。成氏の意に持知が反したとすれば、成氏の意に従う治興父子（小田一族）を持知後継となし、茂木氏の家督を継がせたことも想定できるのではないだろうか。

上総介系茂木氏は、それまでの茂木氏と公方間では確認できなかった贈与交換を頻繁に繰り返しているが（文書四八～五二）、家督交代の背景に成氏の存在を想定すれば理解しやすい。また、史料2で治興父子と東茂木政所の檜山朝増が連名で片倉大明神の造営を行っているのも、給分注文において十四世紀に茂木氏権力の中枢にいた坂井氏が殿原として現われず、東茂木保周辺に勢力を持つ檜山一族の存在感が大きいことも、成氏―治興父子との連携のなかで公方権力に連なる檜山氏が台頭してきたと捉えれば整合的である。檜山氏が公方権力との関係を有するのは、公方家政所が管轄する東茂木政所に任じられていることに加えて、給分注文に記載された給地が鎌倉府料所の飯野郷（文書四一・四二で茂木満知に宛行われる）に集中していることもその徴証といえよう。

さて、これらの事柄を踏まえて給分注文の作成背景について考察すれば、次のような推定も成り立つのではないか。すなわち、古河公方足利成氏の存在を背景とする家督交代によって、先代の惣領持知から治興へと茂木氏惣領の系統が変化し、東茂木保小深郷に公方成氏の許しを得て鎮守（片倉大明神）造営に着手した治興父子が西茂木保を含む茂木保一円支配権を獲得した結果、治興父子による家中の再編が行われ、給人に対する軍役を再整理するために給分注文が作成された、と捉えることができようか。

しかし、治興父子による家中の再編は、おそらく容易には進まなかったのであろう。治興父子が家臣に認めた給地は、東茂木保よりも、鎌倉時代以来茂木氏が相伝してきた西茂木保の方が五〇貫文ほど多い。給分注文に書き上げられた給分は、もともと赤上豊前などの殿原の実効支配を治興父子が追認したものと考えられる。西茂木保に給地が多いのは、この領域が鎌倉以来茂木氏代々の経済基盤であり、新たに台頭してきた治興父子は従来の秩序を追認せざるを得なかったという事情も垣間みえる。

また、給分注文が効力を持つには、双方の合意を得る必要があるから、おそらく治興父子と給人との間で給分高をめぐる交渉がなされた上でまとめられたのであろう。給分高の内訳をみると、殿原20檜山大炊助の給分高一〇貫文が六貫六〇文 阿弥陀堂内・九九〇文 橋本内・八〇〇文 穀米田二反・一貫六四七文 切付で構成されているように、給分が端数と整数に分かれている。これは、治興父子が給人に対し、軍役を一律に均等割できなかった結果とみることができるだろう。そしてなにより、給分注文の貫高が「歟」という不確定要素を含むかたちで書き上げられているのは、作成主体である治興父子が給人層の給分高を完全に把握できず、彼らの既得権を認めながら、どうにかまとめ上げたものであることを物語っているのではないだろうか。

新興勢力である上総介系茂木氏の治興父子は、すでに在地に根を張っていた給人層と新たに関係を結び、家中の再編を行い、その過程で給分注文を作成したものと捉えておきたい。

おわりに

以上、文明十四年に作成された給分注文について、一次史料に加えて近世史料や伝承を拾い上げながら再検討を行い、十五世紀末の茂木氏家臣と茂木保の実態を提示してきた。給分注文の作成については、古河公方足利成氏の存在を背景とした、鎌倉以来の「知」を通字に持つ惣領持知と、「治」を名乗る治興父子との家督交代(家督簒奪)を想定し、新たに惣領となった治興父子(上総介系茂木氏)が家中再編の動きのなかで作成したものと位置づけた。

十六世紀に入ると、隣国の佐竹氏では一族間の内訌を制し勢力を拡大させた佐竹義舜が下野にも影響を及ぼすようになる。茂木氏は佐竹氏と起請文による同盟関係を結ぶとともに、人質を提出し(文書六八・七〇)、その麾下に従属するかたちで所領保全を実現していく。決して強大ではないものの、茂木保を領有し続けた茂木氏にとって、十五世紀末は領域権力へと変質する萌芽ともいえるだろう。

最後に、十五世紀末の在地社会を取り巻く状況を踏まえ、村落側からも給分注文の作成を評価してみたい。十五世紀になると、それまでの領主による個別百姓の直接支配から、領主と村が双務的な契約を行い、一定額の年貢を納入する村請《むらうけ》制が成立する。さらに十五世紀後半には、百姓の家が成立し、政治集団としての村落が現われると、領主との交渉は村落単位で行われるようになる［勝俣 一九八五、黒田 二〇〇三］。領主は村落を通じて年貢・公事の収取を一円的に把握しようとするが、課役の決定にあたっては領主と在地社会との双務契約が結ばれた。とすれば、給分注文の給分高の決定は、先例どおりの生活保障の再確認を、在地に基盤を持つ給人たちが茂木氏に求めた結果とも捉えられるだろう。十五世紀末に作成された給分注文は、村を基盤とする領域権力が出現してくる過渡期の産物ともいえよう。

〈コラム4〉
鮎田郷の堀ノ内とその住人

中村 信博

茂木氏が領有した東西茂木保十ヶ郷のうち、文明《ぶんめい》十四年（一四八二）の「茂木家臣給分注文《きゅうぶんちゅうもん》」（以下、給分注文と略称。4章参照）〔茂木町史 一九九七〕をみると、堀内の記載が鮎田・神井《かのい》・小井戸《こいど》・坂井《さかのい》・林・増井《ましい》・馬門《まかど》の七ヶ郷で確認できる（町内現存の小字はすべてが堀ノ内であるため以下、堀ノ内で統一）。このうち、大字鮎田・神井・小井戸・馬門では、小字名として現存する。

堀ノ内は、かつては堀や土塁をめぐらした中世武士の館・屋敷地である方形館《ほうけいかん》を指したが、近年では領主居館に田畑や寺社も含めたエリアとして認識されている〔海津 一九九〇など〕。伊藤寿和氏は、茂木地域の堀ノ内について畠を主体とする「畠の堀の内」であり、水濠や土塁をめぐらした方形館である必要はなく、免租《めんそ》の給分地である点が重要とする〔伊藤 一九九八〕。茂木氏は、上級の家臣に各郷の堀ノ内で概ね十貫文以上の田畠（田一反＝五〇〇文）を給分として領内支配を行った〔永原 一九六九〕。コラム4では、その一つである鮎田郷の堀ノ内について、現存する小字名との対比などから景観を復元し、その住人の変遷について検討したい。

◆鮎田郷堀ノ内の景観

鮎田郷の概要

鮎田郷は茂木保の南端に位置し、南東側は八溝《やみぞ》山地の脊梁をへて常陸国、南西側は宇都宮氏旗下の飯村氏領に接

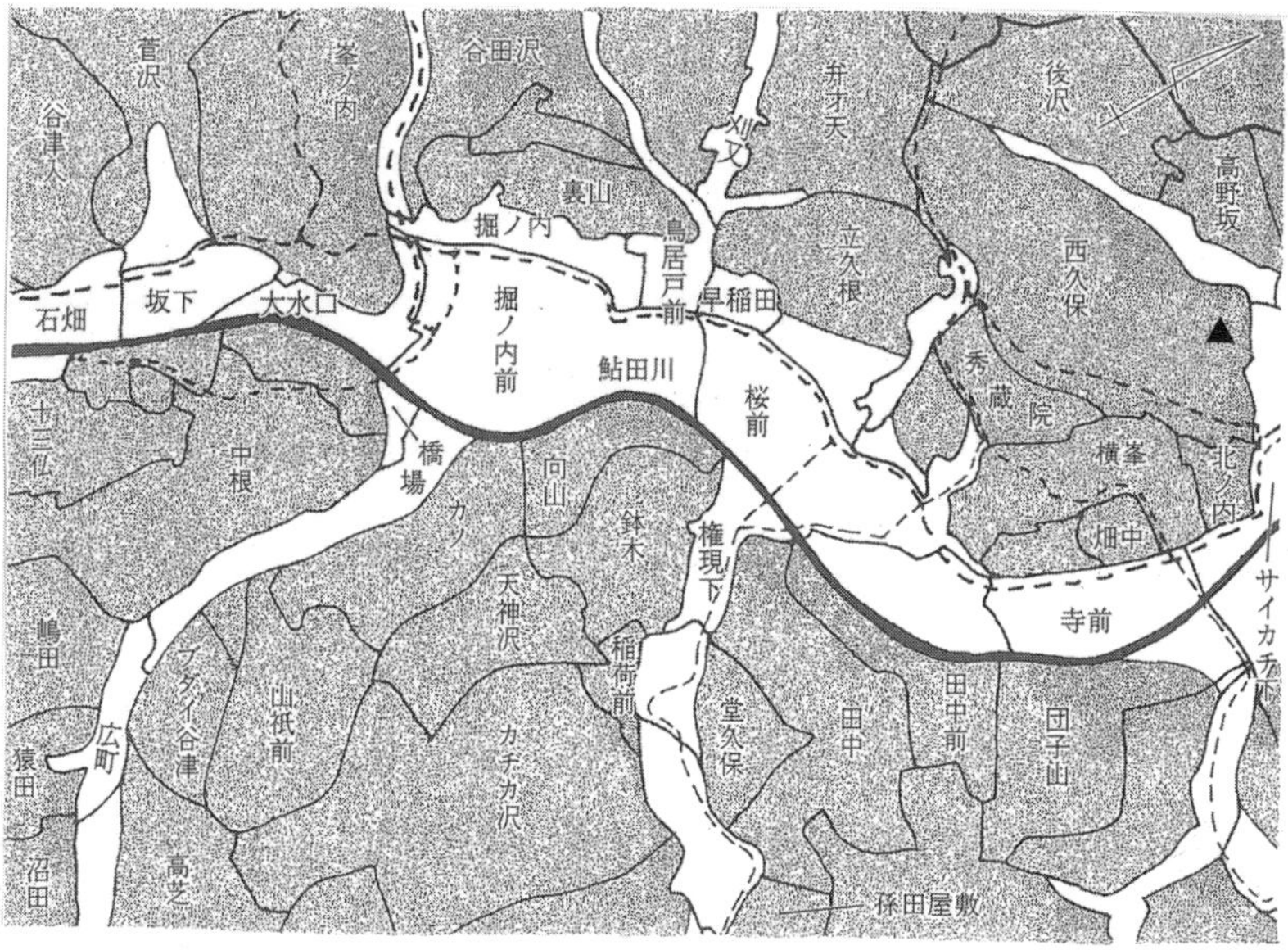

図1　鮎田郷堀ノ内周辺の小字（田村・馬籠 2003 より）　▲埋蔵銭出土地点

する。現在の大字鮎田地区は、山間を北流する鮎田川に沿って水田が広がり、山裾には河岸段丘が形成され畠や宅地となっている。鮎田は、「あいだ」や「あゆた」と読むが、昭和の頃までは前者が一般的であった。地名の由来は、鮎が多く生息する神池があり水田に遡上したとする伝承によるものと、常陸国境の山地との間に開かれた田（相《あい》の田《た》）とする説［長嶋 一八八四］がある。地内では平安時代の遺跡が一一ヶ所確認されており、古代から開発されていたことがわかる。近世の享保《きょうほう》年間の村高は、七八七石余［茂木町史 一九九八］で茂木藩領の二七ヶ村のなかで七番目であり、中世においても小井戸郷や坂井郷とならんで生産性の高かった郷と考えられる。

堀ノ内と周辺の景観（図1）

堀ノ内　鮎田川左岸の南東向きの段丘上に位置する（写真1）。段丘面は、字裏山の麓で幅一五〇㍍、長さ四〇〇㍍ほどにわたって南西―北東方向に延びており、水田面との比高は五〜一〇㍍程度である。域内で、調査や聞き取りを行ったが堀や土塁等の遺構は確認できなかった。これは、神井、小井戸、馬門の堀ノ内でも同様であった。

写真2は、堀ノ内の畑で採集した遺物である。1は、口縁《こうえん》直下に波状沈線《はじょうちんせん》、以下に押印《おういん》を施す火鉢《ひばち》である。2は、土師質《はじしつ》土器の擂鉢《すりばち》である。いずれも十五～十六世紀のものである。3は古瀬戸の灰釉瓶子《かいゆうへいし》、4・5は常滑の甕《かめ》である。ほかには、かわらけ、内耳《ないじ》土器、北宋銭の景祐元寶《けいゆうげんぽう》を採集している。これらの遺物は、中世城館の発掘調査でもよく出土するから、この地に館があった可能性がある。

写真1　鮎田の堀ノ内遠景（北東から）

写真2　堀ノ内採集の遺物

写真3　坂井の小字「寄進」（北西から）

堀ノ内前　堀ノ内の南東側に広がる広大な平地で、現在は大水口の堰から延びる水路により水田化されている。中世の景観はどうだったのだろうか。他郷の事例であるが、延文《えんぶん》四年（一三五九）の沙弥賢安《しゃみけんあん》置文写（文書二⑩）に、「田屋《たや》次郎跡の屋敷　幷《ならびに》〔田畠事〕、（中略）永代安養寺へ寄〔進申候〕」との記載がある。茂木知世《ともよ》（賢安）が自身の供養料として田屋次郎跡の屋敷・田畠を安養寺へ永代寄進することを指示したものであるが、大字坂井の田谷《たや》地区には、坂井川南岸の三町あまりの水田と南側段丘上の畠に「寄進《きしん》」の小字が現存し（写真3）、畠中の祠には五輪塔が残る。これが安養寺に寄進された田屋次郎跡だとすれば、十四世紀中頃には坂井川の沖積地は水田化されていたことになる。だとすれば、坂井川と同規模の鮎田川においても堀ノ内前が水田化されていた可能性が高い。

鳥居戸前《とりいどまえ》　堀之内からみて、鬼門にあたる丑寅《うしとら》（北東）の方位に位置する。現在は、村社の大山神社がある。本社は、大山祇命《おおやまづみのみこと》を祭神とし康暦《こうりゃく》二年（一三八〇）の創建とされる。

裏山《うらやま》　堀ノ内の裏山である。頂上は東西に延びる痩せ尾根状であり、現地調査を行ったところ城館等の遺構は確認されなかったが、堀ノ内から裏山を越えて神井郷へ至る尾根道の古道が確認された。堀ノ内からは、川下の林郷と川上の飯村領に至る旧道に加えて、神井郷への三本の道が通っており交通の要衝に位置することがわかる。

大水口《おおみなくち》　大水口は、鮎田川からの用水を得る堰に由来する字名である。いつ頃から堰があったかは不明であるが現在

写真4　大水口（北から）

写真5　橋場（北から）

も写真4の堰があり、ここから延びる水路は堀ノ内前と桜前の水田を潤している。一般に、中世の水田は沢水や溜池に頼る谷水田などが主体とされてきたが、関東地方では、旧利根川や多摩川下流域の沖積地の水田化が中世のかなり早い段階から始まっていた［海津 一九九〇］。茂木地域においても、前記した状況から河川沖積地の水田化は中世にさかのぼる可能性が高く、大水口もそれに伴って付けられた地名と考えられる。

橋場　堀ノ内前の鮎田川対岸にある小字であり、現在も橋がある（写真5）。

カノ　橋場の橋を渡った対岸の山の南西側斜面がカノである。現在は、一部が宅地と畑になっているが多くは山林である。「かの」は、東日本での焼畑の呼称で刈野や鹿野などと表記される。当地域では、いつ頃まで焼畑が行われていたのだろうか。文禄《ぶんろく》三年（一五九四）の『小深村検地帳』（栃木3）をみると、畠は収穫量により上・中・下・下々と区分されているが、下々畠よりもさらに収量の少ない「山畑」の記載がある。山畑は、小深地区の字石堂《いしどう》や所沢《ところざわ》といった山の斜面部に多いことから焼畑と考えられる。当地でも近世初頭までは焼畑が行われていたらしい。

ブダイ谷津　カノの奥にある谷がブダイ谷津である。堀ノ内の住人に譜代の人物が耕作した谷であろうか。

向山《むこうやま》　鮎田川の川向うの山であり、裏山と同様に堀ノ内からの視点で命名された地名である。

秀蔵院《しゅうぞういん》の五輪塔　堀ノ内から北東七〇〇メートルの丘陵上の字秀蔵院には、光明山秀蔵院がある。本寺は真言宗豊山派《ぶざんは》で、天慶《てんぎょう》三年（九四〇）開基、康暦三年（一三八一）再興とされ、境内には三基分の五輪塔が現存する。写真6は、火・水・地輪には四面に梵字が刻まれ朱が象嵌された痕跡が見られるが、空風輪は別個体である。石材は、あずき色の安山岩である。左下の空風輪は、梵字への朱の象嵌や石材の共通点から本塔のものと判断される。これを組み合わせると全高が一一三センチに復元できる。年号は風化して判読不能であるが、火輪の形状から十五世紀末から十六世紀のものと想定される。この時期には小型五輪塔が盛行するが、本塔はそれよりも格上のしかるべき身分の人物の供養塔と考えられる。

写真６　秀蔵院の五輪塔

高野坂《こうやざか》の埋蔵銭　字西久保の通称高野坂の尾根上（図1）から、昭和五十四年の工場建設の際に埋蔵銭が発見された［茂木町史 一九九七］。発見時の状況は、棒状に癒着したものがかたまってバケツ一杯分ほど出土したとのことから、緡《さし》の状態で曲げ物などに入れて埋蔵されたものと考えられる。内容は、北宋銭が主体であるものの洪武《こうぶ》通宝や永楽《えいらく》通宝の明銭が入ることから、十五世紀後半から十六世紀に埋蔵されたものと想定される。

◈堀ノ内の住人

給分注文によれば、文明十四年(一四八二)に赤上《あかがみ》豊前守が鮎田郷堀ノ内で一三貫五〇〇文を給付されている。同人は、総給分が三〇貫五〇〇文で茂木氏家臣では筆頭であり、小井戸郷堀ノ内にも一一貫文の給分がある。近世幕末の『茂木弥三郎家人家筋書上帳』(秋田県公文書館)によれば、赤上氏は古来茂木氏一門であり名前に「知《とも》」の字を与えられ、文禄元年(一五九二)の朝鮮出兵の際には、茂木治良《はるよし》に従軍した七代の勘左衛門が肥前名護屋《なごや》で大和田近江(重清《しげきよ》)とともに石田・増田らと立ち合い、軍監《ぐんかん》を仰せつかったという。以上から、赤上氏が戦国末期まで茂木氏重臣としての地位を保っていたことがわかる。文明十四年以降、鮎田堀ノ内に居住したとすれば、秀蔵院の五輪塔や埋蔵銭は同氏に関連するものである可能性が高く、時期も矛盾しない。また、年未詳ではあるが赤上豊前守知勝《ともかつ》は、娘の病気平癒祈願に鹿島神宮に神馬「御はとう」(神馬の桐油合羽)七〇〇を奉納している(赤上知勝書状「鹿島神宮文書」)。

それでは、赤上氏が入る前の住人は誰であったのか。最有力なのは、給分注文にみえる鮎田大炊助《おおいのすけ》であろう。鮎田の地名を名字とすることから、この人物は鮎田郷の開発を担った一族と考えられる。坂井郷堀ノ内で一〇貫文を給付されている。その後の戦国期を通して茂木氏は、佐竹氏配下となり文禄四年(一五九五)には常陸の小川城(現在の小美玉市)、慶長《けいちょう》七年(一六〇二)には秋田へ移り、赤上氏本家もこれに従っている。赤上氏後の堀ノ内の住人については不明であるが、近世には栗田氏が居住し現在に至っている。

堀ノ内採集の中世遺物と秀蔵院の五輪塔については、上高津貝塚ふるさと歴史の広場の比毛公男氏のご教示を得た。

5章　戦国動乱と茂木氏
——上総介系の展開と系譜——

森木　悠介

はじめに

本章に与えられたテーマは、戦国期のうち十五世紀末から十六世紀末にかけての茂木氏の動向（おおよそ享徳の乱後から小田原合戦まで）を復元することである。戦国期のほぼ三分の二を占める時期だが、当該期の茂木氏研究は、茂木家臣給分注文《きゅうぶんちゅうもん》（補遺⑪）を除くと低調である。それでも、関連史料を集成した『茂木町史　第二巻』〔茂木町史　一九九七〕、町域の通史を叙述した『茂木町史　第五巻』〔茂木町史　二〇〇一〕の刊行により格段に進展した。しかし、その刊行からすでに二十年以上経ち、この間、佐竹氏など茂木氏周辺の研究が進み、茂木氏に直接・間接的に関わる新史料の発見・紹介も相次いだことで、関連史料の年代比定・通史の叙述に不十分な点が認められるようになるなど、課題が浮かび上がってきた。特に問題としてあげられるのが戦国期の茂木家当主の系譜である。

『茂木町史　第五巻』の叙述に用いられた「茂木系図」（補遺⑬）によると、十五〜十六世紀の茂木家当主は、基知—満知（知清）—知政—治時—知行—持知—治重—治清—治房—治良と続いたことになっている。茂木氏の系図は他にもいくつかあるが、各系図を見比べてみると、戦国初期の当主の順序に混乱が見られる。これを同時代史料と対照させると、各当主の活動時期や受領・官途名が一致せず、系図の情報を鵜呑みにする危険性が指摘されるようになった［江田 二〇一一、泉田 二〇一九、森木 二〇一九］。系譜の修正を試みた江田郁夫氏は、十五世紀の茂木家当主が基知《もととも》＝知《とも》清《きよ》（基知弟）―満知《みつとも》―持知《もちとも》と続いたことを明らかにし、持知の後は系図に登場しない治興《はるおき》・治泰《はるやす》父子が継いだことを示唆した［江田 二〇一二］。

筆者は江田氏の成果を受けて、治興・治泰父子（上総介系茂木氏）の系統の復元を試みたが［森木 二〇一九］、図録という制約もあって詳しい説明・論証を欠いた点は否めない。そこで、本章では十五世紀末から十六世紀末の茂木氏の系譜の復元に重きを置きつつ、近年の研究成果を取り入れながら、当時の茂木氏の実像に迫りたい（図1参照）。

図1　治興以降の茂木氏（推定）※森木二〇一九掲載の系図に、本稿での考察をふまえて加筆修正して作成した。
※（　）：推定ないし比定できる可能性がある仮名・官途名　〔　〕：茂木系図（補遺⑬）に准え比定した実名

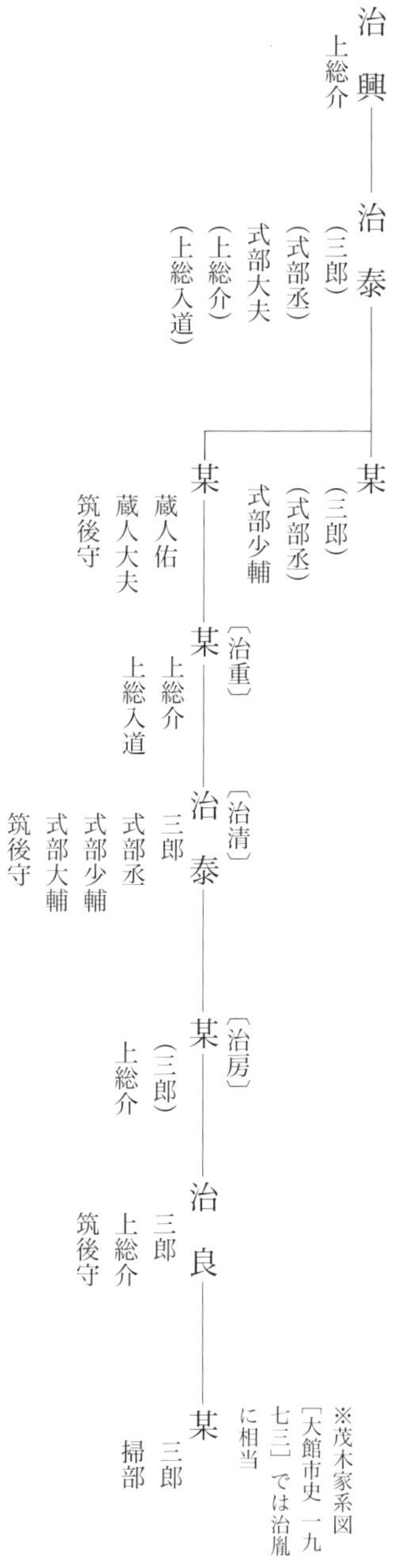

1　古河公方家との交わりと常陸佐竹氏への従属

(1) 上総介(治泰)・式部少輔某の時代——古河公方家と周辺領主とのはざまで——

三十年近く続いた古河公方足利成氏《しげうじ》と室町幕府・関東管領上杉氏との対立である享徳《きょうとく》の乱は、文明《ぶんめい》十四年(一四八二)十一月に足利成氏と室町幕府が和解したことでようやく終結した。この時期の茂木家当主と考えられるのが、文明四年十一月の「小深《おぶか》片倉神社棟札写」(茂木2金石文等六)に登場する「大丹(旦)那茂木上総介《かずさのすけ》治興」「同　息式部大夫《しきぶのたいふ》治泰」である[森木 二〇一九]。

文明九年に比定できる茂木上総介あての足利成氏書状(文書四七)には、上総介の子と思われる三郎が登場する。旧稿では文明四年から間もないため、上総介＝治興、三郎＝治泰と比定したが、治泰が棟札で式部大夫の官途を称している点と齟齬が生じる。たとえば、朝廷より山城守《やましろのかみ》に正式に任じられながら、中務大輔《なかつかさのたいふ》を名乗り続けた佐竹東義《ひがしよし》久《ひさ》のように公称と私称が一致しない事例もあるとはいえ[佐々木 一九九五]、この点はやはり気にかかる。

戦国武将の名乗りの変化については、初めは官途を、のちに受領を名乗る例が広く見られるという[佐脇 一九九七]。すべてこの例に沿うわけではないものの、足利成氏書状(文書四七)の上総介を、式部大夫の官途から父治興の受領名を受け継いで上総介に改称した治泰、三郎を治泰の子と想定すれば、棟札との齟齬は解消できる。

また、享徳の乱が終結した後と思われるが、茂木上総介・式部丞《しきぶのじょう》は足利成氏との間で、年頭や八朔《はっさく》の祝儀の贈答を行っている(文書四八〜五一)。式部丞は式部大夫より下の官位であるから、式部丞は治泰ではなく、三郎が官途を名乗った姿と解釈した方が、棟札との整合性はとれる。つまり、成氏と祝儀の贈答を交わした上総介もまた、治興ではなく式部大夫治泰が上総介に名乗りを改めた姿、と解釈できる余地も十分あるのである。もちろん、治泰の父治興の生没年がはっきりしない以上、この時期の茂木上総介が治興である可能性は排除できない。治興から治泰への家督交代がいつ行われたのかも不明であり、治泰が上総介を名乗った明証もない。しかし、可能性の一つとして、本章では文明九年頃の上総介を治興には比定せず、治泰が父治興の跡を継いで上総介を称していたと仮定して、史料を読み進める。

その治泰および子息と思われる三郎（式部丞）は当初、古河公方家との関係を重視した（文書四七～五一）。延徳《えんとく》三年（一四九一）六・七月には、茂木上総介が成氏の子で二代目古河公方となった政氏《まさうじ》から評定衆《ひょうじょうしゅう》・引付衆《ひきつけしゅう》に補任された（文書五二、補遺⑫）。実体のない名誉職とされるものの、それまでの古河公方家に対する貢献が認められたということだろう。この補任状をはじめ、茂木文書に残る足利政氏の発給文書十二通について検討してみたい（文書五二、五四～五六、五八～六三、六五、補遺⑫）。補任状二通以外は無年号で、宛先は茂木上総介・上総入道、式部少輔《しきぶのしょう》、小田《おだ》蔵人大夫《くろうどのたいふ》の四つに分かれる。年代は文書の宛先や内容、政氏の花押形による推定になるが、特に明応年間（一四九二～一五〇〇）における茂木氏の動向を示しており、以下、内容に沿って見ていこう。

長享～明応初期頃、上総介は足利政氏と年頭の祝儀による贈答を交わした（文書五四）。明応初期頃、北隣の烏山城主（那須烏山市）下那須氏と西隣の宇都宮城（宇都宮市）主宇都宮氏の対立を調停し、政氏から賞賛を受けた（文書五五）。明応中期から末期頃には、政氏の求めに応じて所持していた黒馬を献上した（文書五八・五九）。この頃には、上総入道を称するようになっており、明応末期頃にも政氏と年頭、八朔の祝儀による贈答を交わしている（文書六〇・六一）。入道つまり出家したということは、治泰が後継に家督を譲って隠居したことを思わせる。

その可能性を示すのが、明応中期頃の「茂木式部少輔殿」宛足利政氏書状である（文書五六）。これによると、去年から政氏が参陣を要請しているにも関わらず、式部少輔が応じようとしないことを「甚だ以て然るべからず」と咎め、改めて参陣を求めている。政氏の参陣要請は、明応二年（一四九三）に始まった関東管領山内上杉氏とその一族扇谷上杉氏の対立（明応の乱）に関わるものだろう〔則竹 二〇一三〕。式部少輔は、式部丞よりも上の官位であることから、さきに上総介と並行して登場していた式部丞（三郎）と同一人物と考えてよいのではないか。三郎は歴代茂木家当主が名乗った仮名《けみょう》、式部も治泰をはじめ数名の当主が名乗った由緒ある官途名である。そのため、式部少輔（三郎・式部丞）は上総介の正統な後継者とみて間違いない。しかし、式部少輔あての文書はほかになく、実名も不明である。政氏の書状は式部少輔が上総介の跡を継いで活動していたことを示唆しているが、確かなことはわからない。以下、便宜的に式部少輔某と呼び、ひとまず上総介（治泰）の跡を継いだ人物として扱う（図1参照）。

さて、明応年間を中心に上総介（治泰）とその後継と思われる式部少輔某の活動を見てきたわけだが、これまでと同様、古河公方家との結びつきを重視していた半面、古河公方家の軍事動員に必ずしも応じていないことも確認できた。古河公方家との関係は従前のものと異なり、公方を伝統的な上位権力として尊重しつつも、政治的・打算的な判断を優先させることも厭わなくなっていた。この頃の茂木氏は下那須・宇都宮氏の争いを調停するなど、古河公方以外の周辺領主との関係にも意を配るようになっており、その最たるものが隣国常陸で起こった佐竹氏の内乱への関与であった。

延徳二年（一四九〇）閏七月、佐竹一族の山入《やまいり》佐竹義藤《よしふじ》・氏義《うじよし》父子が、佐竹家当主義舜《よしきよ》を本拠太田城（常陸太田市）から追放し、太田城を占拠した（佐竹の乱）。義舜は一族の大山城（城里町）主大山氏や姻戚の平城（いわき市）主岩城氏の後援を受けながら、明応二年に山入佐竹氏義との間で一旦、和議（明応の和議）を成立させた〔市村 二〇〇九、佐々木 二〇一一、藤木 一九六三a〕。その過程に茂木上総介（治泰）が関わってくる。五月五日付けで佐竹義舜が「茂木殿」にあてた

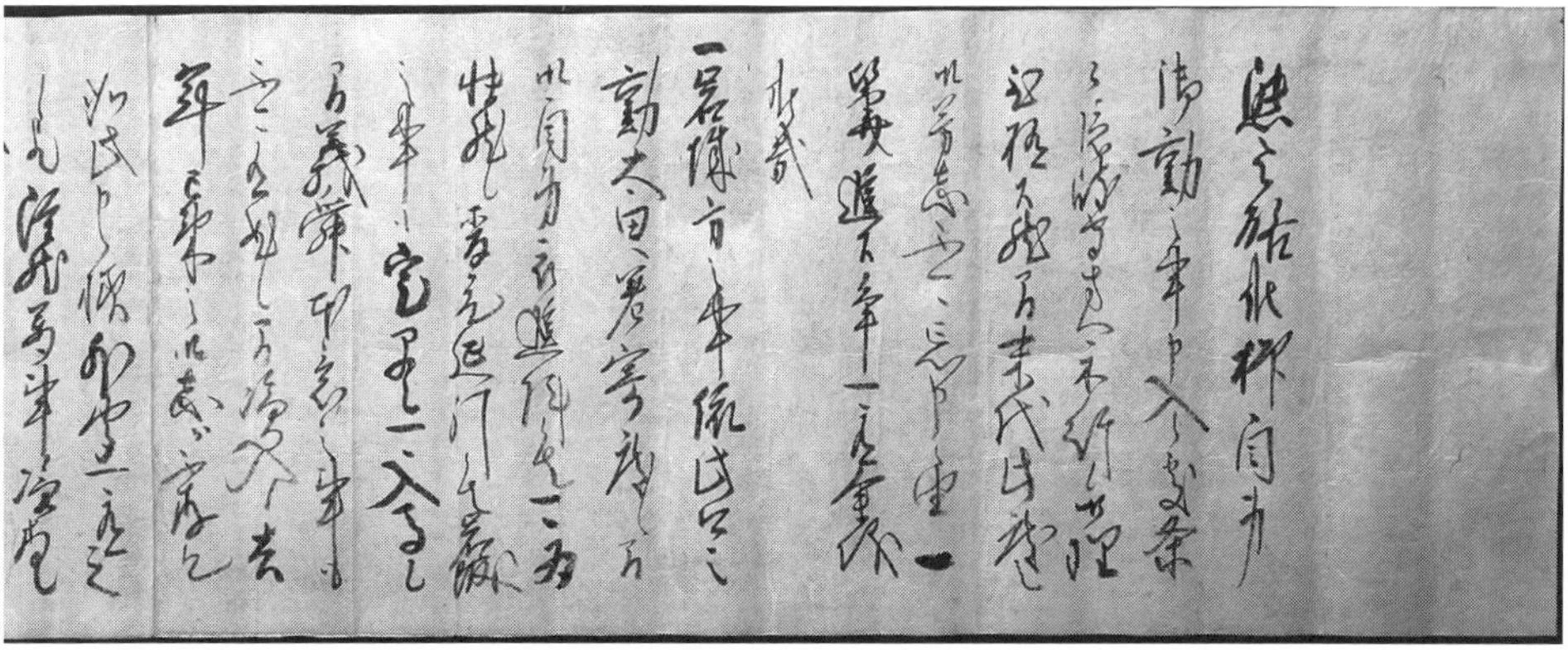

熊と啓さしめ候、そもそも自身御動きの事、申し入れ候処、条々隠岐守方へ示し給い候、御理至極に候、然る間末代此度の御芳志忘れ申すべからざるの由、一筆進らし候、いかでか余儀有るべく候や、

一、岩城方の事、この口の動きにより、太田へ差し寄せたく候間、御自身進陣せられ候わば、快然たるべく候、爰元延引候わば、岩城の事も定めて早々入馬すべく候間、義舜本意の事も曲有るべからず候間、憑み入り候、去年已来の御志お存ぜず候て、かくの如く申し候様、

書状(文書五三・図2)によると、

①佐竹義舜の呼びかけに茂木氏が応じたことを謝すとともに、

②岩城氏の太田城攻撃(当時は山入佐竹氏が占拠)と示し合わせて、茂木氏が進軍することを期待していること、

③義舜自身は部垂《へたれ》(常陸大宮市)まで進軍し、小場《おば》城(同上)を攻める算段でいること、

などが記されている。

明応元年六~七月に、佐竹義舜が所領を譲り渡すことを条件に下那須氏を味方に引き入れた際、茂木上総介が両者の間を仲介していた(茂木2九六・九七)。このとき義舜は下那須氏に、岩城氏が南下して山入佐竹氏方の山尾城(日立市)主山尾《やまのお》小野崎氏を攻撃するのに合わせて軍事行動を起こすことを求めている。岩城氏の動きなど内容が似通うことや花押形から、さきの義舜書状

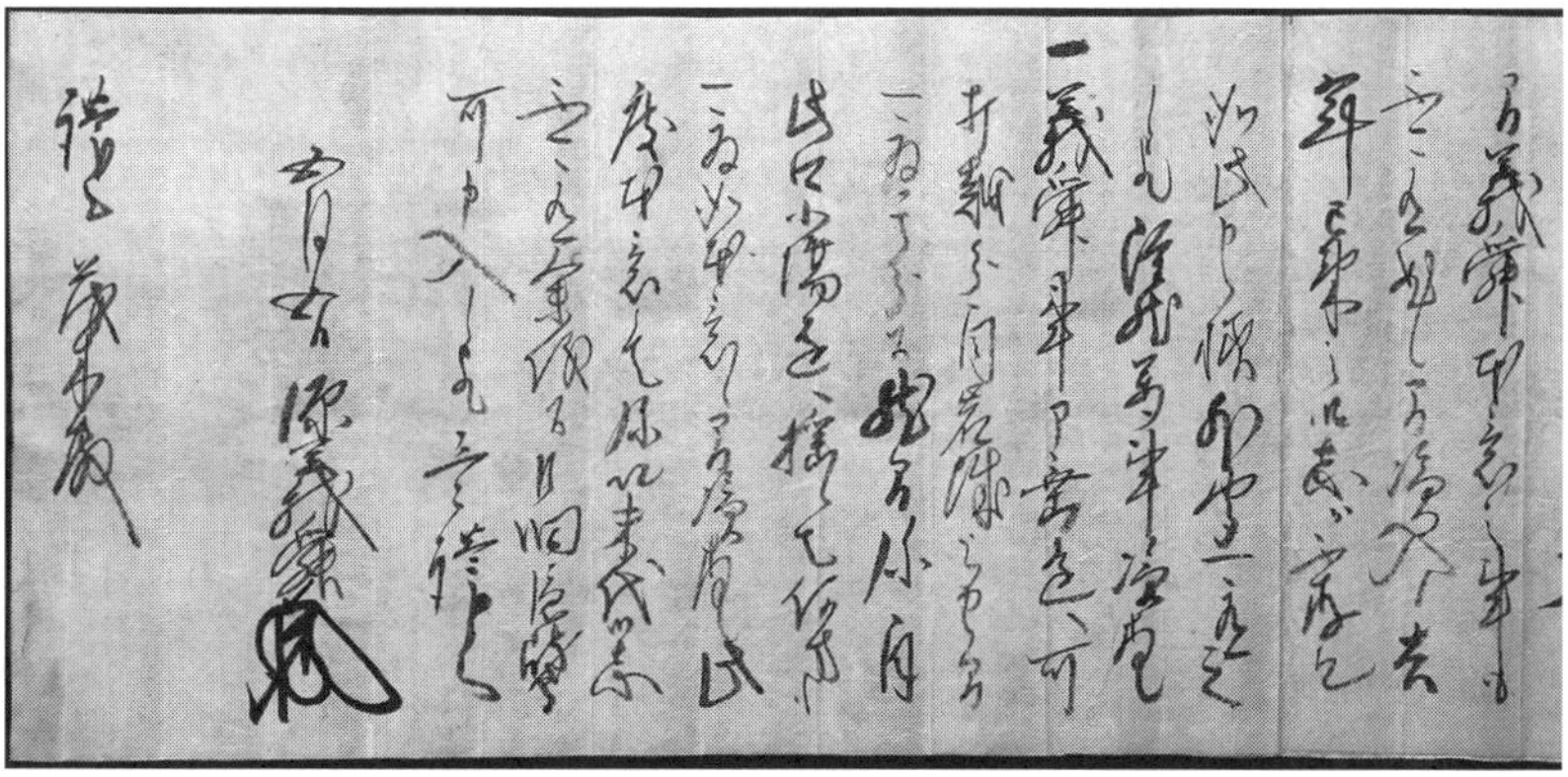

外聞これ有るべく候か、然りといえども万事憑み存じ候、
一、義舜の事、部垂辺りへ打ち越すべき分岩城より申され候間、その分たるべく候、然る間いよいよこの口より小場辺りへ揺ぎ候わば、何方も本意の如くたるべく候間、憑み存じ候、此度本意候わば、いよいよもって末代の御志余儀有るべからず候、巨細隠岐守申し入るべく候か、恐々謹言、
（明応元年）五月五日　源義舜（花押）
謹上　（上総介）茂木殿

図２　佐竹義舜書状（文書五三）

は同年に比定でき、「茂木殿」は佐竹氏と下那須氏の間を仲介した茂木上総介と同一人物と考えられ、治泰に比定できよう。義舜は治泰の仲介で下那須氏を味方に引き込むことに成功し、山入佐竹氏に同調する勢力を、北からは岩城氏が、西からは自身や大山氏、下那須・茂木氏が脅かす態勢を整えることができたのである。明応の和議が成立したのは、山入佐竹義藤の死去により氏義らが動揺したのに加え、茂木氏を含めた義舜派による山入佐竹氏とその同調勢力への軍事的な圧迫が奏功した結果であり、茂木氏の貢献は大きかったと言える。

その後、十六世紀に入ると、茂木氏は文亀《ぶんき》二年（一五〇二）六月頃〜永正《えいしょう》元年（一五〇四）四月にかけて起こった足利政氏・高氏《たかうじ》父子による本佐倉城主（佐倉市）の千葉孝胤《たかたね》討伐に参戦した。この合戦は、史料上は政氏父子が陣取った場所から、「篠塚陣《しのづかじん》」（佐倉市）と呼ばれている。最終的に千葉孝胤と和睦した政氏父子は目的を果たせず撤退を余儀なくされた［和氣 二〇〇七］。この戦いには上総入道（治泰）の子とみられる「蔵人佑《くろうどのすけ》」が参陣し、政氏父子から賞賛を受けた（人名比定については後述）。上総入道（治泰）は老齢のためか参陣せず、「蔵人佑」を派遣したことを政氏から賞され、戦後見舞いの酒樽を送り、政氏父子を慰労した（文書六二～六五）。ただ、篠塚陣以降、上総入道（治泰）の足跡は途絶えるため、まもなく没したのかもしれない。

この他、治泰の事績として、連歌師《れんがし》との交流があげられる。明応七～八年に「茂木総州家」が連歌師猪苗代兼載《いなわしろけんさい》を招き、連歌会《れんがえ》を興行した（「園塵《そののちり》」『連歌大観 第二巻』）［金子 一九六二］。茂木氏と連歌師の関係はこの後にも確認できるが、茂木氏関係史料は戦乱に絡んだものが多く、こうした文化人としての側面がうかがえる史料は貴重である。

(2) 蔵人某の時代――佐竹氏への従属を決意――

前節で見たように、治泰の後継者とみられる蔵人佑は、文亀～永正初期頃、上総入道（治泰）と並行して登場する。茂木系図（補遺⑬）では持知が蔵人を称したことになっているが、実名がわからないため、便宜的に蔵人某と呼称する。蔵人某は治泰の子と考えるのが穏当であろうが、式部少輔某とは別人である可能性が高い。というのも、蔵人の官途は後世も含め歴代で名乗った当主がおらず、蔵人某は少なくとも嫡子ではなかった可能性が高いのである。あるいは篠塚陣関係の茂木氏あて文書がすべて「小田」あてになっていること、足利政氏（カ）が「小田一家」の家格を認める書状を茂木上総介に与えていることから（文書五七）、同族である小田城（つくば市）主小田氏からの養子という可能性もあろう。蔵人某は最初、「蔵人佑」を称していたが、篠塚陣での活躍を認められてか「蔵人大夫」と呼ばれるよう

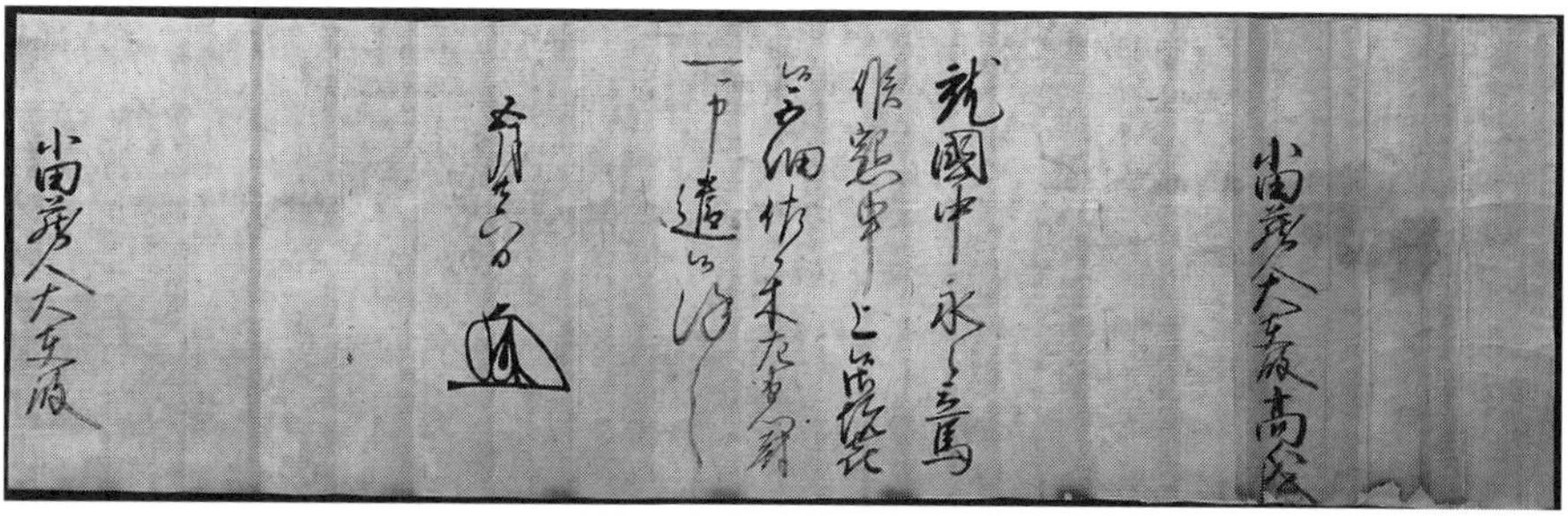

（封紙ウハ書）「小田蔵人大夫殿　高氏」
（端裏）「（切封墨引）」
国中に永々馬を立て候につき、
懇ろに申し上げ候、御悦喜に
候、巨細佐々木左衛門尉申し
遣わすべく候、謹言、
（文亀三年）五月廿六日（花押）
（茂木）小田蔵人大夫殿

図3　足利高氏書状（文書六四）

になった（文書六二～六四：図3）。篠塚陣終結直後に、蔵人大夫は塩原（那須塩原市）へ湯治に向かった政氏の供を申し出たが、政氏から暇を与えられて同行することはなかった（文書六五）。

　また、この時期の茂木氏は下那須氏と姻戚関係にあった。茂木氏の系図には何も記されていないが、那須資房《すけふさ》（?～一五五二）の正室が茂木氏出身といい（栃木4「那須系図」）、または資房の妹が茂木氏に嫁いだという（『寛政』巻第七百三十五「那須」）。事実とすれば、資房の活動年代から〔佐藤二〇一三〕、世代的に治泰の娘が資房に嫁いだか、資房妹が蔵人某の兄と思われる式部少輔某か蔵人某に嫁いだと考えられる。

　さて、篠塚陣後の茂木氏は、上総入道（治泰）が姿を消し、名実ともに蔵人某の時代となる。永正元年（一五〇四）（文亀二年（一五〇二）とも）、佐竹義舜は山入佐竹氏を滅ぼし、佐竹の乱を終わらせた。同年六月、義舜は茂木蔵人大夫（蔵人某）に野田郷（常陸大宮市）の半分を譲渡した。佐竹の乱解決に協力してきたことへの恩賞とみられ、近隣の佐竹一族で長倉城（常陸大宮市）主長倉氏に不審な動きがあった際は茂木蔵人大夫を支持すると約束している（文書六六・六七）。また、敗死した山入佐竹氏義の孫の一人が茂木領内の覚成院《かくじょういん》（茂木町茂木）に預けられており（秋田県公文書館蔵「源姓佐竹氏総系図」）、茂木氏に対する義舜の信頼がうかがえる。

一方、篠塚陣に至るまでの上総介系茂木氏の貢献に対し、古河公方家からは感状の発給や名誉職の付与などがなされたが、佐竹氏の領地割譲のような直接的な恩賞等は確認できない。篠塚陣以降、茂木氏と古河公方家との関わりは大幅に減ったようにみえるが、史料の残存状況によるものとは考えにくい。永正三年からは周囲を巻き込んだ古河公方家の内乱が始まるなど、茂木氏が戦国期を生き抜いていく上で、古河公方家は頼りになる上位権力とは見なせなくなったからではないか。そこで、古河公方家に代わって一郡（保・庄）規模の領主に過ぎない茂木氏が選択したのが、佐竹氏への従属であった。

史料1（文書六八：図4）は発給者の佐竹義舜の花押形や宛先の人物などから、永正二〜十年の間に発給されたと考えられる。これによると、茂木筑後守は義舜に対して「疎略にしないこと」を、義舜は茂木筑後守に対して「子孫に至るまで申し合わせていくこと」を誓約し、起請文を交わしたことが記されている。

残念ながら、その起請文自体は両家いずれにも残されていない。この時期までの茂木氏は、利害の一致から佐竹氏に協力していただけだったと思われる。だが、十六世紀初頭に行われた起請文の交換は、長期にわたる内乱を克服して不安定ながらも戦国大名化を遂げつつあった佐竹氏の傘下に茂木氏が入ったことを如実に物語る。

ここに登場する茂木筑後守の活動は永正期（一五〇四〜一五二一）にのみ見られる。蔵人某とは活動期間が被らず、親佐竹氏路線を継承している点からも、茂木筑後守は蔵人某が蔵人大夫の名乗りから改めた姿と考えられる。永正四

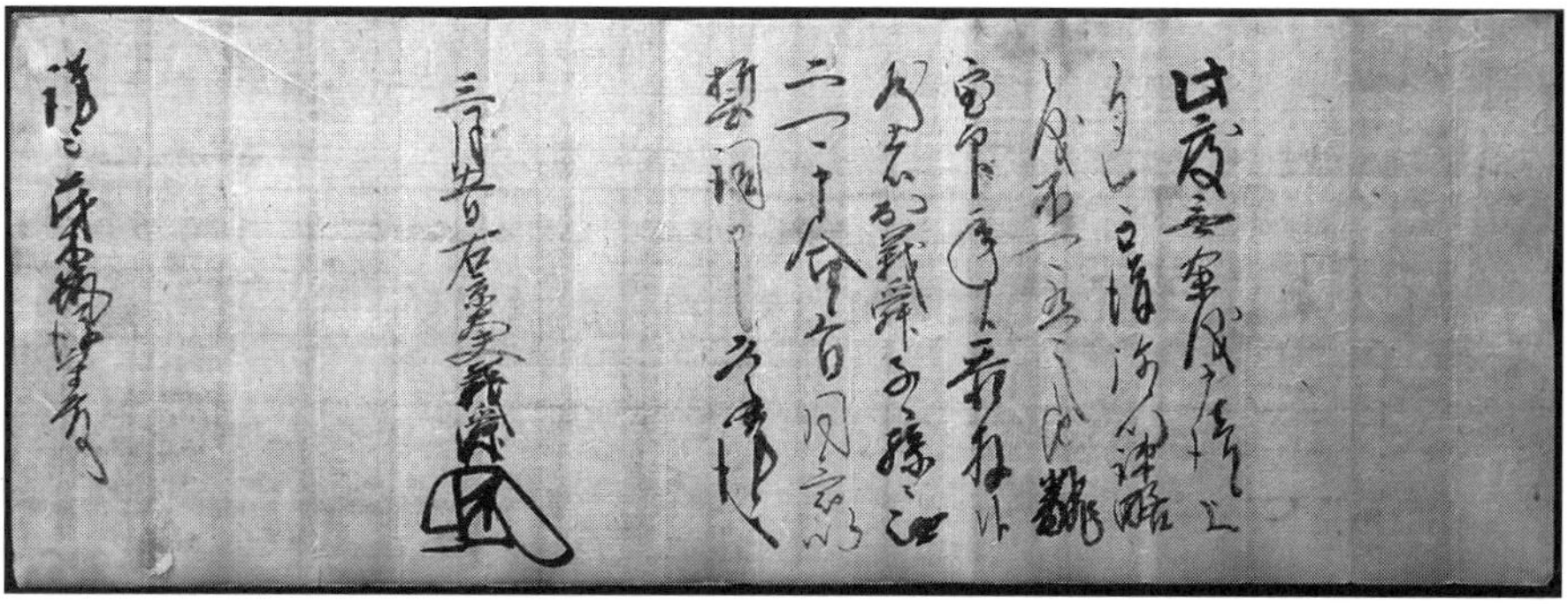

〔史料1〕佐竹義舜書状

此度余儀無く申し談じ候上、自今已後いよいよもって疎略の儀、これ有るべからず候由、宝印を翻し承り候、忝く存じ候、然らば、義舜子々孫々において無二申し合うべく候旨、同意し誓詞をもって申し候、恐々謹言、

（永正二～十年）三月五日　右京大夫義舜（花押）

謹上　茂木筑後守殿

図4　佐竹義舜書状（文書六八）

年前後に「茂木筑前（後カ）」が猪苗代兼載を招いて連歌会を興行しており（「園塵」『連歌大観 第二巻』）〔金子 一九六二〕、永正期の早い段階で蔵人大夫から筑後守に改称していたことがうかがえる。改称の契機は治泰の隠居ないし死去であろうか。「里見家永正・元亀中書札留抜書」には、永正期の茂木家当主として「茂木筑後守」が記録されており、稲村城主（館山市）里見氏とも何らかの接点があったことがうかがえる（戦房付編一）。

永正十年八月晦日には、茂木筑後守（蔵人某）が佐竹義舜から茂木保のうち山内・小深郷をあてがわれた（文書六九）。二郷とも茂木氏が伝来してきた西茂木保ではなく、領有が安定しなかった東茂木保に含まれる。かつて永享の乱では鎌倉公方持氏《もちうじ》を支持したことで茂木満知《みつとも》は室町幕府から東西茂木保を没収され、それは一旦佐竹領となった。その後、結城合戦が起こると、佐竹氏は幕府と敵対、満知は幕府方として活躍したため、所領の回復を果たしたが[江田 二〇一二]、東茂木保の一部は佐竹領のままだったと考えられる。「小深片倉神社棟札」によると、小深郷の一部は茂木領だったと見られるが(4章では公方家政所料所と見る)、茂木氏が佐竹氏に協力してきたのは、こうした旧領を取り戻すという目的もあったのだろう。この知行宛行状と同日に発給された史料2には、佐竹氏傘下となったばかりの茂木筑後守の動向が具体的に記されている(史料2・文書七〇:図5)。

内容としては①陣労(上那須氏攻撃か)の件を佐竹氏側から伝えるべきところ茂木筑後守側から照会があったこと、②古河公方家臣の町野氏俊《まちのうじとし》を介して足利政氏から再び参陣要請があり、岩城氏と相談の上で受諾の意思を伝える予定であること、③茂木筑後守が那須下庄の諸氏(下那須氏ら)と懇切に相談すべきこと、④茂木筑後守からの証人(=人質)は岡本竹隠軒(岩城・佐竹氏に両属している人物)のもとへ届けること、⑤茂木家臣河連次郎右衛門尉に判形(文書六九のこと)を持たせたことが記されている。

発給の背景には古河公方家の永正の乱があった。永正三年から三次にわたって起きた足利政氏・高基《たかもと》(高氏)父子の対立は、関東・南奥の諸氏を巻き込む争乱となった。永正九年六月には高基が政氏を古河城から追い、翌月に古河入城を果たした高基が実質的な古河公方として君臨することになった。その後、永正十一年八月の竹林《たけばやし》合戦(宇都宮市)、同十三年六月の縄釣《なわづり》合戦(那珂川町)では政氏派の岩城・佐竹氏らが高基派の宇都宮氏に敗れるなど、政氏派の劣勢は覆しがたく、永正十五年に政氏が久喜《くき》(久喜市)に隠棲したことで両派の抗争は終結した[佐藤 一九九六、則竹 二〇一三、藤井 二〇二〇]。

さきの佐竹義舜書状は、岩城・佐竹氏らが政氏の要請を受諾して出兵する一年前(永正十年)の状況を物語るもので、

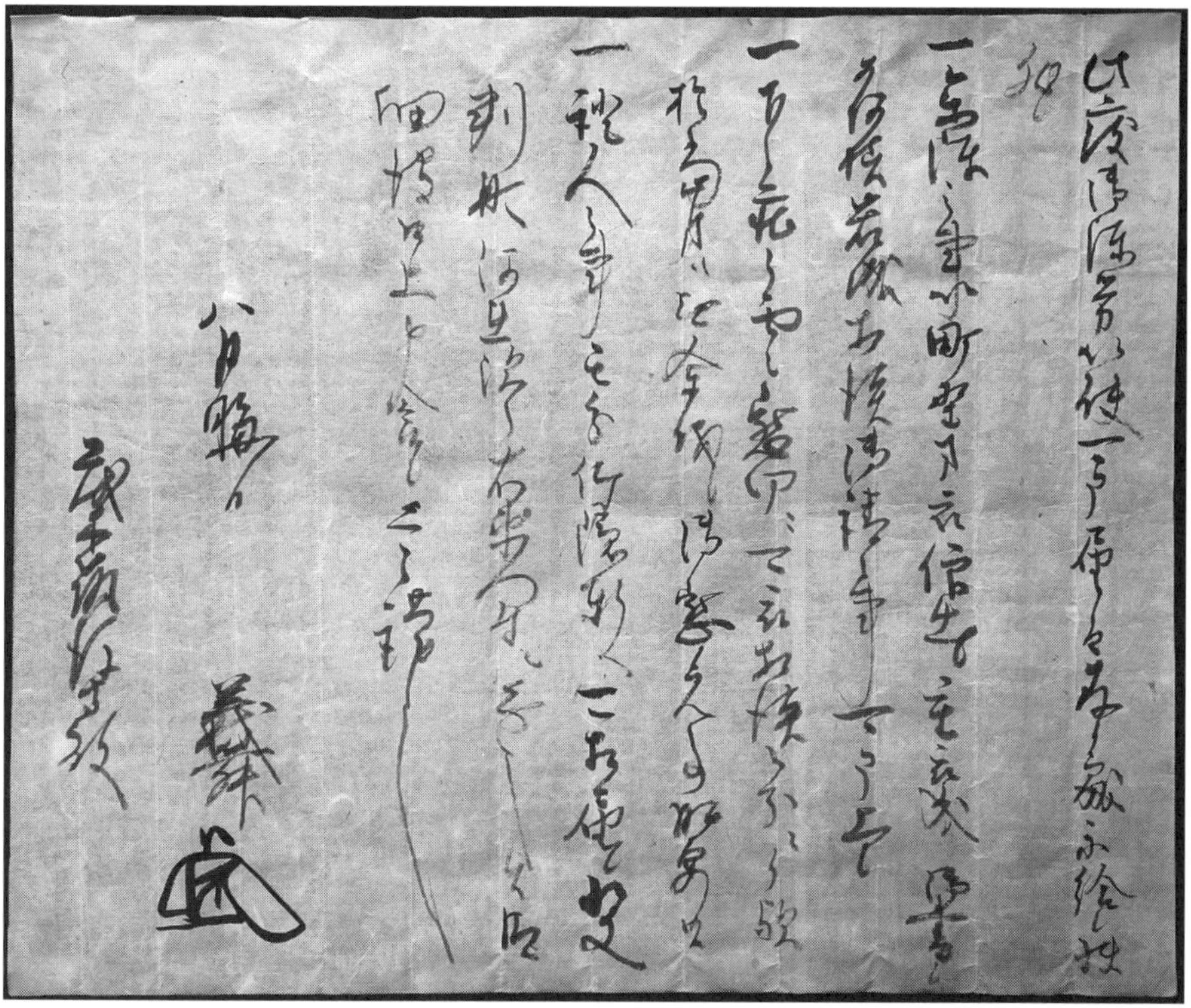

〔史料2〕佐竹義舜書状

此度の御陣労、使いをもって申し届けるべきの由存じ候処、示し給い候、快然に候、

一、参陣の事、町野方(氏俊)をもって仰せ出だされ候、重ねて　御書を成され候、如何様岩城相談し、御請けの事、申し上げるべく候、

一、下之庄の面々懇切に相談せらるべきの分に候か、当方においても余儀無く候、御懇ろに候はん事肝要に候、

一、証人の事その分竹隠軒(岡本妙誉)へ相届けるべく候、将又判形河連次郎右衛門尉にこれを進らし候、巨細彼の口上申し含め候、恐々謹言、

(永正十年)八月晦日　義舜(花押)

茂木筑後守殿

図5　佐竹義舜書状（文書七〇）

佐竹義舜が茂木筑後守に旧領をあてがったのは茂木氏に奮起を促すためだったと考えられる。その後の茂木氏の動向は不明だが、佐竹氏の軍事動員に従い、高基派の宇都宮氏らと戦ったであろうことは想像に難くない。起請文を交わして佐竹氏に従属した茂木氏が、佐竹氏の保護を受ける見返りに、人質を差し出して佐竹氏へ軍事奉公を行う姿がはっきりと見て取れる。この後、筑後守(蔵人某)がまもなく死亡したのか、しばらくの間、茂木氏関係史料が途絶えることになる。

以上、1節では治泰とその後継者と見られる式部少輔某・蔵人某の治世を追った。この三代は享徳の乱終結後も周囲で争乱が頻発する難局の中で舵取りを迫られることとなった。当初、治興の跡を継いだ治泰とその後継者とみられる式部少輔某は、古河公方家との関係を重視する方針を取った。その後、十五世紀末になると古河公方家を伝統的な上位権力として尊重しつつも、周辺領主との関係も意識し始めていた。それは式部少輔某に代わって蔵人某が治泰の後継者となった後も引き継がれ、治泰・式部少輔某・蔵人某の三代は、周囲の諸氏とのバランスを取りながら、巧みにこうした難局を乗り切ったと言える。そして、蔵人某は古河公方権力の衰退という事態を受け、戦国の動乱を生き残るため、十六世紀初頭に佐竹氏に従属する道を選んだ。これはその後の茂木氏の命運を左右する大きな決断であった。

2　十六世紀中ごろの茂木氏――従属後の佐竹氏との関係――

(1) 上総介(治重)の時代――佐竹氏に従いつつ、勢力拡大を目論む――

時代はやや下って、享禄《きょうろく》二年(一五二九)に再び佐竹氏の内乱(部垂の乱)が起こった。乱自体は天文《てんぶん》九年(一五四〇)

三月に佐竹義篤《よしあつ》が他家の力を借りず自力で収め、この争乱を克服した佐竹氏は戦国大名権力を確立したと評価されている［市村 二〇〇九、佐々木 二〇一三、山縣 二〇一七］。佐竹氏に従属していた茂木氏が部垂の乱に直接関わったかは不明である。天文八、九年頃、部垂の乱と同時期に起きていた那須政資《まさすけ》・高資《たかすけ》父子の対立に［藤井 二〇一八］、政資を支援する佐竹方の援軍として「茂木之人数」が派遣されたことが確認できるのみである（茂木2 一二三）。その後、天文十五年七月二十三日に那須資房の子である政資が病死すると、茂木氏は那須氏（下那須氏）と姻戚関係にあったことから（前項参照）、「茂木殿」「茂木長沢」「もて木おかた様」より香典料が出された（茂木2 一六三）。

天文二十年九月、古河公方足利晴氏《はるうじ》が「茂木上総介」を評定衆・引付衆に補任した（文書七一・七二）。実体のない名誉職とされるものの、補任にあたって、茂木氏側はこれまでの勲功の証拠として伝来文書を提出した可能性が指摘されている［和氣 二〇〇七］。希薄になったとはいえ、茂木氏がなおも古河公方家とのつながりを求め、晴氏も古河公方権力の再建のために茂木氏の存在を意識していたことがうかがえる。この上総介が天文二十年当時の茂木家当主であったことは確実だが、同時代史料からは実名がわからない。茂木系図（補遺⑬）では治重に相当する人物と考えられるが、上総介を名乗った茂木家当主は複数いるため、以下便宜的に、上総介（治重）と呼称する。

その後、弘治《こうじ》三年（一五五七）頃に「茂木式部丞」（人名比定については後述）や「茂木上総入道」が遊行上人体光《ゆぎょうしょうにんたいこう》を招き、連歌会を興行した（「石苔」『連歌大観　第二巻』）。上総介（治重）の子息とみられる式部丞が登場し、上総介（治重）は隠居に伴う出家なのか、上総入道と呼ばれている。世代的に上総介（治重）は蔵人某の子で、蔵人某の跡を継いだ人物と考えられる。佐竹氏のもとで那須氏の内乱に関わり、那須政資葬儀への香典料を出したのも上総介（治重）であろう。

弘治二年四月、小田氏治《うじはる》は海老《えび》ヶ島《しま》合戦（筑西市）で北条・結城連合軍に敗れ、海老ヶ島城・小栗《おぐり》城（同上）などを結城城（結城市）主結城氏に奪われた［市村 二〇〇九、黒田 二〇〇四］。その翌年あたりだろうか、小田氏治は小栗城などを奪還するため、同族である茂木上総介(治重)に協力を仰いだ。青木郷(桜川市)や中郡荘《ちゅうぐんのしょう》(筑西市・桜川市の一部)五郷を割譲する代わりに(文書七三・七五)、茂木氏の軍事支援を引き出したのである。場所は不明だが、茂木軍が小田方の城郭を守備していることが確認できる(文書七四)。小田氏側は茂木氏が佐竹・那須氏と相談して「庄内」(＝中郡荘)の安定に努めることを望んでおり(文書七四・七六)、割譲された所領を確保・維持できるかは結局のところ茂木氏次第だったようだ。

(2) 筑後守治泰の時代——前代の方針を引き継ぎ、活動——

上総介(治重)は史料上、永禄初期までに姿を消す。彼の跡を継いだと考えられるのが、前項の連歌会で登場した式部丞である。茂木系図(補遺⑬)によると、十六世紀中葉に式部を名乗った当主はいないことになっているが、上総介(治重)の後継という点では治清《はるきよ》が該当する。茂木氏関係の各系図には、治清以降は兄弟のことまで記され、当主の順序も共通することから系譜関係の混乱から脱したかに見える。しかし、この式部丞の実名が治清ではなく治泰であることが、鹿島神宮(鹿嶋市)にあてた二通の治泰書状から判明する。戦国期の茂木家歴代には治泰を名乗った当主が二人いたことになるが、これは活躍した先祖の名にあやかって同じ実名をつける慣習によるもので、珍しいことではない。

二通の書状はそれぞれ「式部少輔治泰」「源治泰」と署名しており、「菅谷左衛門《すげのや》」を介して鹿島神宮に神馬を献上し、神前での祈念を依頼している(茂木2九二・九三)。江田郁夫氏は、治興の子治泰と混同しているようだが〔江田二〇一二〕、小田氏家臣菅谷左衛門尉政貞《まささだ》(一五一八〜九二)の書状には、「茂木三郎」と鹿島神宮の間を取り持ったことが記されており、治泰書状との関連性がうかがえる(茂木2一四二)。菅谷政貞の生没年・活動年代から考えると、弘治頃の連歌会に登場した「茂木式部丞」と鹿島神宮文書の「式部少輔治泰」「源治泰」「茂木三郎」は同一人物であり、かつ十五世紀後半に活躍した治泰とは別人であることは明らかである。

また、小田氏治が結城方についた真壁城主（桜川市）真壁氏を攻撃した際、「式部大輔」が参戦していたことも確認

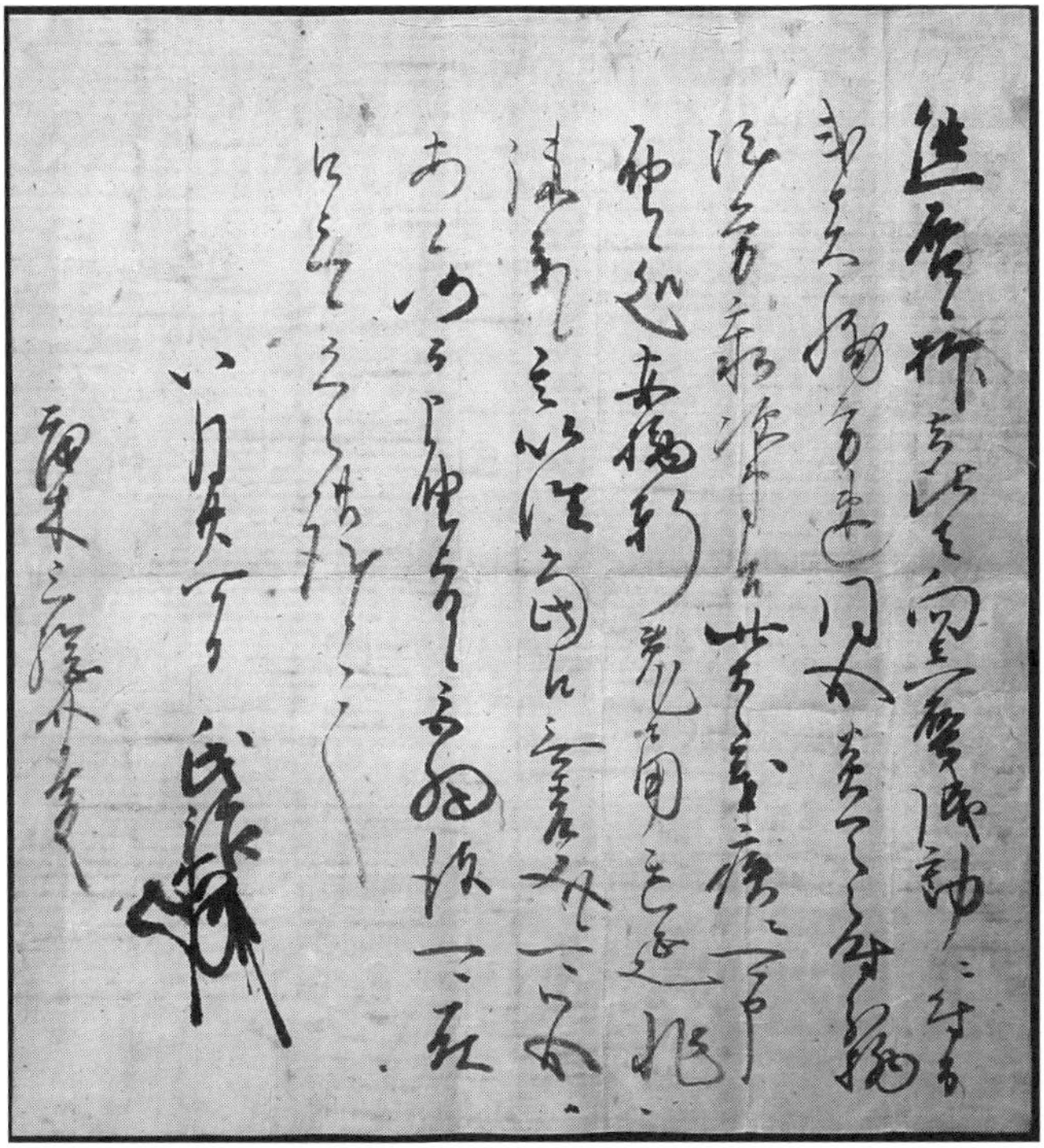

熊と啓し候、そもそも去るころは
真壁に向かい動きを成すについて、
式部太輔方速やかに同心、炎天の
時分柄、陣労忝き次第に候、これ
らの義疾に申し届けるべく候処、
安栖軒菟角遅延、疎義にあらず候、
それ以往当口差したる義無く候、
御心安かるべく候、よって申し届
ける旨候、巨細彼の口上在るべく
候、恐々謹言、
八月廿四日　　氏治（花押）
茂木上総介殿

図6　小田氏治書状（文書七七）

でき（文書七七：図6）、これも鹿島神宮に神馬を奉納した治泰とみて間違いない。このように上総介（治重）・治泰時代の茂木氏と小田氏は親密であったようだが、永禄五年（一五六二）に小田氏が小田原北条氏と手を結んだ結果、小田氏と佐竹氏は対立するようになり［市村 二〇〇九、黒田 二〇〇四］、茂木氏と小田氏の関係も途切れてしまった。この他、治泰の事績を示す史料として次の史料3があげられる。

〔史料3〕宇都宮広綱書状写（戦下二七四七、『茂木町史 第二巻』未収録）

急度啓さしめ候、よって今度茂木三郎方不慮の刷いについて、その断りに及ばるべきの由、その聞こえ候、まずもって御余儀無く候、然りといえども時分柄と云い、相違無く指し越し、巨細口上これ有るべく候、恐々謹言、

（永禄初期頃）
二月廿九日　　　広綱（花押影）

（義昭）
佐竹殿

史料3は発給者の宇都宮広綱《ひろつな》の花押形から永禄初期のものと判断できるので、文中の「茂木三郎」は治泰であろう。ただ、永禄初期であれば、治泰は式部を称しているはずなので、あるいはこの三郎は治泰の後継者にあたる人物で、次項で見る茂木上総介と同一人物の可能性もある。写しであるため誤脱があるのか、文意は理解しにくいが、傍線部によると「今回、茂木三郎が思いがけぬ対応をしたため、（佐竹義昭が）糾明に及ばれたと伝え聞いた」とあり、宇都宮広綱が佐竹氏に茂木三郎の一件について詳細を尋ねたものと考えられる。

宇都宮広綱は弘治三年（一五五七）十二月、壬生《みぶ》氏に占拠されていた宇都宮城に、佐竹氏らの協力で復帰したばかりだった。茂木三郎の行動内容は不明だが、広綱からすれば、周囲の不安要素は取り除いておきたかった、というところか。茂木氏が周囲の諸氏から佐竹氏傘下の領主と認識されていることや、佐竹氏が「不慮」の動きをみせる傘下領主層の統制に心を砕いている様子が見て取れる。

さて、十六世紀中頃になると北条氏の台頭が目立つようになる。北条氏は、古河公方足利晴氏の嫡男藤氏《ふじうじ》ではなく、同じ晴氏の子で北条氏の血を引く義氏《よしうじ》を後継の古河公方に擁立した。北条氏の圧迫に耐えかねた山内上杉憲政《のりまさ》は、越後の長尾景虎《かげとら》(のちの上杉謙信)を養子として家名と関東管領職を譲った。上杉景虎は足利義氏の兄藤氏を支持して北条勢力に圧力をかけ、永禄七年(一五六四)正月には佐竹氏とともに、北条派となった小田氏を攻撃した。以後、佐竹氏は小田氏攻撃を梃子に常陸中南部へ進出していくことになる[市村 二〇〇九、佐々木 二〇一二]。この小田氏への攻勢に貢献したためか、同年四~八月にかけて、茂木筑後守が佐竹北家の義廉《よしかど》・義斯《よしつな》父子を通して、佐竹義昭に知行宛行を願い出て、承認を得ている(文書七八・七九)。茂木筑後守が史料上にあらわれるのはこのときだけだが、活動期間を考えると、式部から改称した治泰のことだと考えられる。茂木氏には治泰を名乗った当主が二人いるので、便宜上それぞれの受領名で区別し、以下、治興の子を上総介(治泰)、もう一人を筑後守治泰と呼称する。

以上、2節では上総介(治重)と次の筑後守治泰の治世を追った。前代に佐竹氏の傘下となったことで、上総介(治重)・筑後守治泰は、佐竹氏の勢力拡大に貢献する。一方で、那須氏や古河公方家との関わり、小田氏との族縁関係に基づく軍事協力なども確認できた。これらは茂木氏が単純に佐竹氏に従う存在になったわけでも、ましてや佐竹氏の家臣になったわけでもないことを端的に示すものである。上総介(治重)・筑後守治泰は、佐竹氏との関係を軸としつつも、勢力の維持・安定・拡大に、必要とあれば周囲の勢力とも結びつく、中世の武家領主らしい主体的な意思に基づいて行動し、佐竹氏から一定の独立性を保った領主として存在し続けたのである。

3　茂木氏と戦国末期の動乱――佐竹氏家臣への道――

(1) 上総介（治房）の時代――一族を挙げて佐竹氏に軍事奉公――

佐竹氏は戦国末期までには常陸ほぼ一国、下野東部、陸奥南郷の諸氏を軍事指揮下に置く戦国大名に成長していた。同時に関東の争乱も激しさを増し、佐竹氏傘下の茂木氏も戦国末期の動乱に巻き込まれていく。永禄十一年（一五六八）末、甲斐の武田信玄は駿河の今川氏攻撃をきっかけに北条氏と対立した。すると、翌年五月、信玄は佐竹氏への接近を図り、佐竹氏傘下の茂木氏にも誼《よしみ》を通じるべく「茂木殿」に書状を送ってきた（文書八〇：図7）。ただ、宛先が「茂木殿」としかないため、筑後守治泰か、この後に出てくる茂木上総介を指すのかは判然としない。

足利藤氏の死後、久留里《くるり》城主（君津市）の里見氏の庇護下にあった弟藤政《ふじまさ》が後継として活動していた。その藤政と古河公方家奉公衆である関宿城主（野田市）簗田《やなだ》氏は、元亀二（一五七一）、三年頃に、佐竹義重《よししげ》や佐竹家臣岡本禅哲《ぜんてつ》のほか、「茂木上総介」、真壁氏、太田氏ら佐竹氏傘下の領主層にも書状を送り、佐竹氏に援助を求めた（文書八一～八三、戦古一二八四～六、一二八九～九〇、一二九七～九九）〔田中二〇一二〕。ここで再び上総介を名乗る茂木家当主が登場する。茂木系図（補遺⑬）では治清《はるきよ》の子治房《はるふさ》が該当するが、筑後守治泰の子だろう。同時代の史料では実名がわからないため、便宜的に上総介（治房）と表記する。天正初期頃に茂木氏が佐竹氏と同盟して北条氏の侵攻に抗っていた小山城主（小山市）の小山秀綱《ひでつな》に使者を送っているが（戦下一〇一四）、使者を送った主体は上総介（治房）だろう。

また、このあたりから茂木一族の活躍も見られるようになる。その一人である義範《よしのり》は、系図によると上総介（治房）の弟で（補遺⑬）、佐竹義重から一字を与えられた。さらに佐竹・宇都宮氏が皆川城（栃木市）主皆川《みながわ》氏を攻撃した天正

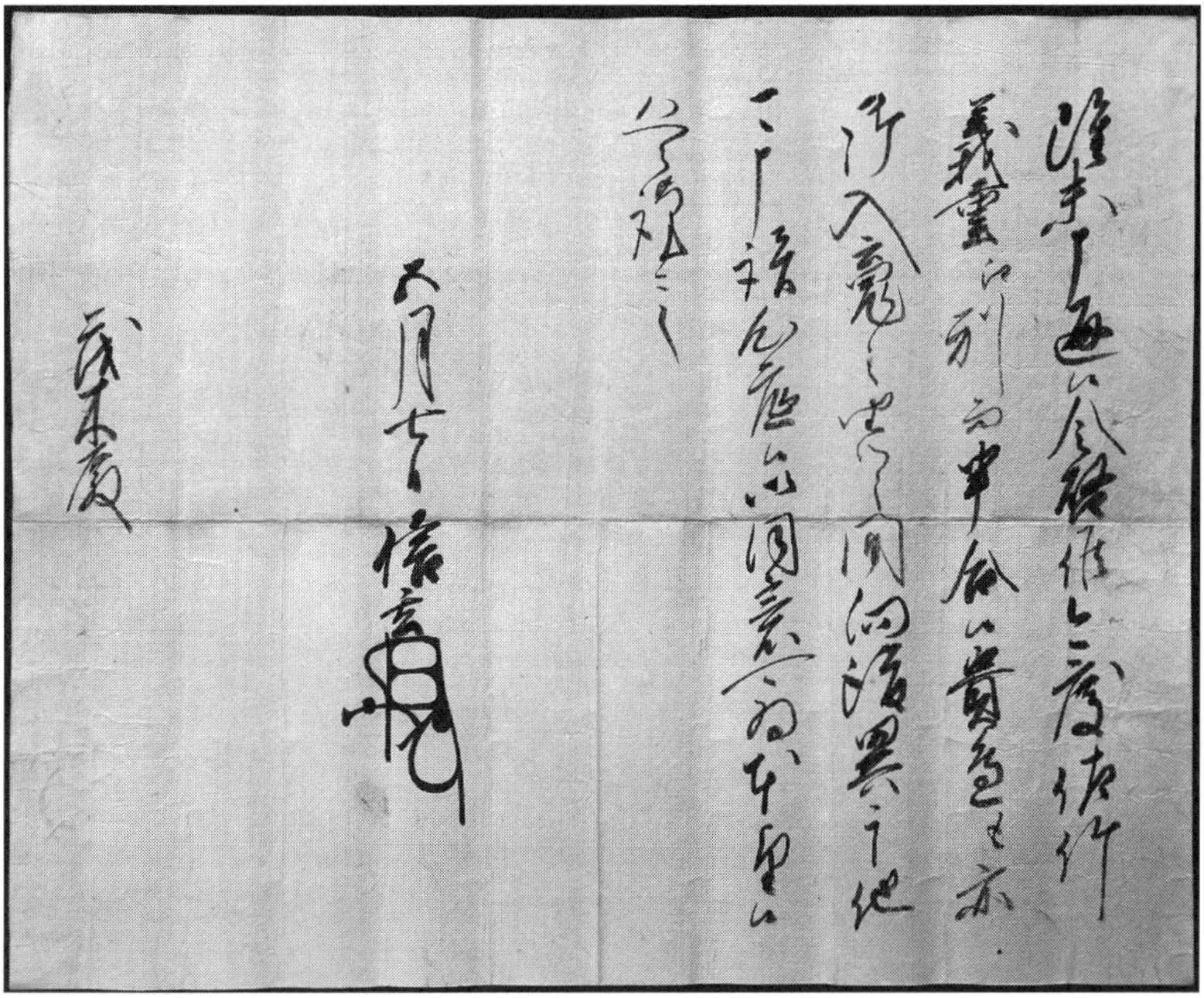

いまだ申し通ぜず候といえども、啓さしめ候、今度佐竹義重へ別して申し合わせ候、貴辺もまた御入魂の由に候間、向後他に異なり、心底を申し談ずべく候、御同意本望たるべく候、
恐々謹言、

（永禄十二年）五月七日　信玄（花押）

茂木殿

図7　武田信玄書状（文書八〇）

元年(一五七三)正月の南摩《なんま》の戦い(鹿沼市)での活躍を賞されて義重から大膳亮《だいぜんのすけ》の官途を与えられた(茂木2一四七・一四八・一六四)。もう一人は上総介(治房)の叔父にあたる治利《はるとし》で、天正五年七月の関山の戦い(白河市)での活躍を賞されて義重から大学助《だいがくのすけ》の官途を与えられた(茂木2一六五)。佐竹氏は南奥地域(ほぼ現在の福島県域)へ積極的に進出しており、この戦いは佐竹氏が占拠していた白河城(白河市)をめぐる攻防の一つで、茂木氏は自身の存立とはまったく無関係な遠方の戦いにも動員されるようになっていたことがわかる。

そして、北条氏の北関東進出が本格化すると、天正六年五~七月にかけて、小川台合戦(筑西市)が起こった。これまで佐竹氏を含む北関東の諸氏は上杉氏と北条氏の間で揺れ動いていたが、この戦いで佐竹、結城、宇都宮、那須氏らは佐竹義重を盟主とする北関東領主連合を結成し、北関東の諸氏だけで北条氏に対抗できることを示したのである[荒川 二〇一三、市村 二〇〇九]。戦いそのものは引き分けに終わったが、佐竹氏傘下である茂木氏も参戦したことが確認できる(鹿沼三九二)。このとき参戦したのは、世代的に上総介(治房)であろう。

ほかにも上総介(治房)の事績を示す史料があるので紹介しよう。「下野国供養帳　第一・二」には天正六年三月二十一日の日付で「茂木筑後　逆修」(鹿沼第二部―三八)と記されている。ただし、「筑後」の部分は抹消されている。「下野国供養帳　第三」では同じ日付で「茂木　逆」とあり(鹿沼5)、「筑後」が誤記だったのは明白である。「筑後」は筑後守治泰のことと考えられるが、それが誤りであることに供養帳の記主が気づいたということは、別の茂木家当主を指すと見てよいだろう。つまり、このころの当主である上総介(治房)が逆修《ぎゃくしゅ》(生前供養)を行ったことになる。天正十一年四月には、次代の治良の活動が見られるようになる反面(後述)、上総介(治房)の活動はほとんど見られなくなる。同十二、十三年頃の治良書状には「親」と出てくるが(茂木2一八一)、「親」は隠居した上総介(治房)を指すと考えられ、上総介(治房)の逆修は彼の隠居時期を考察する材料になるかもしれない。

(2) 治良の時代――戦国期の領主から佐竹氏家臣へ――

上総介(治房)の跡を継いだのは治良である。八通の発給文書が残っており、実名もそこから判明する。茂木系図(補遺⑬)には寛永《かんえい》十一年(一六三四)七十三歳没とある。逆算すると永禄五年(一五六二)の生まれである。これが事実だとすれば、前項の小川台合戦に参戦していてもおかしくない年齢に達している。

治良の母は佐竹一族大山氏出身とされ(補遺⑬)、その大山氏は同じ佐竹一族の小場城(常陸大宮市)主小場氏と対立していた[市村 一九九四・二〇一三]。天正十一年(一五八三)四月、同十四年八月に治良が大山氏と起請文を交わして協力を約束しているのは、大山・小場氏の対立に絡んだものだろう(茂木2 一七二・一八四)。起請文の発給者が治良であることから、天正十一年四月頃までには父上総介(治房)から家督を継いでいたと考えられる。はじめは三郎、時期は不明だが、のちに上総介を称し(千秋123、茂木2 一九三)、近世には筑後守を称した(『梅津政景日記』)。天正十四年三月作成の「佐竹之書札之次第」には「茂木上総介殿」とあるが、これは天文末期の書札礼に永禄年間後半から天正十年代前半の状況をあてはめたものとされるので[今泉 二〇〇二、佐々木・今泉 二〇〇一]、上総介(治重)、上総介(治房)、治良のいずれを指しているのか判断しがたい。

さて、小川台合戦後、関東は北関東領主連合と北条氏の対立を軸に展開していたが、その両者が激しく衝突した戦いとして、天正十二年の沼尻《ぬまじり》合戦(栃木市)があげられる。両者は四~七月にわたって対陣し[市村 二〇〇九、齋藤 二〇〇五]、佐竹氏傘下である茂木氏も参戦したと伝えられる(『国典類抄』義重公北条家江御対陳御人数覚)。事実とすれば、参戦したのは治良だろう。しかし、反北条氏を旗印に高い結束力を誇っていたかに見える北関東領主連合は、実は領主間の対立も抱え込んだままという矛盾をはらんでいた。

天正十二、十三年頃の三月、那須氏傘下の千本城主(茂木町町田)千本《せんぼん》氏に不穏な動きが見られたため、治良は状況次第で「人衆・足軽」を派遣すると那須氏に伝えた（茂木２―八一）。のちに、千本氏は那須氏により謀殺された結果（天正十三年末のこととされる）、茂木義紹なる人物が千本氏を継ぎ、茂木氏系千本氏が成立した〔荒川 二〇〇二〕。茂木氏の系図では治良の叔父資氏《すけうじ》または治良の弟義高《よしたか》（補遺⑬）〔大館市史 一九七三等〕が千本氏を継いだ人物として記載されているものの、義紹の名はなく、誰の子なのか判然としない。この茂木氏系千本氏は那須氏・佐竹氏に両属する形になったと考えられる。

同時期、北条氏の侵攻に最も苦慮していたのは宇都宮氏であった。天正十三年八月には佐竹義重の協力のもと新たな本拠地多気山城《たげさん》（宇都宮市）を築いている。同年十二月と翌年六月には、北条氏の侵攻を受けるが、辛くも撃退している〔黒田 二〇一三、竹井 二〇一六〕。ちょうどそのころであろうか、治良（史料には「茂三」すなわち茂木三郎とある）と真壁氏幹《うじもと》が、佐竹方の援軍として宇都宮氏のもとへ派遣されたことが確認できる（千秋123）。茂木氏は真壁氏とともに佐竹氏傘下の領主層の中でも頼りにされる存在だったのであろう。

こうした危機的状況下にあっても、宇都宮氏内部では益子城（益子町）主益子《ましこ》氏と笠間城（笠間市）主笠間《かさま》氏の対立が起きていた。当初、結城氏が仲裁を試みたが、結城氏が益子方として介入すると、近隣の茂木氏も巻き込まれていく〔月井 二〇一六、茂木町史 二〇〇〇〕。天正十四年九月に、治良が軍功を挙げた鹿島修理亮《かしましゅりのすけ》に官途を与えているのは、益子氏との戦いによる報奨だろう（茂木２―八五、栃木４益子系図）。そしてさらに一年後の天正十五年九月十七日には笹原《ささはら》田《だ》（市貝町）の戦いが起こった。茂木系図（補遺⑬）では矢口台《やぐちだい》（茂木町北高岡）の戦いとして記録されている。

次の史料４・５は、合戦当時の状況を記したものである（両史料とも写真版により校訂）。

〔史料４〕蘆野盛泰書状写（戦下一二二四、『茂木町史 第二巻』未収録）

態と書中をもって啓達し候、よってそれ以来菟角有り、申し入れず候、覚外の至りに存ぜしめ候、然れども会津（蘆名氏）

御人衆と越国《(上杉氏)》境聊か見合わせ候由、実事御心元無く存じ候、御当方よりも御加勢に及ばれ候由、御肝用の至りに候、将亦、去春《(去十七日カ)》晴朝《(結城)》、茂木領へ調儀に覃ばれ候処、茂衆《(茂木氏)》佐々良田《(笹原田)》と号す所へ出合い、強而《(ママ)》仕合わせ互いに越度数多御座候、翌日罷り候、山本《(益子町)》と申す所へ備えに及ばれ、作毛打ち散らされ、六日《(ママ)》に御開陣の由申し候、西口御珍しき儀も候わば、追て申し上げるべく候間、省略奉り候、恐謹言《(ママ)》
追って、当口にて初□□仕る間、来鮭進上申し候、以上

菊月廿六日《(天正十五年)》　蘆野
盛泰（花押影）

（宛所欠）

〔史料5〕茂木治良書状写（「安得虎子」五・十一〔茨城県立歴史館二〇一七〕、『茂木町史　第二巻』未収録）

意を承り候如く、七十七《(去カ)》晴朝《(結城)》愚領《(茂木領)》ニ向かい調義に及ばれ候、然る処半途へ打ち向かい見合わせ一戦を遂げ、その上十余里襲い懸り、宗の者共二百余人討ち留め存ずる如く取り成し候、当口の様子御意許無く思し食し、屋形様《(小田氏治)》より態□御脚力に預かり候、誠に落入《(喜カ)》り存ぜしめ候、然るべき様御心得任せ入り候、太田《(佐竹氏)》よりも則ち御加勢に及ばれ候、なおもって備え方の儀、御心安かるべく候、此度の勝利の様子、その口においてもその隠れ有るまじく候間、委細申し顕すに及ばず候、万事急度の旨、早報に及び候、恐々謹言

菊月廿七日《(天正十五年)》　茂木
治良（花押影）
蛭主《(蛭川主膳カ)》

史料4は『茂木町史　第五巻』で紹介されたが、年代は不明とされている。『戦国遺文　下野編』は天正六年に比

定するが、史料4・5は内容から同年代のものとみてよい。史料4では上杉氏と蘆名《あしな》氏の対立が見られ（『伊達天正日記』等）、「下野国供養帳」（鹿沼第二部―三八、鹿沼5）には合戦が起きた天正十五年九月十七日と同じ日付で、討死したと考えられる茂木家臣が複数名記録されている。したがって、史料4・5は天正十五年に比定できる。史料4は宛所を欠くものの、那須氏傘下の領主蘆野盛泰《あしのもりやす》が白河城（白河市）主の白川氏にあてて（出典が楓軒文書纂所収合編白河石川文書であることからの推定）、合戦の様子を報じたものだろう。史料5は治良が小田氏家臣蛭川《ひるかわ》氏にあてたものである。

史料4・5によれば、益子氏を支援した結城氏が、茂木領へ侵攻する構えを見せたため、治良が笹原田で迎え撃ち、二〇〇余人を討ち取って勝利を挙げたという。史料4は『茂木町史　第五巻』でも触れられているため、ここでは史料5についてもう少し詳しく見ておこう。史料5は茂木氏を案じた小田氏が治良に状況を尋ねてきたことに対し、治良が合戦の勝利を報じたものである。佐竹氏と対立してきた小田氏であったが、天正十一年に人質を差し出し、佐竹氏に降伏・従属していた。その小田氏が族縁の茂木氏の動向を気にかけて「脚力」を派遣してきたことに対し、治良も族縁上の主筋にあたる小田氏治を「屋形様」と呼び、喜色を表している。小田氏が佐竹氏に降伏・従属したことで、同族である小田氏と茂木氏が再び通交するようになった点は興味深い。さらに史料5には、佐竹氏から茂木氏へ加勢が来ることも記されている。対北条氏の戦い以外では一枚岩になりきれない、連合勢力としての弱点が見て取れる。それは茂木氏も例外ではない。

〔史料6〕佐竹義重書状写（「常陸遺文」三、『茂木町史　第二巻』未収録）

中途より使者をもって申し達し候、よってその辺り方々取り乱し候の由、御骨折りたるべく候、茂木の儀兼ねて出馬心懸け候、巨細小田部孫申すべく候、恐々謹言

追而、日外は当境の事過分に候

三月廿七日　　　義重
飯村中務殿
同土左〔佐〕守殿

史料6の年代比定や発給の背景を探るのは難しいが、発給者の佐竹義重が当主であった時代、永禄半ばから天正年間の末頃（おおよそ一五六五～八八年頃）のものと考えられる。茂木氏では筑後守治泰、上総介（治房）、治良の時代である。宛先の飯村城主（茂木町飯村）飯村氏が、「其の辺り方々取り乱し」という事態（茂木氏が起こした、あるいは、益子氏との抗争のような茂木氏では対処不能となった問題であろうか）に尽力していたことを労い、佐竹義重が自ら「出馬」して対処しようとした様子がうかがえる。結局、内憂を抱えていた北関東領主連合と北条氏の対立は北条氏優位のままに進んでいったのである。

一方、天正十七年六月の摺上原《すりあげはら》合戦（猪苗代町）以降、南奥の政治情勢も佐竹氏にとって不利な状況に陥っていた［市村二〇〇九等］。同年十月、佐竹方の須賀川《すかがわ》城（須賀川市）主二階堂氏が米沢城（米沢市）主伊達氏に攻撃される直前に、治良は佐竹義重の跡を継いだ義宣《よしのぶ》と連絡を取り合い、状況を尋ねている（千秋401）。佐竹氏傘下である治良としても南奥の政治情勢に無関心ではいられなかったのである。

そして天正十七年末、すでに関東・奥羽を除く地域を制していた豊臣政権と北条氏の関係がにわかに悪化すると、翌十八年三～七月にかけて北条氏征伐が行われた。豊臣政権側が関東・奥羽の諸氏に参陣を呼びかけたため、佐竹義宣は一族や茂木、千本、真壁氏ら傘下の領主層を率いて、五月二十七日に盟友宇都宮氏とともに小田原城を包囲する豊臣秀吉のもとに参陣した（茂木2一九一）。小田原合戦終結後、秀吉は茂木領を含む下野東部・常陸の大部分・陸奥南郷の所領を佐竹氏に安堵した。こうして豊臣政権下の大名として公認された佐竹氏は、分権的な領国支配体制の解体・再編を志向し、茂木氏のような自立性の高い傘下領主層の討伐と家臣化を推し進めていく。

その結果、天正十八年末～翌年二月にかけて、佐竹氏は水戸城(水戸市)主の江戸氏、府中城(石岡市)主の大掾《だいじょう》氏らを討滅していった[以上、市村 一九九九・二〇一三、藤木 一九六三b]。茂木氏の場合、佐竹義舜～義宣まで佐竹氏五代にわたって奉公したためか、討伐対象にはならず、時の当主治良は佐竹氏家臣となる道を歩むことになる。

以上、3節では上総介(治房)・治良父子の治世を追った。戦国末期は各地域の統一・統合が進み、佐竹氏傘下としての動向が主で、茂木氏の主体的・独自の行動はあまり見られなくなっていた。しかし、北隣の千本氏に養子を送り込み、北関東・南奥地域の統合の主役となった佐竹氏のもと各地で活躍するなど、上総介(治房)・治良父子は、存在感を発揮し続けた。特に治良の活躍は目覚ましかったが、時代は豊臣政権による天下統一へと向かう。十六世紀初頭の従属以来、佐竹氏傘下の有力領主としての立ち位置を保ち続けた茂木氏は、領国支配体制の変革を推進する佐竹氏のもと、その家臣団に組み込まれていくこととなった。

おわりに

三節にわたって十五世紀末から十六世紀末の茂木氏の動向を追った。この時代の茂木氏の系譜については、なお検討の余地を残すものの、上総介(治泰)、式部少輔某、蔵人某、上総介(治重)、筑後守治泰、上総介(治房)、治良と続いたと考えられる(図1)。当該期の茂木氏は一郡規模の領主に過ぎず、戦国期を通じて大きく勢力を伸ばすことはなかった。それは佐竹、小田、那須、宇都宮といった数郡規模の大名と勢力圏を接していたことと無関係ではなかろう。それでも自らの所領の維持・安定・拡大のため、戦国初期は古河公方家、十六世紀初頭からは佐竹氏を軸に周囲と関係しながら、戦国の動乱を乗り越え、一定の独立性を維持し続けた。結果的に、佐竹氏のもとで近世へと命脈をつないだことを想起するならば、佐竹氏に従属した決断は、家の存続と繁栄を願う中世武士の生き方として、間違った選択ではなかったと言えよう。

なお、本章では言及できなかったが、戦国期の茂木氏は、上総介系茂木氏の成立事情（持知から治興への継承）やその出自の他、史料の年代・人名比定などまだまだ未解明な点が多く、今後の課題である。また、戦国大名に従属して軍事奉公を行いつつも、郡規模の領域支配を展開する自立（自律）的な領主を国衆（戦国領主）と呼ぶが［大石 二〇一五、黒田 二〇一四、戦国史研究会 二〇一八］、本章で検討した茂木氏もその範疇に入ると思われ、今後は戦国大名と国衆という視角からの検討も必要だろう。このように戦国期の茂木氏研究には課題が山積しているが、今後とも追究していきたい。

〈コラム5〉

安養寺の「頼朝の墓」

比毛 君男

茂木町中心市街地東側の山裾に西面して藤縄山安養寺《あんようじ》がある。真岡鉄道茂木駅改札から東に向かい、細い路地を抜けて逆川《さかがわ》を渡ると、地形は山に続く緩傾斜地となる。坂となった路地をさらに直進すると寺の山門と本堂が続く。この本堂北側に隣接して安山岩製の宝篋印塔《ほうきょういんとう》二基と五輪塔《ごりんとう》三基が連続して並べられている。五基の石塔の裏には、五輪塔の空風輪《くうふうりん》が一点確認されることから、五輪塔にはさらに別個体一点の存在が予想される。

寺では、前者を源頼朝《よりとも》と政子《まさこ》の供養塔、後者を安養尼《あんように》とその父茂木右京進元久《うきょうのしんもとひさ》およびその子頼昌《よりまさ》の供養塔と伝えている。

安養寺ご住職からご教示いただいた「安養寺縁起」によると、当寺は鎌倉期の武将茂木右京進元久の娘侍従《じじゅう》が兄(あるいは弟)の頼昌を頼り、草庵を結んで閑居したのが起源という。侍従は頼朝の側室として仕えたが、正治《しょうじ》元年(一一九九)の頼朝没後、政子が尼将軍となるに及び剃髪し、法名を安養尼と称した。寺は後に荒廃し、華応《かおう》和尚(当山二世)の手により、天正《てんしょう》四年(一五七六)に能持院《のうじいん》五世松巌舜貞《しょうげんしゅんてい》大和尚を請じて開祖とし曹洞宗寺院に改められた。現在、寺には鎌倉時代の銅造観音勢至菩薩立像《どうせいかんのんせいしぼさつりゅうぞう》二躯《く》が伝わり、明治末まで存在した法華経《ほけきょう》八巻は源実朝《さねとも》の筆によるものといわれる。石塔群は昭和の先代住職の頃、寺域から散在した状態で発見され、本堂脇に組み上げたものである。

(1) 石塔群の検討

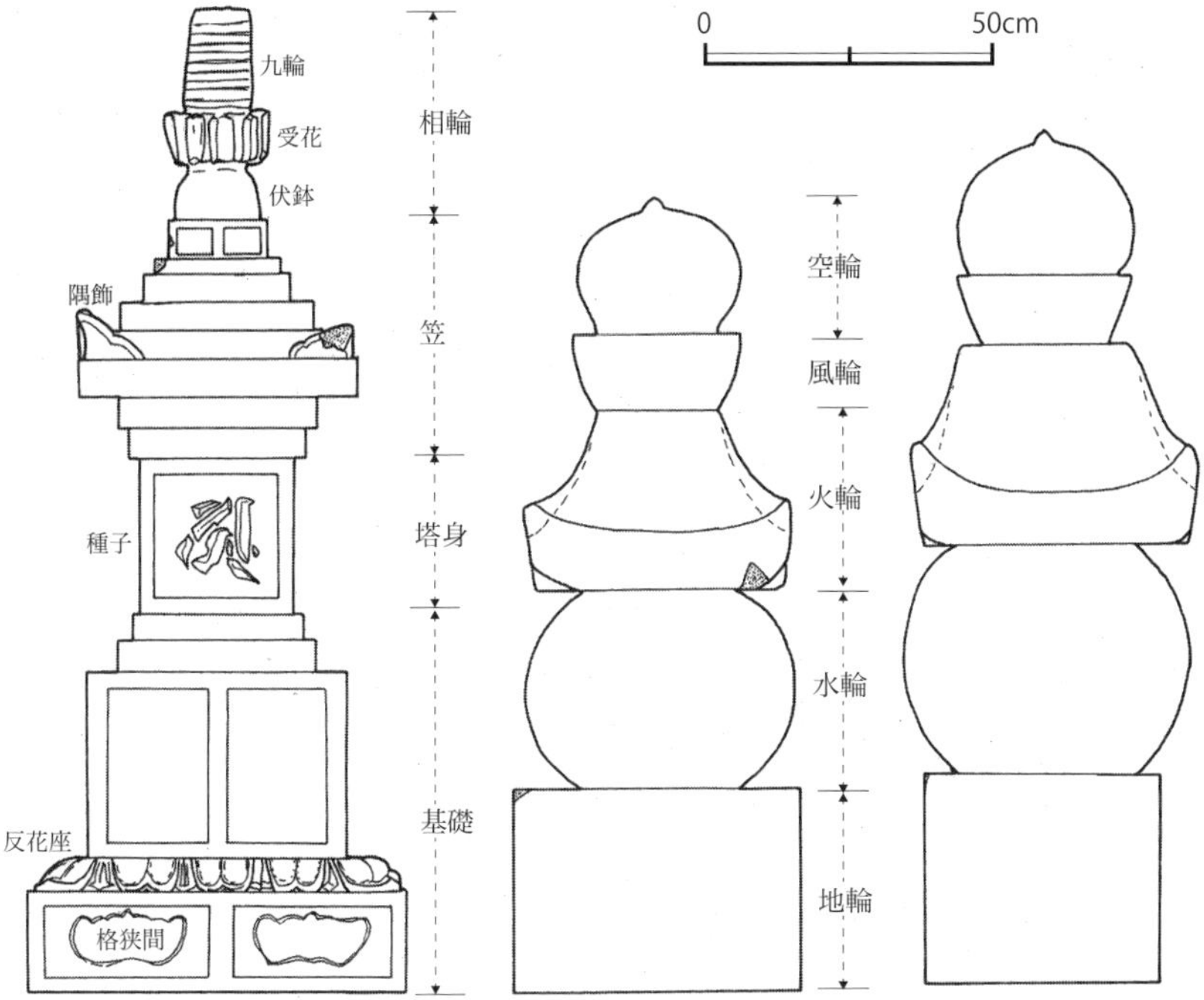

石塔１　宝篋印塔　　石塔４　五輪塔　　石塔５　五輪塔

図１　安養寺石塔群実測図（作図には桜川市教育委員会荒井美香氏の協力を得た）

ここでは、仮に本堂北側の五基の石塔群を手前から並ぶ順に石塔1〜5と名付け、歴史的価値を検討する。今回石塔群のうち、比較的状態のよい石塔1・4・5を図化した。調査には安養寺と茂木町教育委員会の協力を得た。

石塔1は宝篋印塔で、反花座《かえりばなざ》と格狭間《こうざま》を有し、相輪《そうりん》上部と一部隅飾《すみかざり》突起を欠損する以外は完存する。塔身《とうしん》四面に種子《しゅじ》が刻まれるが不鮮明で、良くみられる金剛界《こんごうかい》または胎蔵界《たいぞうかい》四仏《しぶつ》ではない。四字中三字はサク・キリーク・アクに見受けられた。反花座が複弁で立体的な表現は古式だが、基礎が縦長である点は新相を示す。両者を加味すると十五世紀後半から十六世紀前葉頃の作と思われる。総高一八八・五㌢。

石塔2は宝篋印塔で、反花座と格狭間を有し、塔身四面に種子を刻む点、基礎が縦長である点などに石塔1との類似性をもつ。相輪上部と隅飾突起四ヶ所を欠き、塔身や笠の隅部にも欠損

写真1　安養寺石塔群　手前2基が石塔1・2

がみられるなど、石塔1より状態が悪い。反花座も苔と摩滅のため文様は不鮮明である。総高が石塔1よりも低い点から年代が後出する可能性がある。

石塔3は五輪塔で、火輪を大きく欠損し、四つの軒部はすべて旧状を損なうなど、石塔4・5より状態が悪い。空輪《くうりん》の頂部はわずかに摘み上げられたように突起し、風輪《ふうりん》との境がくびれる形状は古式を示している。

石塔4は五輪塔で、火輪《かりん》の一部を欠く他は完存する。空輪頂部の突起が突出気味で、空輪が風輪よりも大きく、球状を指向する点は新式であり、石塔3から5の中では最も後出すると思われる。火輪上面から空風輪がわずかにはみ出す点から、本来のセットではない可能性がある。総高一五三・五㌢。

石塔5は五輪塔で、火輪の一部を欠く他は完存する。空輪頂部の突起は石塔4ほど強調されていない。火輪上面は空風輪を置いても広さに余裕がある。火輪の軒部《のきぶ》は三例中最も大きく外反する。水輪《すいりん》は三例中最大で、最大径の位置は地輪《ちりん》上面からはみ出ている。全体的に本来のセットではない可能性がある。総高一六〇㌢。

以上を通観すると、石塔1・2の宝篋印塔は本来のセット関係を反映すると考えて矛盾はないが、五輪塔は現状の

写真2　安養寺石塔群　手前3基が石塔5・4・3

セット関係の中で部材に新旧の要素が混在することと、上下接合面の整合性が取れない箇所が複数間でみられることから、本来の組成と異なる可能性が高い。しかしながら、それらを捨象してもこの石塔群が中世の作であることは否めず、すべて大型品である点は塔の造立主体が当時の社会的上位層である可能性を強く推測させる。

(2) 石塔群の比較検討

本例との比較検討の類例として、茂木町近郊の大型の中世五輪塔・宝篋印塔として以下を挙げる。

まず同じ茂木町内では、小貫の愛宕神社五輪塔（町指定）が総高一七〇㌢を測る。真岡《もおか》城主芳賀《はが》氏二二代高定《たかさだ》の実弟芳賀六郎の墓と伝える。花崗岩製。

県央真岡地区では、真岡市の伝芳賀氏の墓石（県指定）は、自然石を台石とし、基礎石を置き、笠石を二重に積み、宝珠《ほうじゅ》をその上に乗せる特殊な形式で統一されている。総高は一四五～一五〇㌢を測る。銘文等はない。真岡市芳全寺《ほうぜんじ》の水谷蟠龍斎《みずのやばんりゅうさい》石塔（市指定）は銘文により慶長《けいちょう》三年（一五九八）の作で、高四尺三寸（約一三〇㌢）である。安山岩製。

益子町上大羽《かみおおば》には宇都宮家累代の墓（県指定）がある。宇都宮氏歴代当主に比定される五輪塔群二九基が、石碑四基と共に残る。古式の五輪塔は凝灰岩製、新式は花崗岩製である。最大の五輪塔は総高一七二センチ。

同町には大郷戸《おおごうと》廃寺跡五輪塔群（町指定）もある。昭和三十五年（一九六〇）の土砂崩れに伴い、古瀬戸《こせと》瓶子《へいし》等の火葬蔵骨器とともに二〇基以上の大量の五輪塔が散在した状態で発見された。花崗岩製。また羽石家《はねいしけ》五輪塔（町指定）は、約三〇〇年間田野《たの》城主であった羽石家の墓で、六基中最大の五輪塔が一二八センチを測る。花崗岩製。

写真３　宇都宮家累代墓

やや距離があるが鹿沼市の医王寺《いおうじ》五輪塔と宝篋印塔（県指定）は、本例に最も類似する。五輪塔二基はそれぞれ総高一三三・五および一四〇センチ、宝篋印塔二基は総高一六九および一六八・五センチを測る。銘文はないが、五輪塔各輪に大日法身真言《だいにちほっしんしんごん》を刻む。宝篋印塔の基礎が長大化しない点が本例よりも古式を示す。安山岩製。

上記を通観する限り、所伝のない事例を除くと大型石塔の造立主体には有力武士層が想定される。それを踏まえると、本例は茂木氏当主に関連する石塔の可能性が最も高いと思われる。

なお下野国内の中世安山岩製石造物には、観応《かんのう》二年（一三五一）銘宇都宮市妙哲《みょうてつ》禅師の墓（県指定）、永正《えいしょう》十五年（一五一八）銘那須塩原市温泉神社石幢《いしどう》（県指定）のほか、無銘だが宇都宮市清厳寺《せいげんじ》宝篋印塔（伝芳賀高照《たかてる》・高継《たかつぐ》墓）、さくら市西導寺《さいどうじ》五輪塔群・蔦《つた》地蔵石仏（共に市指定）、同市伝弥五郎の墓および五輪塔（市指定）、那須烏山市那須家六代の墓などがあげられる。これらの事例にもとづくと、十四世紀以降、南東部を除く下野国内には安山岩製石造物が一定程度普及するとみることができ、本例以南の石材が花崗岩主体である点で対照的なあり方を示している。

写真 4　大郷戸廃寺跡五輪塔群

写真 5　羽石家五輪塔

写真 6　医王寺宝篋印塔

(3) 頼朝の墓に関する伝承について

源頼朝・北条政子夫妻と茂木氏に関する伝承について、その検証は事実上不可能である。ただし頼朝や源氏に対する近親性を反映する伝承は、栃木・茨城両県において一定範囲で追うことができる。まず、宇都宮氏創建の益子町大《おお》羽山地蔵院《ばさんじぞういん》には阿弥陀堂《あみだどう》(現本堂)と明治初期まで残る多宝塔《たほうとう》が頼朝の寄進という伝承がある。同町内には、建仁《けんにん》三年(一二〇三)二代将軍頼家《よりいえ》の命を受けた八田知家《はったともいえ》によって下野国内で殺害された阿野全成《あのぜんせい》の墓も伝わる。

茨城県内では筑波山麓小田《おだ》の中世律宗寺院三村山極楽寺《みむらさんごくらくじ》跡五輪塔について、当初は頼朝の墓との伝承が存在した。同様に頼朝の墓や供養塔の伝承はつくば市上郷《かみごう》、つくばみらい市大楽寺《だいらくじ》、常総市報国寺《ほうこくじ》、筑西市等覚院《とうかくいん》供養塔(市指定)にも伝えられ、一部には年貢減免への謝恩の意味合いも含まれている。

これらの分布は一部不明瞭な箇所がみられるものの、概ね宇都宮氏・小田氏・伊佐氏(伊達氏)の領域に関するものである。各氏はいずれも乳母《めのと》や側室《そくしつ》等により頼朝と個人的に近しい関係を維持した氏族である。このうち宇都宮・小田は広義で茂木氏の同族に当たる。小田氏においては南北朝以後、七代治久《はるひさ》の代に、初代八田知家が源義朝の子であったとして源氏への改姓を行ったといい、八代孝朝《たかとも》の代には確実に源姓を名乗っている(「小田氏系図」、崇福寺鐘銘)。本書5章を参照すると、茂木氏も持知《もちとも》より後には源氏に改姓するほか、治良《はるよし》以後は始祖八田知家にならい受領名《ずりょうめい》を上総介《かずさのすけ》から筑後守《ちくごのかみ》に改めている。これらを踏まえると、安養寺の伝承は、茂木氏の祖八田知家と源氏との親近性や、石塔の頼朝・政子伝承にあやかったものと考えられる。

この他に頼朝の乳母寒川尼の墓が小山市称念寺《しょうねんじ》に伝えられるほか、関東地方の各地には『吾妻鑑』や『平家物語』に登場する人物所縁の墓や伝承地が多く伝えられている。中央から独立した東国初の本格的政権、そしてその樹立者に対する後代の思いは、関東各地の人々のアイデンティティの成立にかかわっていたのかもしれない。

6章　茂木治良と佐竹義宣

――豊臣・徳川政権期の動向――

千葉篤志

はじめに

小田原合戦以後の茂木氏に関する歴史は、『茂木町史』史料編Ⅰに関連史料が掲載され、同通史編Ⅰに叙述があるほか、特別展示図録『茂木文書の世界』(茂木町まちなか文化交流館 ふみの森もてぎ)で三点の佐竹義宣《よしのぶ》書状が解説されているにすぎない。そこで本章では茂木文書を中心にしながら、関連する古記録もあわせて、小田原合戦後の茂木氏の動向を考察してみたい。

小田原合戦以降の佐竹氏にとっては、豊臣政権・江戸幕府という二つの統一政権の下で、大名としてどのように統一政権と向き合い、対応していくのかということが、家の存続を図るうえで重要であった。

この当時の佐竹氏当主である佐竹義宣は、豊臣政権に早くから接近した結果、常陸国五十四万五千石を領する大大名となり、その領土は戦国期から飛躍的な成長を遂げるが、その代償として統一政権の過酷な要求に応えなければならなくなった。さらに、豊臣秀吉死後に勃発した関ヶ原合戦で、義宣は徳川方に敵対する石田方とつながっていた結果、慶長《けいちょう》七年(一六〇二)に秋田への転封を命じられ、新領国の経営、家臣団の再編を余儀なくされた。

茂木氏は、そのような状況下の佐竹氏にあって、戦国期には一定の自立性を保持しながら佐竹氏に服属した領主であったが、小田原合戦後は鎌倉期以来の本貫地である茂木保から常陸国小川城へ本拠地を移転し、元和《げんな》・寛永《かんえい》年間には久保田藩で引渡《ひきわたし》の二番座という家格を有し、家臣団の中でも上位に位置する家臣となった。

このように、戦国期の領主から佐竹氏家臣団の中で上位に位置することができたのは、茂木氏が自立性を保持した鎌倉期以来の長い伝統を持つ領主であったことが大きく関係しているのであろう。しかし、江戸初期に藩の中枢部で近習出頭人《きんじゅうしゅっとうにん》が台頭する中、伝統ある領主というだけで、家臣団の上位に位置することができたと考えるのは難しい。なぜ、茂木氏は佐竹氏家臣団の中で上位の位置につき得たのだろうか。本章では、三点の佐竹義宣書状を中心に、佐竹氏家臣が残した文禄《ぶんろく》期の「大和田重清日記《おおわだしげきよにっき》」と、元和・寛永期の「梅津政景日記《うめづまさかげにっき》」の二つの記録史料をもとに、再検討を試みたい。

1　「大和田重清日記」にみられる茂木氏関連記事について

佐竹氏家臣の大和田重清が書いた「大和田重清日記」(以下、重清日記と略)は、文禄二年(一五九三)四月十八日から十二月二十九日までの部分が写で現存している。その内容には、豊臣政権による文禄の朝鮮出兵における佐竹氏やその家臣たちの動向、日本の東西における金銀の使用状況、贈答品の交換、長崎・京都・宇都宮・水戸などで行われた商取引の様子など、十六世紀後半の佐竹氏を中心とする日本の政治・社会・経済の状況が記録されており、多くの先行研究で注目されている史料である(なお、本章の「重清日記」の考察については、大正大学で開催されていた「大和田重清日記を読む会」での研究成果によるところが大きい)。

表1　「重清日記」の茂木氏関連記事

No.	月　日	本　文
1	5月20日	茂山より千陣へ御北御相伴に参べき由文あり、申し分けて参らず
2	7月2日	舟渡す、十艘真壁、弐艘平塚、壱そう柿岡、壱そう茂木、弐そう小田、壱そう菅谷、合十七也、真右・柴将・茂ノ大蔵御舟ハリ(割り)違いにつき小屋へ入来、理り済む
3	7月3日	茂木より舟の使あり
4	7月4日	真壁・柿岡・小田・宍戸、島を出船、茂も二十八人渡る
5	7月5日	舟の用に刑少・松大より使あり、同じく茂木殿より御文を給う、半途ゆえ返事を申さず
6	7月10日	茂上風呂より印馬給う、即ち参る、帰にかち(徒)にて直に御北へ参、茂上・小刑の御振舞、庭にて終夜ハナス(話す)
7	7月23日	茂より文を給う、追て返事する
8	7月24日	茂山へ参り出合わる、云い分聞き届けて帰る、半途にて上総殿に相(会)申す
9	8月10日	茂より振舞
10	8月14日	江上帰岸、高麗馬を同船に来る、江上見廻、茂木殿出合(会)申す
11	8月16日	直に大森左へ見廻う、茂山に出合(会)わる
12	9月1日	又七様へ参り、西・善・叱の御振舞、茂木殿入御し、刑少・大讃・山右馬・正左出合い御酒あり
13	9月2日	三様・又七様・茂上様御出仕、御ケイコ(稽古)あり、住僧タチ、生に手本、同じく絵共を書せらる
14	10月5日	茂山入来、山帰大たか御祝著の段、主語らる、小金吾入御、何も同前ニ帰
15	10月25日	茂木へ夜ニ入テ著
16	10月26日	五時茂木を立
17	11月4日	茂へ七時宿着
18	12月3日	坂宮侘言、山左同心ニ御台様へ申上ル、御挨拶無相違旨、坂殿へ大山讃招テ語ル、カツサ殿ヲ以御小座へ可申上ト候ヘハ、御直ト被申ニ付、左近・宮内同心ニ罷出申上ル、忝ト御申、又御前へ罷出申上ル

まず、「重清日記」の中で茂木氏に関連する記事を抽出して、一覧表にまとめてみた(表1)。関連記事の合計は二一件で、そのうちNo.2・6・8は一日のうちに二件の記事を含む。

文禄の朝鮮出兵において、佐竹氏は義宣が軍勢を率いて常陸国から肥前国名護屋《なごや》に向かい、文禄元年四月中旬頃に名護屋に到着した。翌二年五月に日明の間で講和が成立して停戦状態となった後、八月半ばに佐竹氏は名護屋を出発し、山陽道を通って大坂・京都に滞在し、閏九月初頭に常陸国に帰国する。「重清日記」の記事から、記主である重清は、名護屋在陣中、基本的に義宣と共に行動しており、帰国した後も変わらずに義宣の指揮下で活動したと考えられる。

したがって、表1のうち、No.1から11までが名護屋における記事であり、No.12は安芸国高屋《たかや》(広島県東広島市)、No.13は備後国三原《みはら》(広島県三原市)、No.14以降は常陸国内での記事である。このうち、No.15・16・17以外が茂木氏に関わる記事となる。

No.15・16・17は、十月二十五日に太田(茨城県常陸太田市)を出発した大和田重清が宇都宮へ向う行き帰りで、茂木に宿泊していることを示し、「重清日記」の十一月五日条で「五時宿を立」とある部分は、No.17の「宿」にあたる。No.15・16・17の記事は、太田と宇都宮の間に交通・物流地点としての宿が茂木に存在していたことを示す。

この時期の茂木の地の重要性は戦国期にも確認できる。永禄《えいろく》十一年(一五六八)末に、武田信玄の駿河侵攻により甲斐武田氏・小田原北条氏・駿河今川氏による甲相駿《こうそうすん》三国同盟が崩壊すると、小田原北条氏と敵対した武田信玄は、関東の諸領主に書状を送り、小田原北条氏を牽制するが、佐竹氏との外交関係を結ぶ意味も含めて、佐竹氏と友好関係にある茂木氏にも書状を送っているのである(文書八〇)。

No.15・16・17の記述と合わせて考えると、太田と宇都宮を結ぶルートの途上に立地する茂木の重要性と、そのような場所を鎌倉期から戦国期まで支配していた茂木氏の地政学的な重要性とを示していると言えよう。

人名の表記には「茂山」「茂」「茂木」「茂木殿」「茂上」「上総殿」「カツサ殿」「茂上様」が確認できる。このうち、「茂」「茂木」「茂木殿」「茂上」「茂上様」が、茂木治良《はるよし》にあたると考えられるが、「茂木殿」に関しては、治良以外の茂木氏一族の有力人物(治良の父である治房《はるふさ》、治良の子息など)である可能性も否定できない。

No.1・8・14の「茂山」は茂木氏の一族で、茂木系図(補遺⑬)に記された治房の叔父である茂木山城守治景《はるかげ》(七郎、八兵衛尉、道斎)にあたると考えられる。

る)については、文脈から茂木氏の家臣で「大蔵」を名乗る人物の可能性が考えられる。

No.8の「上総殿」、No.18の「カツサ殿」は、前後の文脈と茂木治良の当時の官途名である「上総介」から、茂木治良とも考えられるが、この部分の記述のみで断定するのは難しく、他の佐竹氏家臣など別人の可能性も否定できない。

次に、「重清日記」の茂木氏関連記事の内容を確認しよう。No.2〜5では、朝鮮に渡海する船やその配分についての交渉、「御振舞」(会食や宴席などの意)や能の稽古などで重清が治良をはじめとする茂木氏の一族と実際に会っていることがわかる。さらに重清と茂木氏の「文」(書状か)による連絡など、記述量の少なさから詳細な内容は不明だが、重清が佐竹氏家臣として活動する中で、茂木氏と直に接触する機会があったのは確かであろう。

その中でも注目すべきは、佐竹北《きた》家と茂木氏との交流を示す記事である。表1にある「御北」「又七様」は、佐竹北家当主の佐竹義憲《よしのり》で、佐竹北家は東家・南家とともに、佐竹氏の家中でも最上位に位置する一族である。

No.1では、五月二十日に茂木治景から重清のところに「千陣」(千本氏の陣屋)まで佐竹義憲と同行して訪問するようにとの「文」が届けられたのに対して、重清が訪問できない理由を伝えて断っている。

No.6では、七月十日に茂木治良の風呂で「印馬」(または「印」と「馬」か)をもらうために訪れた重清が、その帰りに徒歩で佐竹義憲の居所を訪ねてみると、茂木治良と小田野義忠《よしただ》(「小刑」)もおり、義憲の振舞を受け、その時に庭で夜通し話をしている。No.12では、九月一日に重清が義憲の居所を訪問したところ、西阿《せいあ》(「西」)・善阿弥《ぜんあみ》(「善」)。のちの梅津憲忠《のりただ》)・宗叱《そうしつ》(「叱」)から振舞を受け、その後に茂木治良がやってきて、さらに、小田野義忠・大縄義辰《よしたつ》(「大讃」)・山方頼忠《よりただ》(「山右馬」)・山縣正左衛門(「正左」。のちに宣澄《のぶずみ》)にも会い、酒が出されている。No.13では、九月二日に佐竹義種《よしたね》(「三様」。佐竹南家当主)・佐竹義憲・茂木治良が出仕し、能の稽古があった。

茂木氏と佐竹北家とのつながりは、茂木文書の中でも確認できる（文書七八・七九）。永禄七年正月の佐竹義昭《よしあき》と上杉輝虎《てるとら》（謙信）による常陸国小田城攻略後、義昭は家臣たちに小田氏領の知行を宛行い、佐竹北家の佐竹義廉《よしかど》（義斯《よしつな》の父・義憲の祖父）に小田領支配を担当させた。この知行給付に茂木氏も何らかの形で関係していたようで、茂木筑後守（「茂筑」、治泰《はるやす》あるいは治清《はるきよ》）が小田氏領か府内（茨城県石岡市）の土地を希望していると、義昭から義廉・義斯に伝えられている。また、天正《てんしょう》二十年五月一日に発給された佐竹氏家臣の平塚滝俊《たきとし》書状写では、名護屋における茂木氏の陣所は、佐竹義憲の陣所に隣接していたことがわかる。

このように「重清日記」に見られる茂木氏と佐竹北家の交流は、戦国期以来のものであり、後述する茂木治良の息子の治胤《はるたね》（三郎・掃部）の妻が佐竹義斯の娘であったこと、茂木系図（補遺⑬）により治良の母が大山因幡守義在《よしあり》の娘であったことなどから考えると、佐竹氏の秋田転封後に、茂木氏が引渡の二番座という家格を有したことは、下野の諸領主の中でも、戦国期から佐竹氏とつながりを持ち、佐竹氏一族と世代を重ねるごとに姻戚関係を結んでいたことが影響していると考えられる。

なお、高野山清浄心院《しょうじょうしんいん》に宛てた年未詳の茂木治良書状について、封紙ウハ書は「茂木上総介治良」、署名が「源治良」となっている。後述するように、治良は天正年間半ばから上総介の官途を使用し、慶長十二年正月から元和三年七月三日までの間に、上総介を筑後守に改めたと考えられることから、この書状もその間に発給されたものであろう。

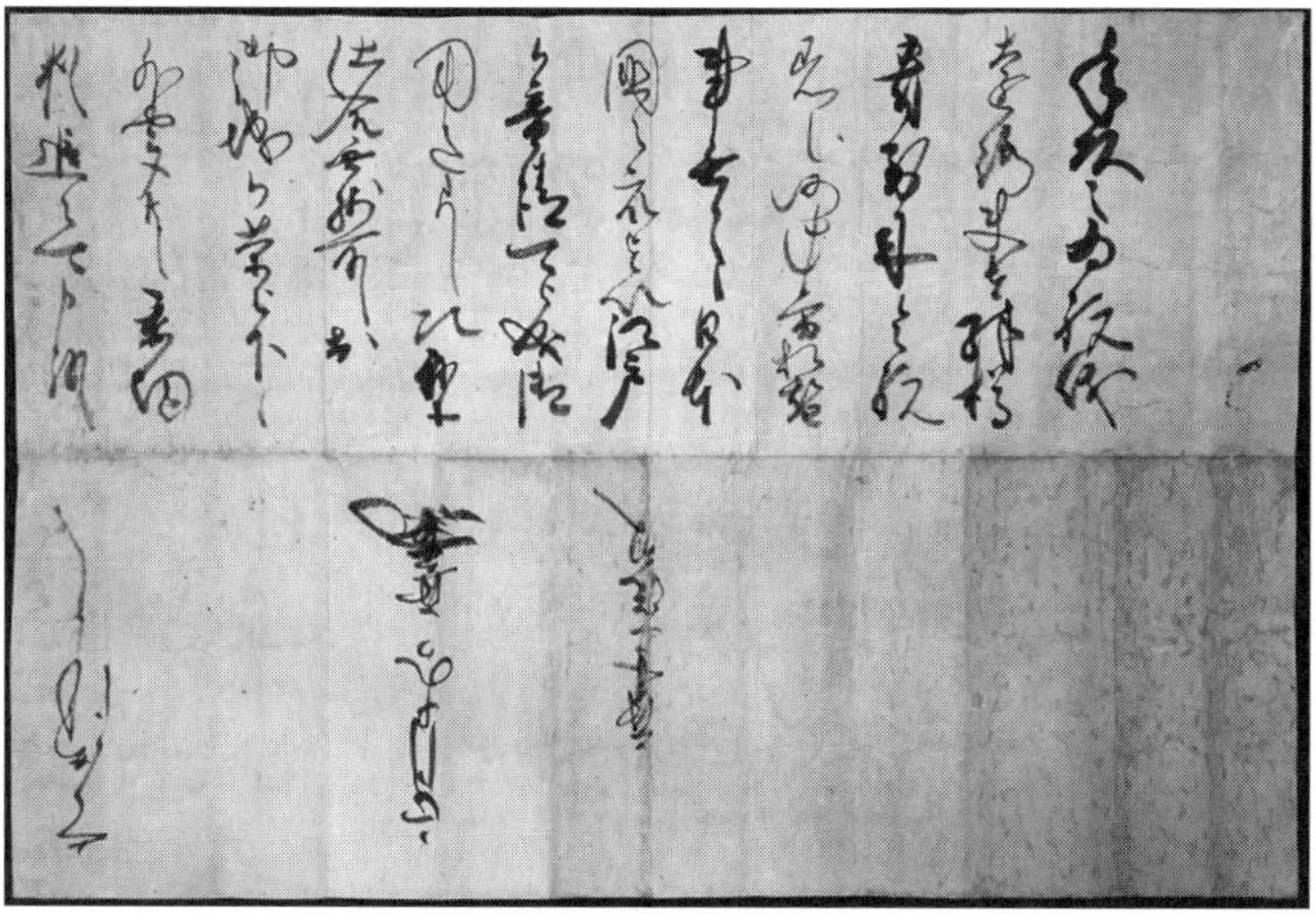

図1　佐竹義宣書状（文書八四）

2　慶長十二年の江戸城普請と佐竹氏・茂木氏

茂木文書の中で慶長年間の茂木氏の動向を伝えるのが佐竹義宣書状である。

〔史料1〕佐竹義宣書状（文書八四・図1）

年頭の祝儀として、遠路の使者、ことさらに樽・肴到来し、祝着せしめ候、よって此方相替わる事これ無く候、日本国の衆をもって、江戸御普請御用意にて成せらるべく候、次に我等仕合残す所無く候、御城において御茶を下され候、外聞共に候、委細はなお追々申し越すべく候、恐々謹言、

（慶長十二年）正月十九日　義宣（花押）

茂木上総殿（治良）

史料1の年代については、義宣の花押形と「江戸御普請」の文言が手がかりになる。慶長十二年（一六〇七）、幕府は陸奥・出羽・越後などの東国の大名を中心に江戸城普請を課していることから、史料1の年代も慶長十二年と考えられる。宛先の「茂木上総殿」は、茂木系図（補遺⑬）によると、治良の父である治房が慶長十一年十二

月二十四日に死去しており、また治良が天正年間半ばから上総介の官途を使用していることからみて、茂木治良と考えられる。

内容は、佐竹義宣が茂木治良に対して、江戸城の普請について伝えたもので、まず、冒頭で年始の祝いに樽酒と肴を贈られたことへの礼を述べ、義宣の方では特に変わったことはないと述べている。そして、日本国中の大名衆（「日本國之衆」）によって、江戸城の普請の用意をするように命令が下されたところ、佐竹氏が用意する分は準備が完了し、江戸城（「御城」）で「御茶」を頂いたと述べ、最後に、義宣が聞いた噂などの詳細を後で知らせることを伝えている。

史料1が発給された時期の佐竹氏をめぐる政治状況を確認すると、慶長五年九月の関ヶ原合戦で、徳川家康をはじめとする東軍が勝利するが、佐竹氏は石田三成《みつなり》や上杉景勝《かげかつ》ら西軍とのつながりや豊臣政権下で徳川氏と領国が隣接していたことなどの理由で、慶長七年七月に出羽国秋田・仙北二郡への転封を命じられた。

佐竹氏の転封直後、秋田郡や仙北郡では新たに入部した佐竹氏に抵抗して、土豪層が大規模な一揆を起こし、それは慶長八年・慶長十年・慶長十三年と断続的に発生していた。義宣は打ち続く一揆を鎮圧すると同時に、領国内の道路普請や久保田城（秋田県秋田市）の普請など、新領国の整備を行った。また、家臣団においても、慶長八年の和田昭《あき》為《ため》の隠退と小貫頼久《よりひさ》の死去、同年の川井忠遠《ただとお》の誅殺事件、事件後の渋江政光《まさみつ》の宿老への昇格など、佐竹氏権力の中枢に位置する宿老層の交代が進んでいた。

なお、秋田藩家蔵文書十四には、慶長七年十二月吉日付けの茂木治良一字状写がある。宛先は茂木七蔵という人物で、治良が七蔵に「良」の字を偏諱として与えている史料である。茂木七蔵の詳細は不明だが、久保田藩士の白根氏に伝来したことが謎を解く糸口になる。白根家にはこの他にも文禄・慶長年間に秋田実季《さねすえ》から茂木勘右衛門に与えられた知行宛行状などが伝来している。したがって、佐竹氏が転封する前に秋田を支配していた秋田氏の家臣の中には茂木氏があり、七蔵はその一族と考えられる。

治良が秋田転封直後に発給した詳しい状況は今後の検討課題であるものの、この一字状は、少なくとも新領主佐竹氏の重臣である茂木氏が、転封にあたって前領主の秋田氏家臣の一族とつながりを持って、新領国に入国する一環として発給したものであることは間違いないであろう。

このように義宣が新領国の統治を進めていた時期に、徳川家康は関ヶ原合戦の勝利により権勢を伸長させ、慶長八年二月には征夷大将軍に就任した。なお、この就任に際して、家康は軍勢を率いて上洛するが、義宣も家康に供奉して上洛している。征夷大将軍就任直後の三月には、江戸城の大規模な普請を開始する。この時の普請は、江戸城の北に位置する神田山を掘り崩し、その土で江戸城の東南に位置する日比谷入江を埋め立て、城下町を拡張するというものであり、日本全国の諸大名から知行地千石につき一人の人足を徴発した(のちに江戸幕府最初の御手伝い普請と評価される)。

慶長十年四月、家康は征夷大将軍を辞任し、次の将軍には三男の秀忠《ひでただ》が就任した。秀忠は将軍就任前から家康の後継者としての地位にあり、豊臣政権の大老として伏見にいることの多かった家康に代わって、江戸を拠点に徳川氏の領国支配を担っていた。義宣は、秀忠の将軍就任に際しても、軍勢を率いて上洛し、将軍就任の返礼に参内する秀忠に供奉している。その後、慶長十一年三月に江戸城の普請が行われるが、この時は西国の諸大名が動員され、城の石垣工事が行われた。翌十二年になると、西国の諸大名に代わって、関八州・信濃・越後・陸奥・出羽の諸大名が江戸城の普請に動員された。

史料1は、この状況下で発給されたものであるが、その中で冒頭の「遠路使者」の部分を「遠くから来た使者」と解釈し、義宣が江戸城の普請の準備を完了させて江戸城で「御茶」を下されたことと合わせて考えると、義宣が江戸にいたこと、茂木治良が義宣とは離れた場所にいたことも読み取れる。治良がどこにいたのかを史料1では確定できないが、秋田転封後の佐竹氏の情勢を考えれば、秋田にいた可能性があるだろう。今後の検討課題である。

ここで義宣に江戸城の普請を命じ、「御茶」を下された(茶会を設けたことを指すか)主体についても考えてみたい。慶長十二年正月の段階で大御所であった家康は江戸におり、将軍である秀忠から年始の挨拶を受けるものの、痳病《りんびょう》と寸白《すばく》気で体調を崩し、正月半ばに回復したとされる［藤井 二〇二〇］。同年二月十七日には、家康は前年に隠居の地と定めていた駿府《すんぷ》城の普請を開始し、二月中には自身も駿府へ移動した。なお、駿府城は同年七月に完成している［藤井 二〇二〇］。

本文中の「御城」の前の欠字や敬意表現と合わせて考えると、史料1の江戸城普請の命令と「御茶」を下された主体は家康と考えるが、新将軍となった秀忠の可能性もある。いずれにせよ、史料1は豊臣秀吉死去後に台頭する徳川氏と佐竹氏の交流を示すものと言え、その様子が義宣から茂木治良に伝えられていることがわかる。

むろん、史料1のような書状は茂木氏だけでなく、他の佐竹氏家臣にも発給された可能性は考えられる。とはいえ、佐竹氏が関ヶ原合戦後に台頭する徳川氏との関係構築と新たな領国経営を同時に進行している状況下で、徳川氏との親密な関係を江戸にいる義宣が治良に連絡していることは、両者の信頼関係を明確に示すものである。

3　元和年間の茂木氏の動向について

茂木文書の中で元和年間の茂木氏の動向に関わる史料には、二点の佐竹義宣書状があり、また、元和年間から寛永年間までの代表的な記録史料として、「梅津政景日記」(以下、「梅津日記」と表記)があげられる。茂木氏の元和年間の動きをこれらの史料から検討してみよう。

「梅津日記」は、江戸時代初期に久保田藩の家老を務めた梅津政景の日記である。慶長十七年（一六一二）二月二十八日から寛永十年（一六三三）三月六日までの原本が現存しているが、慶長十八年、元和元年（一六一五）正月から七月まで、元和九年の部分が欠落するほか、原本の整理・修補の段階で失われてしまった部分も複数箇所ある［山口 二〇〇八］。大部分が政景の自筆であるが、題目や役銀の高など一部異筆の部分もある。紙幅の都合上、内容の詳細は省略するが、江戸時代初期の幕府と久保田藩をめぐる政治・社会の動向、特に久保田藩の藩政と江戸幕府との交渉、藩の銀山経営を示す史料であり、これを検討・使用した先行研究の数は枚挙にいとまがない［山口 二〇〇八など］。

まずは茂木治良宛てに出された、幕府中枢の政治問題にも関わる義宣の書状をあげよう。

〔史料2〕佐竹義宣書状（文書八五：図2）

以上

遠路見廻のためと脚力に預り、本望の至りに候、爰元相替る儀これ無く候、福嶋太輔津軽へ国替仰せ付けられ候、津軽殿へは越後にて替地下され候、廣嶋の城、当廿五日に相渡し候、誰に下され候や、今に御沙汰無く候、八月末辺までは御逗留成せられ候様に風聞にて、替る儀も候わば、重ねて申し越すべく候、恐々謹言、

（元和五年）六月晦日　義宣（花押）

茂木筑後殿（治良）

史料2の年代は、本文にある「福嶋太輔（福島正則《まさのり》）津軽へ国替仰せ付けられ候」、「廣嶋の城、当廿五日に相渡し候」の部分が、安芸国広島城主の福島正則の改易事件を指していると考えられるので、元和五年に比定できる。

福島正則は、母が豊臣秀吉の叔母で、その縁から秀吉が織田信長の家臣だった時代から仕え、天正十一年（一五八

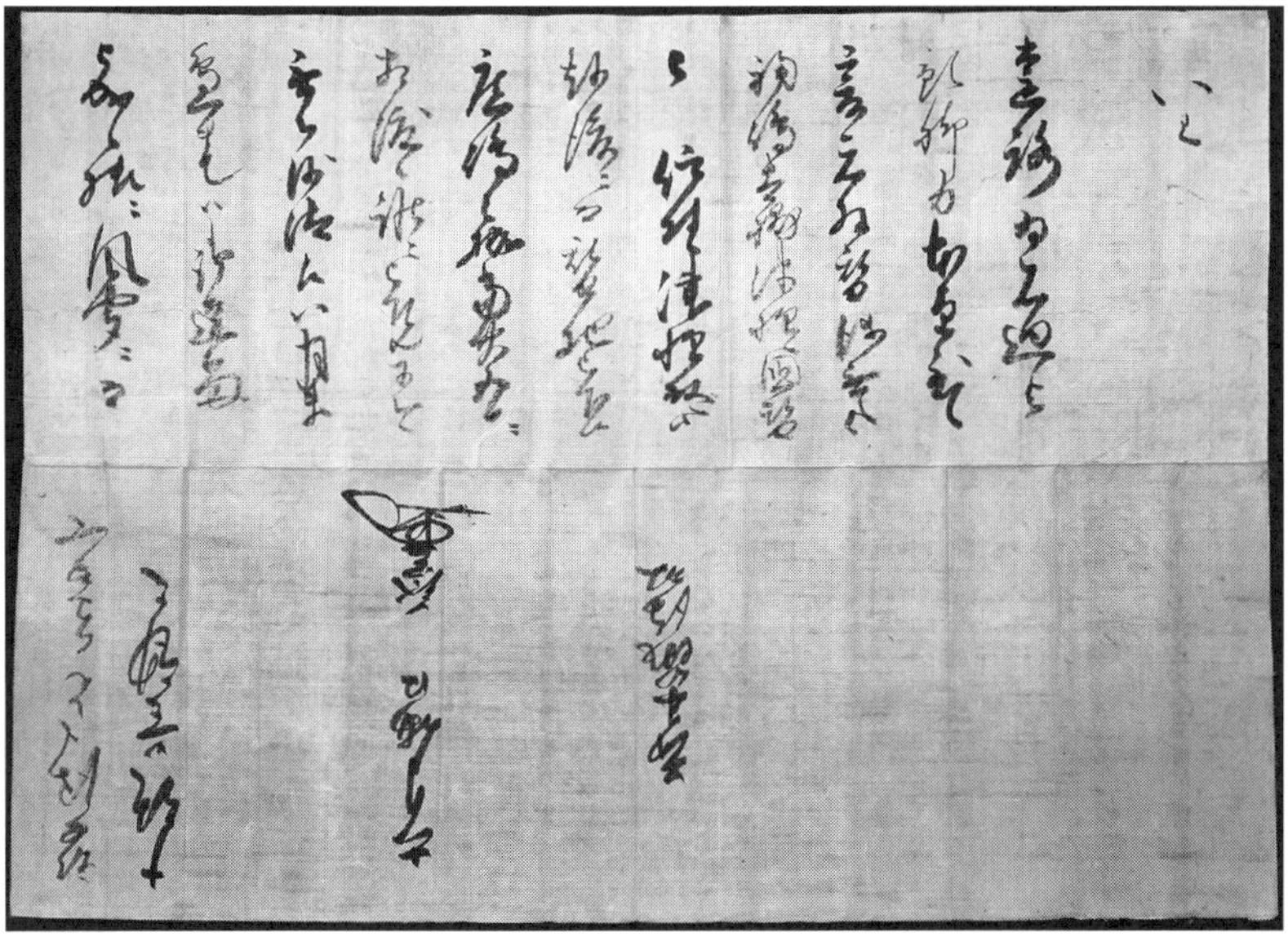

図2　佐竹義宣書状（文書八五）

三）四月に勃発した賤《しず》ヶ岳《たけ》合戦で戦功を挙げて以降、伊予国今治《いまばり》城主、尾張国清洲《きよす》城主となった。秀吉が死去すると、徳川家康に接近し、慶長五年九月の関ヶ原合戦で家康率いる東軍に属して先陣を務め、戦功によって西軍の総大将である毛利氏の領国であった安芸国・備後国に加増・転封され、広島城を居城とした。それ以降、正則は領国の整備に着手した。

史料2の内容は、義宣が茂木治良に対して、冒頭で治良からの見舞いに対する礼と、義宣の方では特に変わったことはないことを述べた後、正則の国替について義宣が聞いた風聞（噂）を伝え、最後に何か変わったことがあったら、再び治良に知らせることを述べている。この書状に記されている風聞は次の通りである。

①正則が津軽（具体的には弘前藩）へ国替を命じられたこと。

②津軽信枚《のぶひら》（陸奥国鷹岡《たかおか》城主）は越後で替地を与えられること。

③広島城は六月二十五日に引き渡されたが、誰に与えら

れるかは決まっていないこと。
④八月末ぐらいまで広島城を受け取る検使が在城していること。
また、「梅津日記」元和五年六月晦日条で義宣の上洛の見舞いのために、治良から飛脚が遣わされたことが記されており、史料2の冒頭の「遠路見廻のためと脚力に預り、本望の至りに候」の部分と合致していることから、史料2は治良から飛脚で届けられた書状の返信として発給されたことがわかり、さらに「遠路見廻」の部分から、義宣と治良は離れた場所にいることがわかる。

この時の義宣の居所について、「梅津日記」の関連記事を確認すると、元和五年四月二十三日、上洛直前の徳川秀忠から、福島正則が幕府に知らせずに城の普請を行ったことは不届きであると義宣に伝えられた。四月二十四日、義宣は幕臣の嶋田利正《としまさ》からの知らせで、正則が城の無断修築について詫びを述べたため赦免されることを知った。四月二十五日、幕府の老中から、正則による城の無断修築に関して上杉景勝・伊達政宗・佐竹義宣の三人に相談する予定であったが、秀忠から赦免の処分が出たので取り止めとなったことを伝えられた。

その後、秀忠と景勝・政宗・義宣は相次いで上洛し、五月二十七日に秀忠が伏見城へ到着した。六月一日に義宣は伏見城で秀忠に謁見した後、相馬利胤《としたね》や高倉永慶《ながよし》、秀忠の弟である徳川義直《よしなお》や徳川頼宣《よりのぶ》など、諸大名らの饗応を受けた。同月八日、義宣は佐竹義賢《よしかた》(東家)に福島正則のもとに派遣される使者の様子を伝える書状を飛脚で送っている。

六月九日、秀忠は幕臣の酒井忠勝《ただかつ》らを福島忠勝(正則の嫡男)の宿所に派遣し、同じく牧野忠成《ただしげ》を福島正則の江戸屋敷に遣わした。翌十日、幕府の老中から伏見城の諸大名に家臣を一人出頭させることを命じられた義宣は、梅津政景に出頭するよう命じている。出頭した政景は、老中の本多正純《まさずみ》から福島正則の処分について説明を受けている。

その説明によると、元和四年の城普請は幕府への届けを忘れていて無届であり、これを知った秀忠は激怒した。しかし、秀忠は家康の代から幕府に仕えてきた正則のことを許し、本丸をそのままの状態にして、二の丸・三の丸・「遠かこい」を残らず破却し、秀忠の上洛前に福島忠勝(正則の子)を京都へ、福島正長《まさなが》(忠勝の子。右京・宮内・左兵衛)を江戸へ派遣するように命じた。

ところが、命令の行き違いがあったのか、正則は二の丸・三の丸・「遠かこい」をそのままにし、本丸の壁を取り払って土を少し落としただけの状態にして、忠勝は秀忠の上洛後に京都へ向い、正長はいまだに江戸へ到着していないという事態となった。これを聞いた秀忠は、内々の成敗も考えたが、家康の代から仕えていることを考慮し、正則の領国である安芸・備後を没収して津軽への転封を命じた。

このように梅津政景が本多正純から福島正則の処分について説明を受けた、翌日の十一日、佐竹義宣は伏見城へ登城して秀忠に謁見し、正則の津軽転封を伝えられた。

六月二十日、秀忠が幕臣の嶋田直時《なおとき》を転封の検使として津軽へ派遣することを決めた。翌二十一日、義宣は嶋田直時が津軽へ向う途中で秋田へ立ち寄った場合、直時を援助するように梅津憲忠《のりただ》に命じた。直時は、六月二十五日に義宣の饗応を受け、翌二十六日に津軽へ向けて京都を出発した。なお同じ六月二十五日、越後への転封が決まっていた津軽信枚が伝馬や舟の借用を義宣へ申し入れたので、義宣は馬一五〇匹と船三艘を貸与することを決定した。

六月晦日になって、茂木治良から義宣の上洛の見舞いの書状が飛脚で届けられ、七月一日、政景は前日に広島城の受け取りが完了したことを知らされていたため、治良の飛脚が秋田に帰る際に憲忠への書状を持たせ、津軽氏へ貸与する馬や舟のこと、嶋田直時へ書状を届けること、その他の小用を伝えている。なお、この日に義宣は伏見城へ登城し、福島正則の津軽転封が変更になったことを伝えられたのか、七月二日には正則津軽転封が中止となり、新たな転封先は不明であると政景に知らせている。

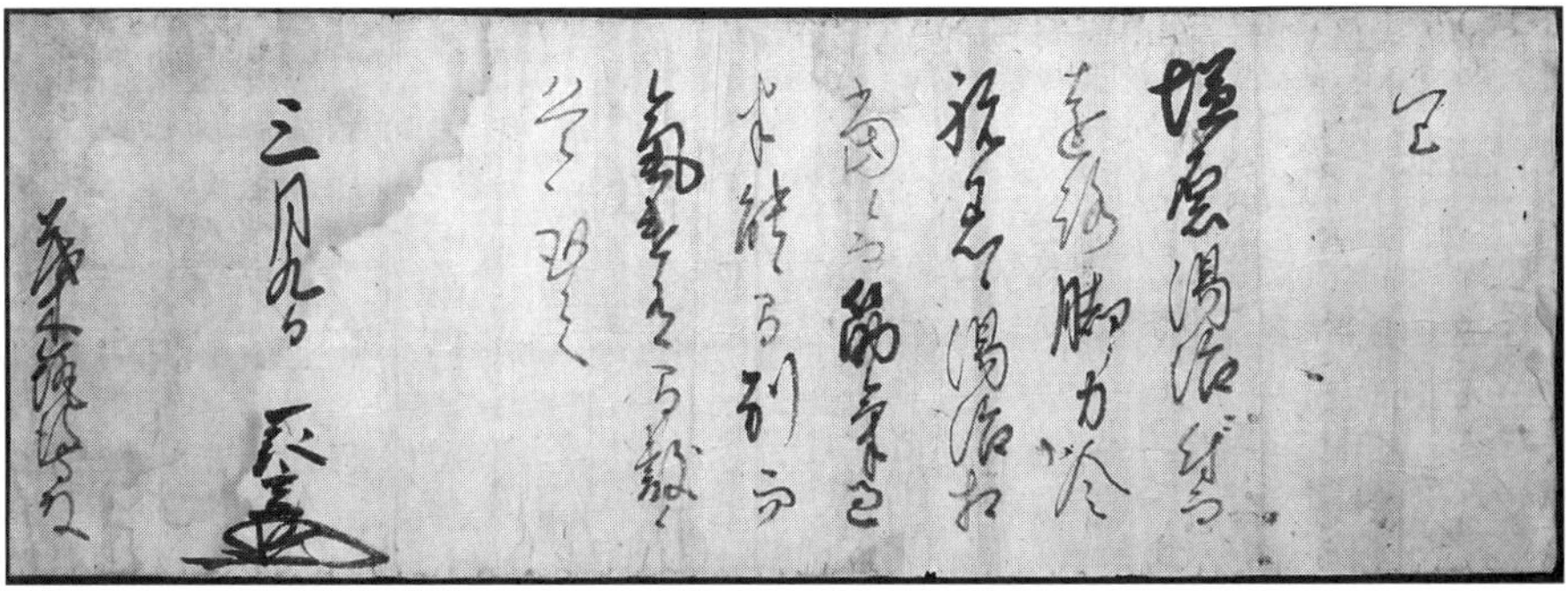

図3　佐竹義宣書状（文書八六）

以上から考えると、史料2は、義宣が伏見にいる時に作成され、おそらく翌日の七月一日に飛脚によって治良のもとに送られたと考えられるので、治良が史料2を実際に受け取ったのは七月一日以降になる。そして、同日に政景が憲忠へ宛てた書状の内容と史料2の内容をあわせて考えると、この時に治良は秋田にいた可能性がある。茂木氏は秋田転封後に仙北郡の浅舞城《あさまい》（秋田県横手市）に入り、のちに横手へ所領替えとなるが、検使として津軽へ向った嶋田直時が久保田藩領の横手に立ち寄る可能性もあった。隣接する弘前藩の転封による久保田藩への影響を考慮した義宣が、隣接する藩の転封という事態にあたって、速やかに行動できるように、京都での情報を共有するため史料2が発給されたと考えられる。

このような史料2についての考察から、茂木治良が佐竹氏家臣団の中で重要な役目を負っていたことは十分に伝わってくる。

次の史料3は茂木氏と下野国との関わりを示すものとしても興味深い。

〔史料3〕佐竹義宣書状（文書八六：図3）

以上

塩原湯治につきて、遠路脚力祝着せしめ候、湯治相当り候て、筋気過半能く候間、別して気遣い有まじく候、恐々謹言、

（元和六年）
三月九日　義宣（花押）

茂木筑後守殿
（治良）

史料3は、茂木治良が義宣の塩原温泉での湯治の様子を気遣っていることに対して、義宣が礼を述べ、湯治によって「筋気」の調子がだいぶ良くなったので、特別な気遣いは無用であることを伝えている。「遠路脚力」(遠くから来た飛脚)の文言から、史料3が発給された三月九日以前に、治良は義宣を気遣う書状を飛脚に持たせ、その返事として史料3が治良に届けられたと考えてよいだろう。

年代の手がかりは、「政景日記」の関連記事である。それによると、元和六年二月二十四日に秋田にいる政景のもとに、二月十六日付の梅津半右衛門憲忠(政景の兄)の書状が届き、それは義宣の太腿に腫物ができたので、塩原温泉で湯治しているという報せであった。

翌二十五日、二月十八日付けの憲忠の書状が政景に届き、義宣の腫物が半ば癒えたことを知らせてきた。翌二十六日に政景のもとに届いた憲忠の書状には、義宣が自分の病気を心配しての飛脚は停止せよとの意向が記されていたので、政景は宿老の須田美濃守盛秀《もりひで》に伝えている。盛秀は角館《かくのだて》・湯沢・檜山・大館《おおだて》に連絡するにあたって、政景の添状も付けている。

そして三月四日、二月二十五日付けの憲忠の書状が政景に届き、義宣の腫物が平癒したので、二月二十六日に義宣が塩原から江戸に戻ることが知らされた。このように、「梅津日記」の二月二十四日から三月四日までの記事により、義宣が太腿にできた腫物の治療のために塩原温泉へ湯治に行っていることがわかり、史料3の年代は元和六年に比定できる。

さらに、史料3の日付が三月九日であることから、義宣は腫物が平癒した後にこの書状を発給したことと、その前に治良から義宣の容体を心配する書状が出されていたことがわかる。義宣は病気を気遣う飛脚の派遣を停止させているが、治良も義宣の容体を案じて書状を送った家臣の一人であった。久保田藩主である佐竹氏宗家当主の病気は、個人的な感情だけでなく、藩の存立や藩政にも影響を及ぼす事態なので、治良が容体を案じることは当然の行動であるが、義宣が直ちに病気見舞いの飛脚の派遣を停止したのは、藩内の動揺を速やかに収束させるためであったと考えられる。

ちなみに義宣が湯治に利用した塩原温泉は、古代以来の有数の温泉地で、茂木文書の年未詳四月十九日付けの茂木上総入道（治泰）に宛てた足利政氏《まさうじ》書状（文書六五。永正元年ヵ）でも、茂木蔵人大夫が政氏に塩原まで供奉することを申し出ている。政氏は篠塚退陣の後、塩原に湯治に赴こうとしていた。

「梅津日記」の元和七年八月二十七日条にも治良が塩原へ湯治に行ったことが、「千本」（千本大和守義定ヵ）から飛脚で政景に伝えられている。茂木系図（補遺⑬）によると、那須氏の一族である千本氏と茂木氏は姻戚関係にあり（治良の祖母が千本山城守の娘、治房の弟の資氏《すけうじ》〔常陸守〕が千本氏を相続）、那須郡は茂木氏の本貫地である茂木荘と隣接している。史料3は、秋田転封後も茂木氏と下野の地縁的なつながりが継続していたことを示す史料でもある。

4　「梅津日記」にみる茂木氏の系譜

前節3で史料2・3が「梅津日記」の記述と対応し、二つの文書が発給された状況を確認できたが、この他にも「梅津日記」には茂木氏に関係する記述が散見する。ここでは、その中から茂木治良とその子供たちの動向について考察したい。

『梅津政景日記』第九巻（東京大学史料編纂所編）に掲載されている索引によると、「梅津日記」の中で、茂木の名字を名乗る人物として、茂木伊織・茂木権六・茂木七郎・茂木駿河・茂木惣三郎・茂木弾右衛門・茂木三郎（治貞）・茂

図4　6章関連の茂木氏略系図

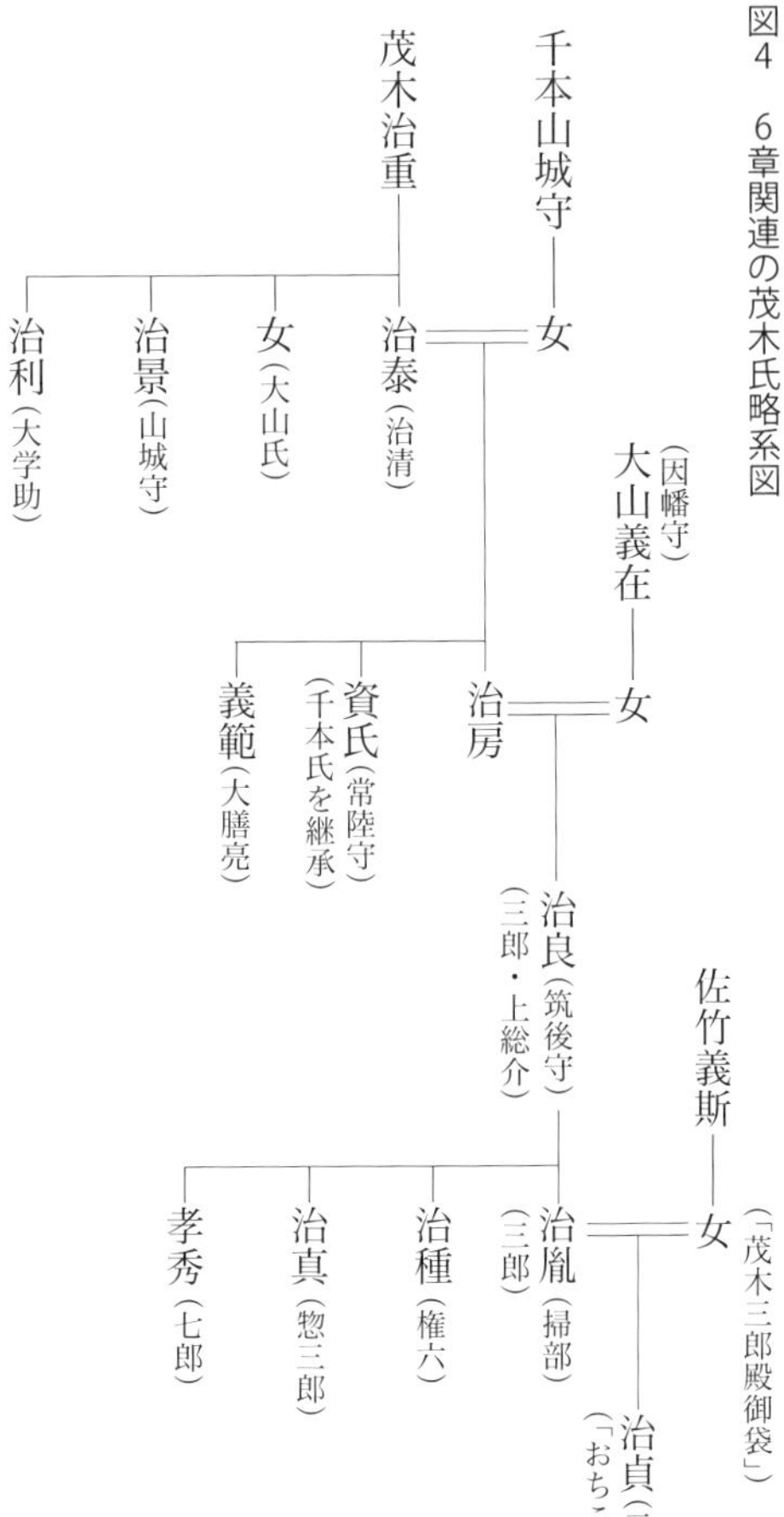

（茂木系図〔補⑬〕などを参考に作成）

木三郎（掃部、治胤）・茂木筑後（治良）があげられる。茂木治胤の妻で佐竹義斯の娘とされる人物がおり、「梅津日記」では「茂木三郎かミ様」、「茂木三郎殿御袋」と表記されている。以下、「梅津日記」の記事を人物別に確認してみよう。

なお、茂木伊織と茂木弾右衛門は佐竹氏家臣で、茂木駿河は蘆名義勝《あしなよしかつ》（佐竹義重の次男で義宣の弟）の家臣である。戦国期に存在が確認できる茂木義範《よしのり》や治利《はるとし》などの茂木氏一族もいるが、紙幅の都合上、ここでの検討は省略する。

①茂木筑後（治良）

「梅津日記」では、治良に関する記述が最も多く、梅津政景をはじめとする佐竹氏家臣との交流や自領に関する事項、他領から逃亡してきた農民に対する処分など、その動向は多岐にわたる。「梅津日記」の茂木氏に関わる記述の初見は、慶長十七年（一六一二）七月十三日条の「茂木殿」であるが、元和三年（一六一七）七月四日条に「筑後殿」という表記も見えることから、この「茂木殿」は治良のことを指すと考えられる。3節の史料2・3の宛先である「茂木筑後殿」と「茂木筑後守殿」は、史料の年代から見て「梅津日記」の「筑後殿」「茂木筑後殿」と同一と考えられる。史料1の考察で、宛先の「茂木上総殿」を天正年間半ばから上総介の官途を使用していた茂木治良としたが、茂木系図（補遺⑬）の治良の受領名が「筑後守」となっていることと、治良が寛永十一年（一六三四）三月十四日に七十三歳で死去したとされていることから考えると、治良は慶長十二年正月から元和三年七月三日までの間に、上総介を筑後守に改めたものとみられる。

元和五年と元和七年の元旦に行われた義宣への年頭の挨拶では、義宣の前に座る位置が引渡の二番座であることが確認され、佐竹氏家臣団の中で佐竹氏一族に準じる家格を有していたことがわかる。元和七年十一月一日、治良の身上についての話し合いが行われた。その結果であろうか、寛永元年十一月十九日に治良は隠居することになるが、同日条に「御閑居御侘言」とあることから、遅くとも元和七年後半頃から隠居を願い出ていた可能性がある。寛永八年三月八日には、隠居していた治良が仙北から来て出仕することになり、梅津政景が取り次いでいる。

②茂木三郎（掃部・治胤）

元和三年、治胤とその妻（「茂木三郎殿かミ様」）の離縁に関する問題が起こり、梅津政景をはじめとする佐竹氏家臣たちが意見交換を行っている（同年七月四日条）。離縁の原因とその後の顚末は不明であるが、佐竹三家である北家出身の妻との間に何らかのトラブルが発生し、佐竹氏家臣団で上位に位置する一族衆に関わることなので、重要案件として取り扱われたのだろう。寛永元年十一月十九日、治良が隠居し、治良の孫で治胤の子「おちこ殿」が三郎と改名して出仕することになったため、治胤は掃部と改名した。同六年十一月十六日、政景は掃部の病死を三郎に知らせている。

③茂木三郎（治貞）・「茂木三郎殿御袋」

寛永元年十一月十九日、祖父治良の隠居により、治胤の子「おちこ様」が三郎と改名して初めて出仕することになった。この時に三郎の諱も治貞としたのであろうか。治貞は、寛永六年の元旦に行われた義宣への年頭の挨拶では、治良と同じように引渡の二番座の位置に着いている。寛永七年十二月十八日、梅津政景は「茂木三郎殿御袋」からの書状(政景に宛てた病気見舞いの書状)を横堀(秋田県湯沢市)で飛脚から受け取っている。「茂木三郎殿御袋」は治貞の母で、元和三年七月四日条の「茂木三郎殿かミ様」と同一人物と考えられるので、治胤の妻であった佐竹義斯の娘であろう。寛永九年一月十一日、治貞の祝言を知らせる使者が梅津政景を訪問している。

④茂木権六(治種か)・茂木惣三郎(治真か)・茂木七郎(孝秀か)

系図などでは三名とも治良の子で治胤の弟と考えられる。

茂木権六は、元和七年元旦の義宣への年頭挨拶で、引渡の二番座に座る治良より一段下の、近習出頭人、宿老、新参の家臣で格別の者、一門に列する家臣の子息が座る廻座の位置に座している。寛永四年七月二十八日には、久保田城の御座の間において、義宣の前で鉄砲の腕前を披露したところ、三寸角の的を十間離れたところから一発で当てたので、賞与として道服を与えられている。茂木惣三郎は、元和四年六月一日に初めて出仕し、治良の三番目の息子と記され、惣三郎という名を与えられている。寛永三年二月二十六日、秋田を出発して江戸へ向う梅津政景は、途中の金山(山形県金山町)で秋田へ帰る惣三郎と会っている。

茂木七郎は、寛永七年十月五日条に登場する。この日、義宣は江戸の上屋敷と下屋敷にいる小姓衆を始めとする全家臣に切符を与えることを命じたが、宇留野源兵衛からの知らせにより、茂木七郎に切符が渡されていないことが判明した。そこで義宣は茂木惣三郎に銀五枚を与え、そのうちの三枚を七郎に渡すように命じている。この時点で惣三郎と七郎は江戸にいた可能性がある。

以上のように、「梅津日記」の茂木治良・掃部・権六・惣三郎・七郎・三郎・掃部の妻(三郎の母)に関する記事を個別に確認したが、この中で元和・寛永期における茂木氏の動向として注目すべきは、元和三年七月初頭頃に起きた掃部とその妻(三郎の母)の離縁問題から寛永六年十一月頃の掃部の死去までの間に、惣三郎の初出仕・権六の久保田藩の正月儀礼への参加・治良の隠居・三郎の初出仕が行われていることである。

特に寛永元年十一月十九日に三郎が初出仕を遂げ、それ以降に掃部の記述がほとんど見えず(「梅津日記」の記主である政景の主観もあるとはいえ)、寛永六年の年頭儀礼では茂木三郎が引渡の二番座にいることを考えると、掃部は離縁問題の後、政治的に事実上引退、あるいは秋田ではなく横手など久保田藩内の茂木氏領に居所を移したことなどが推測できる。いずれにせよ、離縁問題後に掃部が治良の後継者候補から外れたと考えてもよいであろう。

しかし、治良の引退・三郎の初出仕以前に、権六の久保田藩の年頭儀礼への参加や惣三郎の初出仕が行われたことは、単なる偶然とは言えず、掃部が事実上引退しても、直ちに三郎が治良の後継者として活動することができないので、三郎が成長するまで、権六や惣三郎が茂木氏一族として治良を支える状況であったと考えられる。掃部の死後に「梅津日記」にあらわれる七郎も、そのような状況を受けて、茂木氏嫡流を支える一族として出仕していたものと考えられる。

おわりに

以上、小田原合戦以降の茂木氏の動向を、茂木文書中の佐竹義宣の書状三点を中心に、佐竹家臣の記録史料である文禄期の「重清日記」と元和・寛永期の「梅津日記」をあわせて、文禄・慶長期から元和・寛永期にわたる事項を検討し、史料のわずかな記述をつなぎ合わせて考察した。

文禄期において茂木氏は、朝鮮出兵に参加する佐竹氏の軍勢にあって渡海の準備を行い、戦国期から続く佐竹北家とのつながりが保たれていた。慶長期には、転封された佐竹氏は新領国の経営を行いながら、関ヶ原合戦後に台頭する徳川氏の居城である江戸城普請に参加していたが、徳川氏との関係を構築する状況下で、江戸の義宣の様子は書状で茂木氏に直接伝えられていた。

元和期には、義宣が福島正則の津軽転封による久保田藩への影響を考慮し、不測の事態に速やかに対処できるように、京都での情報を茂木氏に伝えていた。また、茂木氏は藩の存立や藩政にも影響を及ぼす立場にあったため、病の藩主の容体を案じている。それに対して義宣は藩内の動揺を収束させるために茂木氏に病状の回復をすぐさま知らせていた。

義宣と茂木氏の書状の交換が確認できる一方で、茂木氏当主の後継者候補が何らかの理由で外される事態が生じ、次の候補者が成長するまで、一族をあげて現当主を支える状況となっていた。一族の協力は当主が交代した後にも続いていたと考えられる。

このように、戦国期の領主である茂木氏が、佐竹氏家臣団の中で上位の立場になり得たのは、鎌倉期以来の長い伝統をもっただけではなく、佐竹氏一族と世代を重ねる中で姻戚関係を構築しつつ、統一政権下の大名として、政権への対応や領国経営を誤らないよう務める佐竹氏当主のもとで、藩の存立に関わる重要事項についての情報を共有しながら活動した結果と考えられる。

もちろん、そのような家臣は茂木氏のみではなく、他の家臣との比較検討など、残された問題は多い。本章がその解明の一つの手がかりとなれば幸いである。

〈コラム6〉東茂木保の寺社と文化財

大山　恒

茂木氏初代知基《とももと》は父八田知家《ともいえ》から西茂木保を相続した。一方の東茂木保は知家の嫡流小田《おだ》氏に伝えられ、宝治《ほうじ》合戦後は北条得宗《とくそう》領となっていたようである。東茂木保を茂木氏が領有するのは、建武《けんむ》元年（一三三四）の後醍醐《ごだいご》天皇による安堵（文書六）以降となる。

このように東茂木保は、西茂木保とは伝来の経緯も異なり、茂木氏の領有は安定しなかったが、茂木氏の菩提寺である能持院《のうじいん》のほか、茂木文書にも名を残す安養寺《あんようじ》が立地する。ここでは東茂木保の領域内に所在する茂木氏に関わる寺社や文化財を紹介しよう。

安養寺

茂木郷

①安養寺　藤縄山安養寺は曹洞宗の寺院で、茂木氏の菩提寺である。建立年代は不明だが、寺伝によると、曹洞宗能持院《のうじいん》（茂木町大字塩田）五世松巖《しょうげん》和尚により再興されたという。鎌倉期の作と思われる銅造勢至《せいし》菩薩像と観音菩薩像（善光寺式阿弥陀三尊仏脇侍カ）が伝わる（栃木県有形文化財）。寺伝によると、茂木元久《もとひさ》なる人物の娘が源頼朝《よりとも》の側室となり、その子頼昌《よりまさ》が茂木保の領主となって、母安養尼《あんように》のために草庵を建てたことにはじまるという。頼朝・政子の供養塔と伝わる宝篋印塔《ほうきょういんとう》や、茂木元久夫妻、安養尼を供養したと伝わる五輪塔もある。茂木知世《ともよ》は安養寺に置文を残し

ているので（文書二⑩）、茂木氏とのかかわりが深い寺院の一つである。

②覚成院《かくじょういん》　真言宗の寺院。茂木氏の祈願寺と伝わる。現在は大字茂木字弾正にあるが、中世までは同字寺町付近にあったという。近世に覚成院跡地は日野商人の島崎家の宅地と店舗となり、同家は酒造業などを営み、茂木藩の御用商人としても活動した。跡地はいま、ふみの森もてぎの敷地内である。現在の覚成院境内は、「松永弾正」の居館跡であったという伝承が残る。戦前まで覚成院は稲毛田山崇真寺（芳賀町）の末寺であったとされるが、「茂木系図」を

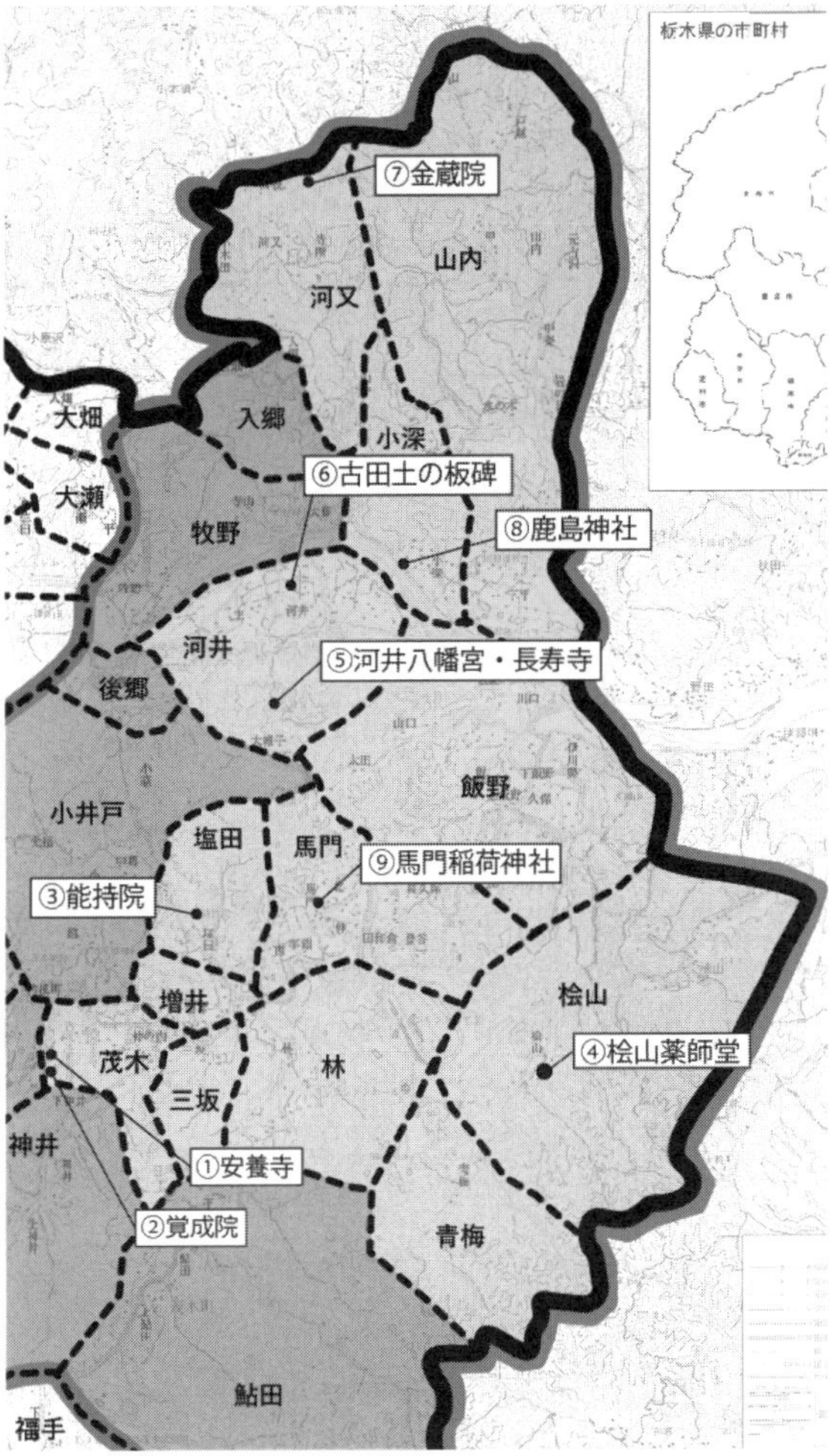

東茂木保　寺社・文化財略地図

桧山薬師堂

覚成院

能持院総門

みると、茂木治房の兄弟のうち二人が僧となっており、そのうちの一人に「崇真寺住稲毛田」とあり、茂木氏と覚成院とのかかわりがうかがえる。近世には細川氏の祈願寺となった。境内には、樹齢五〇〇年のカヤがある（県指定天然記念物）。

塩田《しおだ》郷

③能持院　曹洞宗の寺院で、貞応《じょうおう》元年（一二二二）、茂木氏初代の知基により建立されたと伝わる。中世には茂木氏、近世には細川氏の菩提寺となった。総門は切妻造《きりづまづくり》の四脚門《しきゃくもん》で、文明《ぶんめい》年間（一四六九〜八七）に建立されたと伝わる（県指定有形文化財）。能持院は近世に二度の火災に見舞われ、本堂や庫裏などを失ってしまったため、現在の本堂や庫裏は近世以降の建築である。境内には、茂木藩主をつとめた細川氏の初代興元《おきもと》から九代興貫《おきつら》までの墓所がある。墓石を設けず墓標として一本の杉を植え、没年月日を刻んだ石灯籠を設けるという形式をとる（県指定史跡）。

桧山《ひやま》郷

④桧山薬師堂　かつて精進山不門院東光寺という寺院があったが、廃寺になった後、薬師堂のみ現存したものという。現在の薬師堂は享保十六年（一七三一）の再建と伝わる（町指定有形文化財）。薬師堂の本尊であった鎌倉期作と伝わる木造薬師如来坐

古田土の板碑

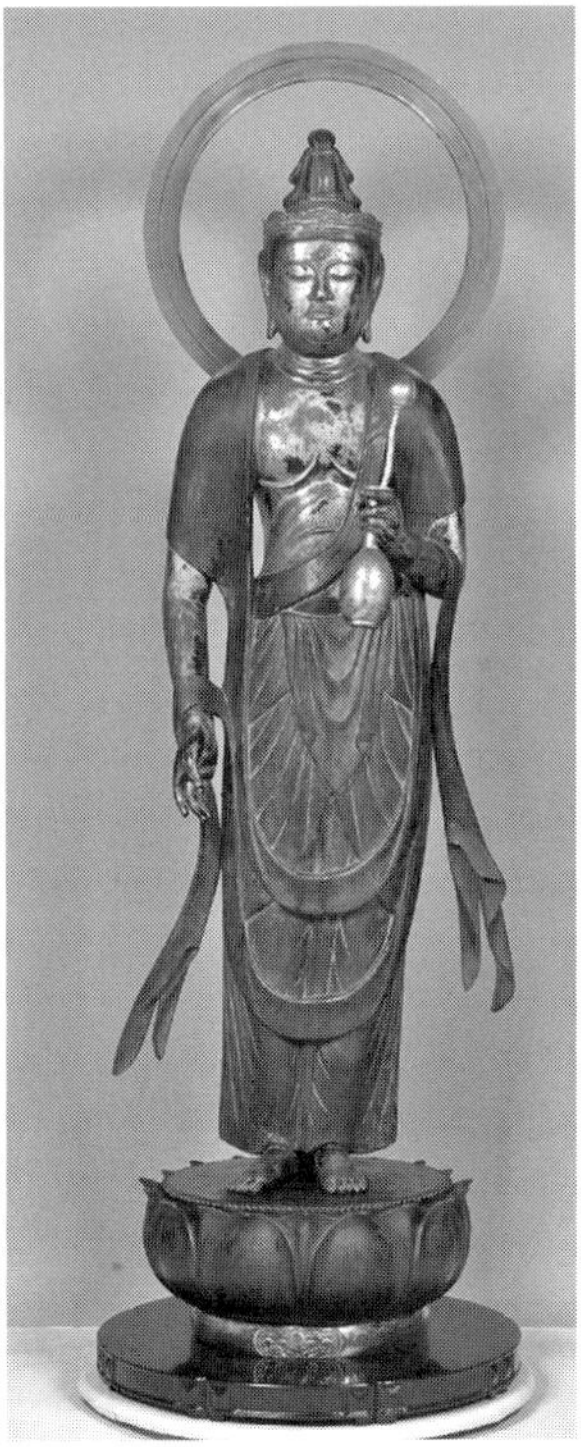

長寿寺蔵聖観音菩薩立像

像（県指定有形文化財）が安置されている。

河井《かわい》郷

⑤河井八幡宮と長寿寺《ちょうじゅじ》　河井八幡宮は、天《てん》平宝《ぴょうほう》字《じ》元年（七五七）の創建と伝わる。康平《こうへい》年中（一〇五八～一〇六四）、八幡太郎義家《よしいえ》が奥州に向かう途中に河井の小屋台（八幡山）に陣を構え、戦勝を祈願して社殿を再建したという。このとき同行する長寿姫に本尊釈迦如来を与え、家臣の内田三郎義明《よしあき》なる人物に託してこの地へとどめた。長寿姫は尼となり八幡山麓の釈迦堂に居住し義家の凱旋を待たずに亡くなってしまう。

　八幡山麓に長寿姫が置いた庵がのち長寿寺となった。長寿寺には、木造釈迦三尊像（文明元年〔一四六九〕：伝春日作）や木造聖観音菩薩立像（平安後期作カ）がある（町指定有形文化財）。村人はその死を悲哀し、姫を弔うために、中秋の名月になるとささら（獅子舞）を舞ったと伝わる。現在も「河井のささら」として、敬老の日に八幡宮と長寿寺の境内で奉納されている（県指定無形民俗文化財）。

⑥古田土《こだと》の板碑　長寿寺からほど近くの畑の中に、板碑が三基ある。いずれも緑泥片岩《りょくでいへんがん》が用いられ、頂部が三角に切り取られ、二条線が入る武蔵型板碑である。大きさは、板碑A（右）が碑高一〇二・二センチ、幅二八・〇センチ、板碑B（中

央）が碑高六四・五センチ、幅三〇・三センチ（上部破損）、板碑C（左）は碑高八八・〇センチ、幅二九・六センチ。A・Bには蓮座の上にキリーク（阿弥陀如来をあらわす梵字）が刻まれていることを確認でき、いずれにも延文《えんぶん》元年（一三五六）の銘がある。

伝承では、南北朝期の合戦に茂木氏に従軍して戦死した武士の供養塔といわれているが詳細は不明である（町指定有形文化財）。

河又郷《かわまた》

⑦金蔵院《こんぞういん》の薬医門《やくいもん》　金蔵院は応永《おうえい》三年（一三九六）、宥厳《ゆうげん》阿闍梨が本尊を不動明王として開基したと伝わる。のち明治三年（一八七〇）に火災に遭い、本堂や付属の諸堂・伽藍を焼失してしまう。その後、末寺であった茂木字山内の清音《せいおん》寺から本堂や薬医門などを移した。薬医門は扇の彫刻模様や切妻の形、梁の組み方といった建築様式から鎌倉期の建築とされている（町指定有形文化財）。

小深郷《おぶか》

⑧鹿島神社　鹿島神社は文明三年（一四七一）に小深村の宥源《ゆうげん》行者が常陸国の鹿島大明神に祈願し、翌年同社を勧請したものと伝わる。もとは小深の片倉《かたくら》山上にあったという。

「小深片倉山棟札」（茂木2金石文等六）には、大旦那として茂木治興《はるおき》と子息治泰《はるやす》の名が見え、檜山豊前守朝増《ともます》の名もみえる。茂木氏やその家臣檜山氏が片倉神社の造営に大きくかかわっていること

金蔵院の薬医門

鹿島神社

馬門稲荷神社

がうかがえる（4章参照）。

馬門《まかど》郷

⑨馬門稲荷神社　稲荷神社は大同二年（八〇七）の冬に桃の花が咲き、北西の剣が峰に降りた保食神《うけもちのかみ》を祀ったことに始まるとされる。八幡太郎義家が奥州での合戦（後三年カ）に向かう途中、この地を訪れたとき、険路により進軍ができなくなり露営となった。そのさなか四方に濃霧に立ちこめたので、義家がすべての神（天神地祇）を拝むと、北方より白狐の声が聞こえ、一方の濃霧が晴れて道が開けたとの伝承がある。奥州からの帰り道にも義家はこの地を訪れ、小祠を建てたのが稲荷神社の起源だという。本殿は安永《あんえい》三年（一七七四）の建立、ケヤキ造りの切妻屋根で、正面には樹木と狐の群れ、側面には人物と花の彫刻がある（町指定有形文化財）。

7章　茂木城の歴史と構造

――本城の姿とその周辺――

山川 千博

はじめに

本章の目的は、茂木城とその周辺の中世にさかのぼる遺構・遺物・伝承等を取り上げ、茂木氏の本拠の景観を復元することにある。

茂木城は、茂木町大字小井戸小字城山に所在し、八溝山《やみぞさん》系に属する桔梗山《ききょうやま》の頂部に占地していることから、別名を桔梗城ともいう。茂木氏が本領とした中世茂木保(茂木荘)は下野国の南東端に位置しており、現茂木町のうち南部の旧逆川村と西部の旧須藤村の西半を除いた地と、現茨城県常陸大宮市南西部の一部を範囲とし、東は常陸国那珂東郡・同西郡(茨城県常陸大宮市)と国境を接し、北は下野国那須下荘(那須烏山市)に接する。茂木保のうち東半分を東茂木保、西半分を西茂木保といい、茂木城はその境目付近に築かれた。東西茂木保支配を目指す茂木氏にとっては、本拠とするのに最適な地と言える。

茂木城の立地は、地形的に見れば、北流する逆川と東流する坂井川の合流点にあたり、東西を谷、南を崖に守られた天険の要害である。標高約一六五㍍・麓からの比高約八〇㍍の主郭からは茂木町の中心市街地を一望でき、逆に市街地から主郭を見上げると、遺構が山上に浮かぶ様子はさながら「天空の城」である。

その歴史と構造は、昭和初期の「日本城郭史資料 第五冊 上野国・下野国」(国立国会図書館蔵 本別20—4)をはじめ、古くから縄張図とともに紹介されてきた〔峰岸他 一九七九：掲載図は本田昇作、塩沢他 一九九七：掲載図は塩沢清作、黒田他二〇〇八：掲載図は渡邊昌樹二〇〇二年作、江田 二〇一一・塙 二〇一五：ともに掲載図は前掲塩沢図〕。そのうち城の範囲については、北側台地上の字「羽黒山」「館」の一帯を含めて示した『茂木町史 第二巻』が、現在の到達点である〔塩沢他 一九九七〕。

今回、本稿執筆のための現地踏査により、遺構がさらにその外側にも広がることを確認した。そのため本章では、現在までに明らかになっている茂木城の歴史・構造を整理し直した上で、遺構を余すことなく紹介し、茂木城単体ではなく、城の周辺を加えて総体的に茂木氏本拠の構造を考えていきたい。

1 茂木城の歴史

まず1節では、2節以降に城郭の構造を論じる前提として、史料に即して茂木城の歴史を整理する。

①十四世紀の茂木城

茂木城は、建久《けんきゅう》年間(一一九〇〜九九)に八田《はった》知家《ともいえ》の三男茂木知基《とももと》により築城されたとの伝承を持ち、その後、中世を通じて茂木氏歴代の居城であったと伝わる。

城がはじめて史料に登場するのは南北朝期である。建武《けんむ》三年(一三三六)十一月、茂木知貞《ともさだ》が北朝方に従い、城を留守にして下野国内を転戦する中で(詳細は2章を参照)、城は南朝方により攻め落とされてしまう(文書一二)。このとき落城した茂木城は、別史料に「明阿(知貞)宿所」と記される(文書一五)。一般に南北朝期の城は武士の屋敷を臨時に城郭化したものが多く、茂木城も知貞の屋敷(=宿所)を城郭化したものであった。落城後に知貞の代官祐恵《ゆうけい》が、「城槨を落とされて後は、無足の上」と述べていることからも(文書一三)、城は茂木氏の所領維持の根幹に関わる施設、つまり本拠そのものであったことがわかる。

では建武三年の茂木城は、どこにあったのだろうか。その手がかりは、小字高藤《たかふじ》の地に求められる。翌建武四年二月、伊賀盛光《いがもりみつ》の代官難波本舜房《なんばほんしゅんぼう》らの北朝方が、宇都宮城攻めの「後責《ごぜめ》」として、「茂木郡高藤宮前」に集結し陣を敷いた(茂木2一九)。「高藤宮」は、小字高藤の荒橿《あらかし》神社に比定され、本舜房らはその門前付近に布陣したのである。この地に集結したのは、同じ北朝方の拠点である茂木城がその近くにあったからであろう。つまりこの時期の茂木城は、おそらく現在の城跡よりも東側、荒橿神社の地かその付近に営まれていた可能性が高い。

またこのとき、攻め寄せた南朝方に対し、本舜房らは「大手」から出て迎撃したという(同前掲)。高藤宮前の陣所に大手があったことがわかるが、その後の茂木城の大手口と同位置かどうかはわからない。南北朝期の城郭の実態は、土塁・堀などの普請を伴わないことも多く、この時期の茂木城および陣所の遺構を現在の地表から確認することは難しい。なおこの時期、茂木の周辺には南朝方の勢力が多く(詳細は2章を参照)、城は孤立しやすい状況にあった。しかし前年十二月に、隣国常陸国で南朝方の重要拠点瓜連《うりづら》城が陥落すると、茂木の孤立は解消されたと思われる。先述した本舜房は、瓜連攻略後に茂木に転戦し、茂木城の周辺を後詰の陣地として使用しており、茂木城は単に茂木氏の本拠のみならず、北関東の広域にわたる戦乱の一局面を担う軍事施設としても位置づいていたのである。

②十五世紀の茂木城

十五世紀の茂木城は、茂木氏が鎌倉公方足利持氏《もちうじ》、次いで古河公方足利成氏《しげうじ》と関係する上での、軍事拠点として史料に登場する。

十五世紀前期、茂木満知《みつとも》が持氏に従う中で、茂木城は隣接する常陸国北西部の敵勢力に対する持氏方の拠点になったと思われる。永享《えいきょう》七年(一四三五)の出来事と伝わる「長倉《ながくら》城合戦」では、持氏方の大軍勢が「茂木の郷に着陣」してから長倉要害を攻めたといい(「長倉追罰記」『続群書類従 第二一輯下』)、茂木城の前線基地としての使用が想定される。

持氏の跡を足利成氏が継ぐと、茂木満知は成氏と敵対した(詳細は3章を参照)。康正《こうしょう》二年(一四五六)一月に満知の謀略・造意が伝えられると、三月頃から成氏方による茂木城攻めが開始され、成氏方の有力武将である那須持資《もちすけ》らが、茂木城に向かい近くに陣を構えて、日々「矢軍《やいくさ》」を行った(戦下五七・五九・六一)。翌四月にも戦いは続き、その間の戦況の変化と「茂木要害」の健在ぶりが史料に語られる(戦下六五・六六)。合戦は十二月になっても継続しており、成氏は最後まで城を攻め落とせなかったようである(戦下七六・七七)。

以上のように、康正二年には茂木城合戦が約一年間にわたり継続した。城はこの時期に断続的に合戦の舞台となったことで、土塁や堀などの恒常的な構造物を備えるようになったと思われる。現在地に新たな城を築いたのもこの時期であろうか。近接地に茂木城を攻めるための陣城が築かれたことも確認され、3節で述べる周辺遺構との関わりにおいて興味深い。また、南北朝期と同様に、城は茂木氏の本拠のみならず、享徳《きょうとく》の乱という広域で展開された戦の一局面を担う城としても機能したことを確認しておきたい。

③十六世紀の茂木城

十六世紀の茂木氏では、持知《もちとも》の代に上総介《かずさのすけ》系茂木氏との間で家督継承に混乱があり(詳細は4章を参照)、茂木城主も上総介系茂木氏に交代したと推測される。

この時期注目される出来事に、高名な連歌師《れんがし》である猪苗代兼載《いなわしろけんさい》の茂木来訪が挙げられる。兼載の歌集「園塵《そののちり》」には、少なくとも明応《めいおう》八年(一四九九)頃と永正《えいしょう》四年(一五〇七)の二度にわたり、「茂木総州家」や「茂木筑前(後カ)」のもとを訪れ、連歌会《れんがえ》を興行したことが記される(『連歌大観 第二巻』)。そして連歌会は、茂木城内で開催された可能性が指摘されている[小貫二〇〇二]。「園塵」には他にも「宇都宮野州館」や「蘆名匠作館」など、大名居館での興行例が散見されることから、茂木氏の場合もその可能性は高いだろう。広大な茂木城内であれば、千句会《せんくえ》のような大勢での会を催す場も提供できたと思われる。こうした文化の面から、茂木城の政治性を考えることも重要である。

一方、十六世紀の茂木城の軍事利用に関しては、十四～十五世紀のように、城が直接戦場となったことを示す確かな史料はない。しかし、天正《てんしょう》十五年(一五八七)に結城《ゆうき》氏の軍勢が茂木領内に侵攻した際、茂木治良《はるよし》は城から西にわずか二キロの「佐々良田《さらた》」(市貝町笹原田)で結城軍を破っており(戦下一二二四)、直接茂木城から出撃する状況だったと思われる。また茂木氏は、佐竹氏傘下として宇都宮氏への援軍に派遣されており(茂木2一七一)、茂木城は、間接的にせよ佐竹領の西を守る軍事拠点としても位置づけられていたと思われる。このように、戦国期には主に、西を敵正面とした城として機能した可能性が高い。

④茂木城の終焉

文禄《ぶんろく》四年(一五九五)、佐竹義宣《よしのぶ》は家臣の知行替えを行い、茂木治良を常陸国小川城(茨城県小美玉市)に移したことで、茂木城は茂木氏本拠としての役目を終えた。義宣は代わって須田盛秀《すだもりひで》を城代《じょうだい》とし、茂木に居住するすべての家臣の指南を命じたが(茂木2二〇〇)、この時期の城の管理や改修の実態は不明である。慶長《けいちょう》七年(一六〇二)に盛秀が義宣に従い秋田に移ると、茂木城は廃城になったと思われる。

その後の城の跡地利用についてはよくわからない。盛秀以降、八年間の代官支配を経て、慶長十五年には細川興元《おきもと》が茂木藩主となったが、代官所や興元の在所として再利用されたかどうか、不明である。元和《げんな》五年(一六一九)、細川氏が矢田部《やたべ》に移り、茂木に茂木陣屋を設置した後は、城跡の再利用はなされず、明暦《めいれき》二年(一六五六)には、茂木「古城之跡」が「田地」として確認できることから(茂木3 一四)、江戸時代前期には城郭としての利用を終えていたことがわかる。

1節をまとめよう。茂木城は、南北朝期から戦国期にかけて、時代を通して茂木氏の本拠としての性格のみならず、より大きな政治情勢の中でその軍事拠点としても機能したことが確認された。また、次節以降に論じる構造との関係で言えば、南北朝期には城が荒橿神社の付近に構えられ、室町期から戦国初期にかけて、長く続く戦乱に対応するため現在地に新たな城を築き、恒常的に維持するようになったと考えられる。戦国期には、上総介系茂木氏の本拠として西を敵正面にした構造になったと推察される。現在みられる城の形は、須田盛秀による改修も考えられるが、概ね茂木氏の最終段階の姿であるとみなしておく。

以上の歴史を踏まえ、次節以降では、城が具体的にどういう構造をもち、その周辺にはいかなる遺構や伝承が遺っているかをみていく。

2　茂木城の構造

2節では、図1の縄張図をもとに茂木城の構造を復元する。現在、城内は公園として整備された一部の曲輪以外は、藪が激しく繁茂して立ち入りが難しく、そのため塩沢清氏が作成した縄張図［塩沢他 一九九七］に加筆し掲載した。より精度の高い縄張り調査は今後の課題である。

①城内の各曲輪

茂木城は、江戸時代初期の姿が、慶安《けいあん》四年（一六五一）に岸勘兵衛《きしかんべえ》・景野惣兵衛《かげのそうべえ》により書かれた「下野一国《しもつけいっこく》」に記録される（以下「一国」）［横田 一九七七］。また、先述した昭和初期の縄張図も残る（以下「資料」）。この両資料から、城は南東の谷Ａから登る道（登り口は現在砂防ダムが設置され進入不可）が大手口であることや、各曲輪の形状・規模・呼称等が判明する。以下、両資料と現地調査による所見をあわせ、各曲輪の構造と特徴を解説する。

写真１　茂木城遠景

Ｉは「一国」に「本丸」と記され、城の主郭に当たる。東西約八〇㍍・南北約三〇㍍の広さで、「資料」では東側に平入《ひらいり》の坂虎《さかこ》口《ぐち》が描かれるが、後世に造られた車道と思われる。本来の虎口は不明だが、Ｉ北辺の斜面下には小平坦地が置かれ、堀底からＩへと上がる踊り場の役割が想定できるならば、この付近に虎口があった可能性はある。「一国」は、東下に横堀が廻っていたとするが、現在は埋没している。Ｉの南西部から北西部にかけては大土塁が残り、とくに南西端の土塁上の幅は広く、おそらく城内外を監視するための櫓《やぐら》が組まれていたと想像される。また「資料」では、同位置に、昭和初期の時点で御嶽《おんたけ》神社が祀られていたようである。御嶽神社は、須田盛秀が茂木城南東に位置する小倉山麓に勧請した神社であり、同じものが本丸にも祀られていたということは、盛秀の時代も確かにここが本拠とされていたことを示す。

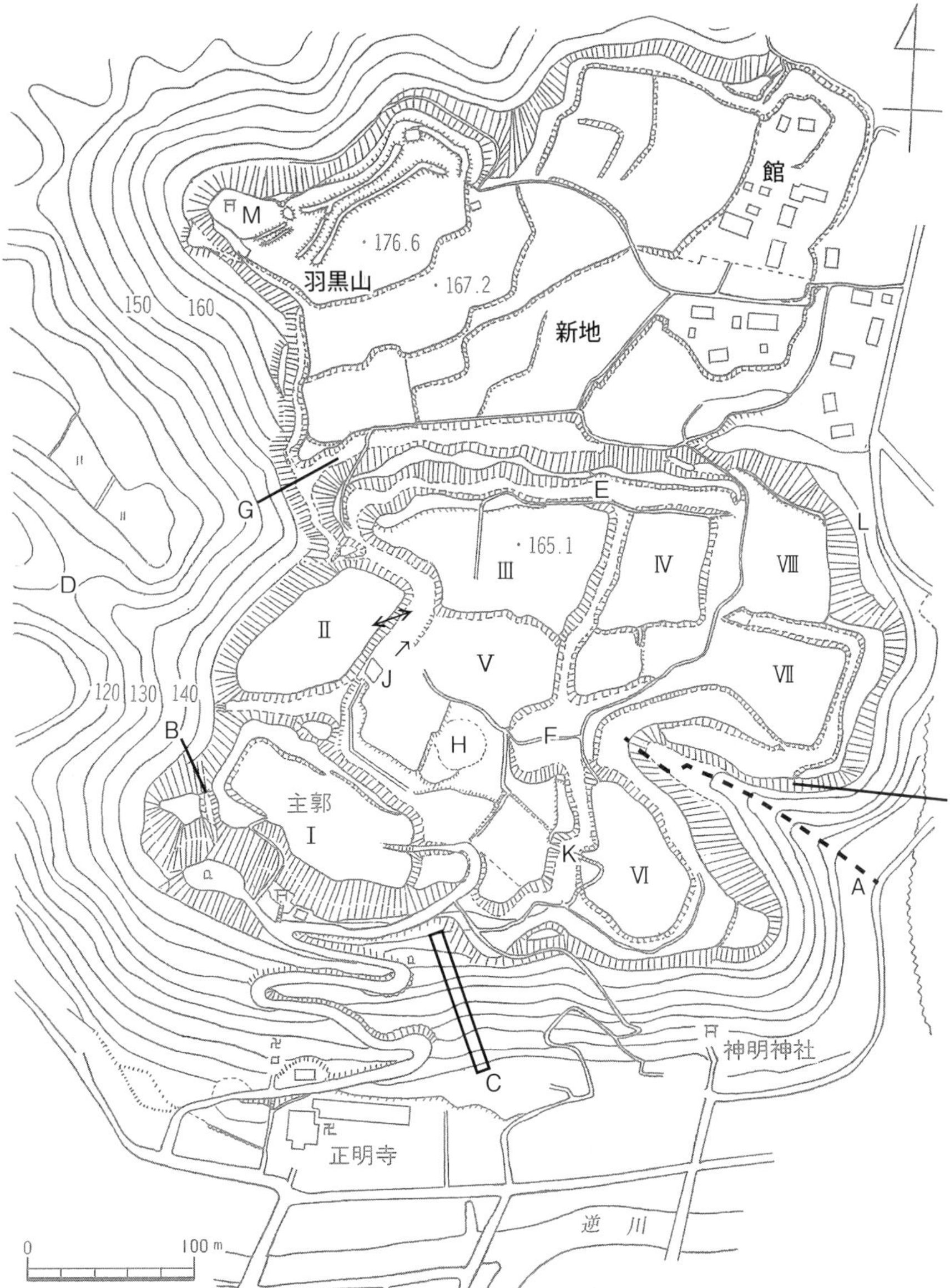

図１　茂木城縄張図　塩沢清作図（塩沢他 1997 より、筆者加筆）

　ほかにＩの特徴的な遺構として、西側の小規模な腰曲輪との間に掘られた大堀切Ｂが挙げられる。この堀切は、比較的傾斜の緩い西側尾根上を遮断し、Ｉの独立性を高めるために掘られたものと推測されるが、城の南麓から城内を見上げた際に目に入るよう掘られており(写真参照)、視覚的に城の堅固さを誇示する効果も考えられる。またＩの南東側の斜面Ｃには地形の窪みが見られ、南麓まで延び下る竪堀が設けられていたと思われる。この竪堀の上部は、位置的に先述したＩ東下の横堀南端に当たり、そこから下り始めて、下部は北流する逆川が桔梗山にぶつかり、東に折れる地点の延長線上に位置しており、竪堀Ｃは逆川の流れとともに南北に長い防御線を構築しているのがわかる。つまり竪堀Ｃは、主郭であるＩの東下から麓までを東西に分断し、城の麓を敵が東の大手に向かうのを妨害するとともに、上部にある主郭Ｉの独立性を強める二つの役割を持つと考えられる。

　ⅡはＩの北側にある堀切を挟んで位置し、東西約四〇㍍・南北約八〇㍍の広さを持つ。「一国」では「二ノ丸」とされ、Ｉと同様に、かつては東に堀が廻っており、現在でもわずかにその痕跡がみられる。また「資料」では東斜面に堀底から斜めに登る坂虎口が描かれており、現状でもその痕跡が認められる(図中↕)。実はＩよりも高所(標高一六三㍍)に位置しており、「資料」はＩではなくⅡを「本丸」と記す。今回の調査により、西側下の尾根上に、帯曲輪や堀切Ｄ等の遺構が続くことを確認した。

　ⅢはⅡの北東側に設けられた横堀を挟んだ位置にあり、東西約九〇㍍・南北約六五㍍の範囲を持つ。「一国」は「三ノ丸」とし、東(おそらく南の誤記)はなだらかと記すことから、Ｉ・Ⅱとは異なりⅤとの間に横堀は廻っていなかったようである。「資料」はⅢを「梨木平」と呼称しており、江戸時代以降に畑地として利用されていたことがうかがえる。Ⅲの虎口は不明だが、現状ではⅤとの間が急傾斜の高い段差になっており、Ⅲに上がることができるのはⅡの坂虎口の対面にしか確認できなかった(図中↑)。今後の検証は必須だが、ⅢとⅡは直接連絡せず、一度両曲輪間の堀底に降りて、それぞれの曲輪に入る構造だったのだろう。また、Ⅲの北辺は長大な二重の土塁・横堀により守られる。そのうち内側の横堀Eは、堀底が平坦で広く、城内の通路として使用された可能性が高い。後述する枡形《ますがた》空間FからⅤに入る際、Ⅲの北辺下の堀底Eを、東から西に向かって歩かせるのだろう。また外側の横堀Gは、東西から入り込む谷により台地幅が最も狭まる地点を大胆に掘り切っている。土塁上までは傾斜がきつい切岸《きりぎし》であり、堀と切岸によって城内を北側の台地続きから切断しているのである。「一国」や「資料」が示す、いわゆる狭義の茂木城の範囲は、北はこのⅢまでである。

Ⅳは Ⅲの東側の横堀を挟んで位置し、東西約三〇㍍・南北約五〇㍍の範囲を持つ。Ⅰ～Ⅲまでと同程度の標高に位置しており、後述するⅦ・Ⅷとともに、城内の北東部を守る区画を構成し、その中心を担う曲輪である。東・南側の段差は高低差が低く、ⅦやⅧとの間に虎口があったと思われるが、現状は不明である。またⅢとの間の堀底は、FからⅢ北側の堀底道Eへとつながる通路であったと思われる。「一国」は「惣かまへ」という呼び名で記している。

Ⅴは、Ⅰ～Ⅲに囲まれる、城内中央部の一段低い曲輪である。「資料」では「千人溜《せんにんだまり》」と呼ばれ、城内で最も広い面積を持ち、駐屯や居住空間等の機能が考えられる。また内部には溜池跡Hや、姫の入水《じゅすい》伝承が残る鏡ヶ池Jもあり、これらは水の手であるとともに、庭園等の役割も想定され、接待のための空間であった可能性もある。あるいは先述した茂木での連歌会は、こうした広場で催されたのかもしれない。Ⅴの東部では、曲輪の輪郭を内側に凹ませることで枡形空間Fを造り出しており、Aから登る大手道を守る構造を持つ。「一国」には城内に「大手口門跡」があると記しており、このF付近に設けられたと推測したい。FからⅤ内部への出入りは、段差が低く可能に見えるが、おそらく柵や板塀等で遮断されていたと思われる。枡形虎口FからⅤへのルートは、北に伸びる堀底を利用して、先述の堀底道Eとつながっていたのであろう。

Ⅵは、大手道Ａを登りきった左手にあり、Ｖとは鍵の手状の堀Ｋの対岸に位置する。「資料」には、「二本杉」と記されるが、その由来は不明である。Ⅵは北・東・南下にかけて帯曲輪が廻っており、大手Ａから登る大手道から直接Ｆには入れず、Ⅵに監視されながらその南側を回り、さらにＫの堀底を通ってようやくＦの枡形空間へと到達できるという、防御上の導入路を形成している。Ⅵの虎口が不明瞭で、島状に独立した構造をもち、大手道から城内に入った敵すべてを監視する役割があったと考えられる。また、帯曲輪の南東下、台地の先端部に腰曲輪があり、現在は物見櫓を模した展望台が設置されている。本来の櫓の有無は定かではないが、南東に腰曲輪を張り出させることで、大手口に迫る敵を監視する役目を持つことは確かであろう。

ところで、Ｖ・Ⅵ間の堀Ｋの付近では、平成六年(一九九四)に、町史編纂事業に伴い発掘調査が実施された。その成果によれば、堀は東西肩幅が約一三・五㍍、底面から西側曲輪上部までの深さが約八㍍、堀底の幅が約四㍍の、堀底を通路として歩ける形状の空堀だったという〔塩沢他 一九九七〕。まさに、先述した枡形虎口Ｆへと到る導入路が、過去の調査で確認されていたのである。この調査では他にも、Ｖの南東端の土塁の工法が盛土によるものであることが確認され、また調査で確認した遺構はすべて、時期的な重複はなく、一時期に築かれたものだったという。同時代の出土遺物は確認されず、明確な年代は示されていないが、他に城内で発掘調査の事例はなく、一部とはいえ遺構面が一時期しかないことや土塁の工法、規模が明らかになった貴重な調査記録といえる。なお、出土遺物とは別に、城内からは丸瓦が採集されており、十六世紀代の特徴を持つが、関東地方における織豊期城郭の瓦利用の少なさから、おそらく近世以降に転用して建てられた何らかの建物の遺物と推測される(比毛君男氏のご教示による)。

Ⅶ・Ⅷは、城内北東部に位置し、上位の曲輪であるⅣとともに、南東の大手道・北東の谷筋・北側台地上からの侵入に対応するための区画である。Ⅶは、「資料」では、「食糧曲輪」とされ、南岸のⅥとともに大手道を挟み監視する役目を持つ。北・東・南の三方を横堀で囲まれ、その堀底も人が歩ける堀底道となっており、南側のⅥを迂回する道とは別ルートで、導入路が設定されていた可能性がある。この堀底を進むと、このエリアの中心的な区画であるⅣの手前で行き止まりとなるため、Ⅳに誘導するための囮道《おとりみち》と思われる。Ⅶの周囲ではさらに、南東から北東にかけて、横堀の外側に大規模な土塁を持つ。現地調査により、南東端で土塁が切れる地点で、その南斜面に竪堀Ｉが下るのを新たに確認した。

Ⅷは城内の最北東端に位置し、現地調査により、南東から北東にかけての斜面Ｌに、新たに細長い帯曲輪と土塁を確認し、大手道のみならず北東の谷筋への警戒も厳重になされていたことがわかった。

以上のように、狭義の茂木城内は主に八つの曲輪で構成されていた。

②北側台地上の遺構

さらに、塩沢氏による図１は、「一国」や「資料」に記されない城の北側台地上の、小字新地・羽黒山・館も城域として捉える。そのうち新地は、文字通り、先述の茂木城内に対して新たな城域として取り立てられた区画であろう。また、羽黒山には羽黒神社Ｍが鎮座し、その由緒は不明だが、一帯に土塁や切岸等の明確な遺構が残り、北側台地上の中心的な区画である。ここは城内の主要部Ｉ～Ⅳよりも高所に位置し、かつ北側から城に向けて緩やかに登坂する複数の谷筋の合流点でもある。さらに、北西方向の現在並松運動公園のある台地上からは、細尾根により地続きの場所でもあり、そのため、羽黒神社周辺を厳重に守る必要があったのだろう。

また新地の東側の小字は館といい、現在残る主郭Ｉとは別に、ある時期の茂木氏の居所が置かれていた可能性がある。後述するが、実は「館」の範囲は、小字としてではなく俗称地名として小字高藤周辺にも及んでおり、南北朝期の茂木城との関連が想定される。

この北側台地上は、現在その大半が太陽光パネルの敷地となり、立ち入りが難しい。また羽黒神社周辺の遺構も、かなりの藪に覆われ調査が困難で、茂木城内とあわせて詳細な縄張り調査が今後の課題である。

③茂木城の構造

以上が、茂木城の遺構として現在報告されている範囲である。茂木城にはⅠからⅧまで大きく八つの曲輪が設けられ、それらは枡形空間Fのある南北の横堀を境に東西に分かれ、Ⅰ～ⅢにⅤを加えた西側を内城《うちじろ》(実城《みじょう》)、Ⅳ及びⅥ～Ⅷまでの東側を外城《そとじろ》とする二重区画であったと想定される。城は東を正面とし、北を堀・土塁で台地から断ち切り、南を急峻な切岸で守り、西を堀切で遮断し、東から登城してくる大手道を各曲輪で南北から挟みつつ、堀底道を導入路として各曲輪を迂回させ、主郭に近づけないようにするという防御上の工夫がなされていた。

大手道の左右に複数の平場による段が次々に展開する様子は、左右に羽を広げた「蝶」に例えられる特徴的な形状で［峰岸他 一九七九］、「資料」が、大手口門の正面に位置する曲輪Ⅱを「本丸」と誤認したのもうなずける。茂木城は、一見すると現在の市街地である南麓との関係を考えがちだが、実は南東部の大手を正面とし、最も市街地に近い南西端のⅠが最奥にあたる。麓からは主郭Ⅰを容易に見上げることができるが、到達するには最も遠回りをしなければならないという、視覚的・防御的な効果の両面で、極めて優れた構造を持つといえよう。

また、台地や尾根続きの北方・西方を守備するために、北側台地上の一帯も城域に取り込んでいた。発掘調査からは現在残る遺構の年代観は得られなかったが、主に西に向かう政治情勢を想定すれば、茂木氏が佐竹氏麾下に属して以降の、戦国期の遺構が残っていると考えられる。続く3節では、現在の「茂木城」の範囲外にも目を向けていく。

3　茂木城の周辺

3節では茂木城の周辺について、新たに確認した城郭遺構や、その他の中世にさかのぼりうる遺構・遺物、寺社の縁起・由緒等を取り上げ、茂木氏の本拠を復元したい。なお個別の寺社の解説は、コラム3・6を参照してほしい。

以下、図2の茂木城周辺図をもとに、①〜④までエリアを分けながら、それぞれ茂木城との関係を整理して解説を進める。なお図2は、一万分の一地形図上に、現地調査成果と天保《てんぽう》十三年(一八四二)「茂木藩陣屋及び武家屋敷絵図」(『茂木町史別冊 図説茂木の歴史』、以下「絵図」)、明治九年(一八七六)の地籍図(茂木町役場蔵)および茂木町に提供いただいた町内の地名に関する情報などから明らかになった小字や遺構等(a〜u)を書き加えたものである。

①茂木城の東側台地上

まず、茂木城から大手道aが通る南北に細長い谷を挟み、東側対岸の台地上に位置する、小字高藤・朴平・樫平の一帯と、そのさらに東に続く山塊をみていく。

小字高藤には、延喜式内社の一つである荒橿神社(b)が所在する。永禄《えいろく》七年(一五六四)の阿弥陀仏を伝え、同じ頃に建てられたと考えられる三重塔が、現在では阿弥陀堂に造り替えられ現存する。また同社は、茂木城の北東に位置することから城の鬼門除けと伝わるが、先述のとおり同社は南北朝期の史料に見られる「高藤宮」に該当することから、むしろ境内そのものが南北朝期の茂木城内であった可能性がある。なお先述のように、小字高藤の一帯は、茂木城北側台地上の小字「館」の範囲が東に延びる形で、俗称地名として館とも呼称される。荒橿神社周辺には明確な城郭遺構は見られないが、古い時代の茂木氏の屋敷がこの付近にあった証左と言える。ちなみに、現在複数の周辺民家

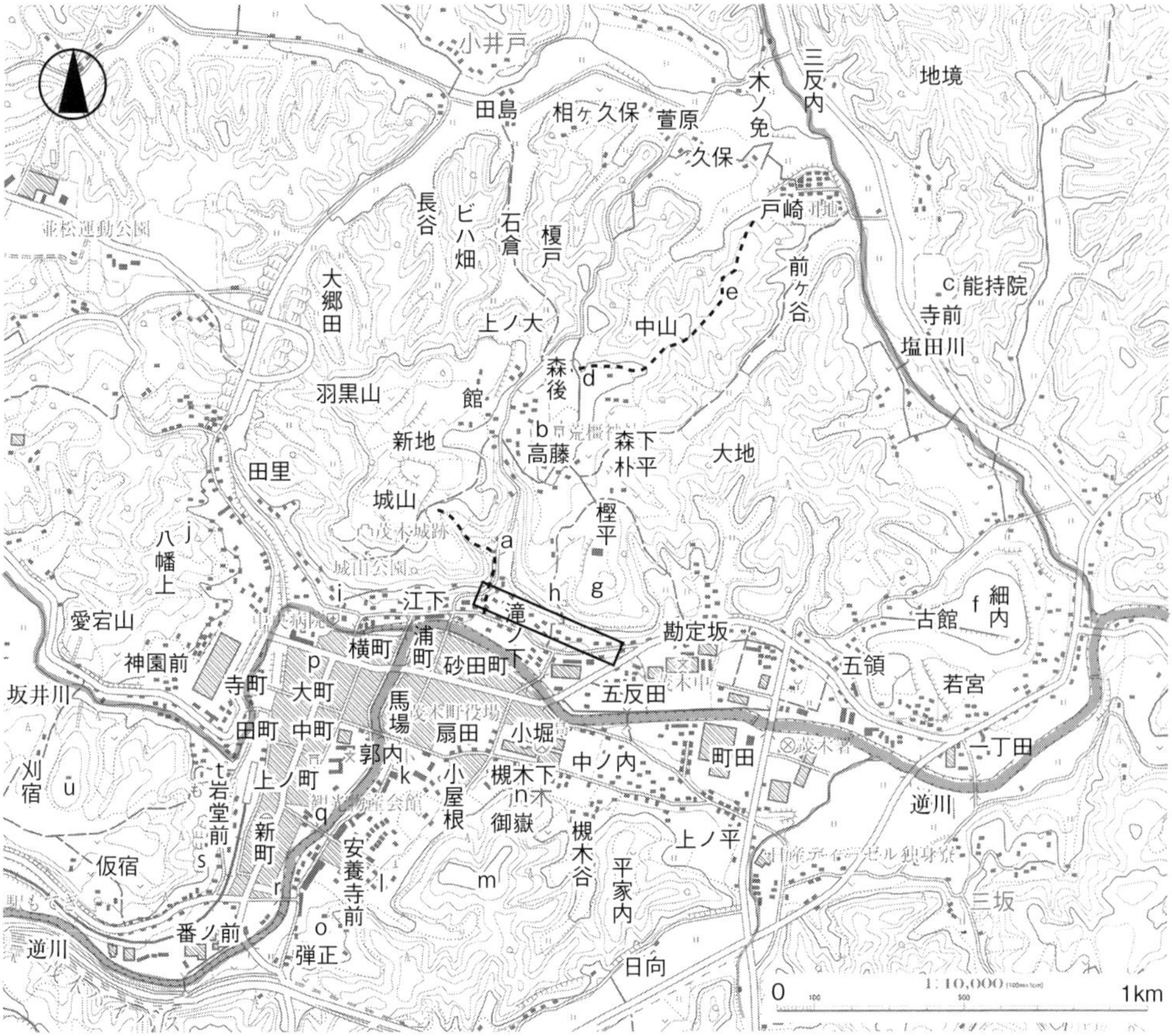

a．大手道　b．荒橿神社　c．能持院　d．古道　e．古塚　f．若宮城跡
g．切　岸　h．滝不動尊　i．正明寺　j．曲輪と竪堀　k．茂木陣屋跡
l．安養寺　m．小倉山城跡　n．御嶽神社　o．松永氏居館跡　p．覚成院故地
q．長谷寺　r．本岡寺　s．瑞岩寺　t．蓮華寺　u．近津神社

図2　茂木城周辺図（筆者作成）

の敷地境には城郭遺構のような盛土がみられるが、そのうちの一軒に聞き取りをしたところ、近代以降に風除けのために積んだものとのことであった。

次に小字高藤の東側に目を向けると、小字朴平がこの一帯の最高所に位置するが、現地表から城郭遺構は確認できない。この朴平から北東方向に延びる谷筋＝字前ヶ谷は、塩田山能持院《のうじいん》入母寺(c)がある塩田川流域へと一直線に延びていく。この能持院は、茂木氏初代知基《ともとも》の開基で茂木氏の菩提寺とされ、元は鮎田《あゆた》郷にあったが一度荒廃し、文明《ぶんめい》元年(一四六九)あるいは同三年に模堂永範禅師(筑波郡戸崎村松岳寺の僧)を招き現在地に再興したと伝わる、茂木氏にとって重要な寺院である[河原 一九九五、小貫 二〇〇一]。そのため、小字前ヶ谷の谷筋が、茂木城と菩提寺である能持院を結ぶ道である可能性を考えたが、残念ながら現地に遺構・遺物、伝承等は確認できなかった。

しかし、同様の視点でその北側の尾根上を歩いたところ、荒橿神社の北東dの位置から、さらに北東の戸崎団地へと延びる古道を確認した(図中の破線)。聞き取りによれば、この古道を地元では「ゴブッサンミチ(御仏参道か)」と呼んでおり、細川氏時代に能持院への参詣道として使われたと伝わり、まさに茂木城と能持院をつなぐ道であることがわかった。その途上eの位置には、年代不明の古塚が残り、古塚から北東へは、さらに一段階古いと思われる堀底状の道が、古道と平行して団地方面へと続く。茂木城の麓に陣屋を構える細川氏が、わざわざ廃城脇の谷筋を登ってから菩提寺に行くとは考えられず、この古道は中世にさかのぼり、茂木城と能持院をつなぐ道であった可能性は十分考えられよう。

また、小字朴平の東側尾根伝いの小字大地も踏査したが、遺構は確認されなかった。ただし、そのさらに尾根続きの先端部には、すでに知られた城郭遺跡である若宮《わかみや》城跡(f)が所在する。若宮某の築城と伝わり、南麓には鎌倉後期の木造阿弥陀像を収める阿弥陀堂があり、その北東側にはかつて真言宗西明山宗持院(詳細は不明)があったという[茂

木町教委 一九九七］。主郭の小字を古館といい、地名や立地から、茂木氏に関わりが深い城と推測されているが［塩沢他 一九九七］、茂木城との明確な新旧関係を示す証拠はない。塩田川と逆川との合流地点を見下ろす丘陵先端部を占地しており、菩提寺能持院と本拠茂木城、両方の入り口を監視する役割を持っていたと推察される。

さらに、小字高藤の南東、小字樫平には中世に高明院があったとされ、荒橿神社の別当寺と思われる［小貫 二〇〇二］。「樫平」という地名も荒橿神社との関連を連想させる。現在は企業敷地のため遺構等の状況は不明だが、樫平は東西から入り込む谷によって台地から半ば独立した地形となっている。その南側の斜面gには、大規模な切岸や数段の平場が見られ、明らかに茂木城と連動した周辺遺構とみられる。元は寺院として開かれた土地を、ある時期に城域に取り込んだのだろう。この遺構群gへは、南東側の台地下の小字勘定坂《かんじょうざか》から登城する道がある。

以上のように、茂木城の東側の台地上・丘陵上には、宗教施設や城郭遺構などの関連施設が続き、一見すると遠く離れて見える菩提寺（能持院）との間を、これらの施設がつないでいる。

②茂木城の南麓

茂木城の南麓、逆川・坂井川北岸の東西に長い一帯には、小字田里・江下・滝ノ下・五反田・勘定坂などがある。そのうち、江下・滝ノ下・勘定坂にかけての台地裾（図中□で示した範囲）は、五反田や対岸の砂田町などの逆川の氾濫平野よりも、一段高い段丘に乗っており、茂木城の大手口aに接続する。この段丘上は一定の広さを持ち、根小屋《ねごや》（城主の居館や軍勢の駐屯地）や家臣団居住区など、中世の城下的な空間だったと考えられる。先述した樫平の南側斜面に見られた遺構群gは、ここを守るために設けられたのだろう。茂木城は、この根小屋のような中間区画を媒介として、逆川の対岸にある茂木宿とつながっていたと推察される。なお、この範囲のうち小字滝ノ下は、当初「館の下」の転訛と考えたが、実際には斜面中腹から小さな清水が滝状にしみ出し、その傍らの平場に「滝不動尊」（h）が祀られていることに因むと思われる。

また、茂木城の本丸直下、南麓の一段高い段丘上には、田里山雲成院正明寺(i)が乗る。町内唯一の浄土真宗寺院で、近世に細川氏が現在地に再興する前は、了智坊と称して少し西の小字田里にあったというが、その故地は不明である。寺伝では、はじめ地名を冠する田里定三郎なる人物が親鸞《しんらん》の弟子となり開山し、その後寛正《かんしょう》年間(一四六〇~六六)に良寛が再興したと伝わる[河原 一九九五]。茂木城の麓に位置しながら、茂木氏や茂木城との関連は不明である。

その西側、茂木城の南西麓にあたる小字田里から神園前にかけての一帯には、蛇行する坂井川と茂木城・西の小字八幡上の丘陵に囲まれる形で、平坦地が形成されている。その西側、小字八幡上の丘陵の東斜面には、小字樫平の南斜面と同じように、麓の平坦地を守るように大規模な切岸と数段の平場が広範囲に展開するが、これらが城郭遺構の名残であるかどうか、判然としない。ただし、同丘陵上でも茂木城に近いjの尾根上や北側の斜面には、明確に曲輪と数本の大規模な竪堀が確認され、西の坂井方面から丘陵を越えて茂木城へと近づく敵に対する防御遺構と思われる。このように、場所により遺構として明確・不明確な地形が混在してはいるが、茂木城の西側にも遺構が広がり、城本体や麓の平坦地を守備していたと思われる。

③逆川の南岸・東岸

続いて、逆川南岸・東岸の、蛇行地点の南東一帯についてみていく。このエリアの小字や俗称地名には、郭内・馬場・浦町・砂田町・扇田・小堀・槻木下・小屋根・御嶽・安養寺前・弾正などがある。

そのうち郭内・馬場は、近世に整備された区画で、茂木陣屋(k)とその陣屋町である侍屋敷地があった。茂木陣屋の位置は現在の茂木町民センターの敷地にあたり、先述のとおり近世初期に細川氏が矢田部藩茂木陣屋として設けたものである。細川氏は中世以来の交通・流通の要所である茂木宿に拠るため、茂木城跡の再利用はせず、宿の近くに新たに陣屋を設置したという[須藤二〇一五]。「絵図」によれば、天保十三年(一八四二)には陣屋西側の南北の通り沿いに、二十二軒の侍屋敷が立ち並んでいた。郭内から西岸の茂木宿(町人地)には、鍵の手の大手道が延び、その途上には、藩校弘道館《こうどうかん》、逆川を渡る「御本陣橋」(殿橋とも)、大手門などがあった。

また、浦町は砂田町と直交する南北道沿いの俗称地名で、「絵図」に見られたが明治期の地籍図では消滅しており、現在は小字砂田町に含まれる。逆川・坂井川の合流点にあたり、船場や渡し、水運等に関わる地名と推測され、浦町から茂木城の大手口に渡河していたと思われる。

またこの一帯で注目される小字が、砂田町と小堀である。砂田町は茂木陣屋の町人地で、近世茂木宿の東の入り口にあたる。「茂木家臣給分注文」に「藤縄スナ田」「同郷(藤縄)スナ田」として見え(補遺⑪)、中世には西茂木保藤縄郷に属していた。一方、隣接する小堀は茂木家証文写に「茂木郷内前小堀」「東茂木郡内茂木郷内前小□《(堀)》」として見え(文書二⑦・⑨)、東茂木保茂木郷に含まれていた。つまり、中世の東西茂木保の境界は、小字砂田町と小堀との間にあったことがわかり、逆川東西の氾濫平野は、中世はすべて藤縄郷だったことになる。

この境界から想像を膨らませれば、砂田町の北岸台地上に位置する小字高藤も、地名の由来を「藤縄郷内の高所」の意と解され、中世には藤縄郷内にあったと推測できる。とすれば、鎌倉期に茂木氏の屋敷が置かれ、南北朝期以降に茂木城が構えられた小字高藤以西の地は、西茂木保内にあたる。あくまでも推測だが、東西茂木保のうち茂木氏が比較的安定した所領経営を行えたのが西茂木保であることを考えれば、茂木氏の本拠は、西茂木保を経営しつつ東茂木保進出の足掛かりとするため、西茂木保の最東端にあたる小字高藤付近に設定されたのではないだろうか。

小字安養寺《あんようじ》前の1には、藤縄山安養寺がある。元は浄土宗で、現在は曹洞宗寺院に替わっている。能持院の五世である松巌和尚が再興したと伝わり、延文《えんぶん》四年(一三五九)には、茂木賢安《けんあん》(知世《ともよ》)が出征の際、自身の戦死に備えて住持の教乗上人《きょうじょうしょうにん》に置文《おきぶみ》を託すなど（文書二⑩）、茂木氏が深く帰依した寺院であり、十五世紀末にはその菩提寺になったと推測されている［小貫 二〇〇二］。室町時代の作とされる銅像二体（勢至菩薩像・観音菩薩像）が残り、本堂の横には源頼朝・政子夫妻の供養塔と伝わる宝篋印塔《ほうきょういんとう》二基と、頼朝の側室安養尼《あんように》、その父茂木元久《もとひさ》およびその子の頼昌《よりまさ》の供養塔と伝わる五輪塔《ごりんとう》三基が残る（詳細はコラム5を参照）。山号を藤縄山ということから、小字砂田町と同様に、安養寺も中世には藤縄郷に属していたと思われる。

安養寺の裏山を小倉山（m）という。山の北西麓の小字を「小屋根」・北麓の小字を「槻木下」といい、小屋根は城郭関連地名としてよく見られる「小屋」を冠し（「根小屋」と同意か）、槻木下も「築城下」に通じる可能性を考え、半ば確信を持って山頂を踏査したところ、想定どおり城郭遺跡を発見したので、仮に小倉山城跡と呼称し紹介する。

図3はその縄張図である。小倉山の頂部に東西に細長い逆L字型の尾根上を主郭部とし、その南側の斜面に切岸と曲輪を連続させた防御遺構を展開する。現在城内はハイキングコースとして整備され、主郭部には電波塔が建ち、整地された箇所が多く遺構はわかりにくいが、尾根上の主郭部を分ける堀切や、北側斜面を防御する竪堀など、要所に城郭の痕跡が見られる。北東に突き出した尾根の先端にある休憩所からは、対岸の茂木城や逆川流域の市街地が一望できる。

発見当初は、先述した享徳の乱に際して築かれた陣城かと考えたが、城域が広範囲に及び、遺構の規模も大きく、何より安養寺の南に隣接する谷を入口（大手口）として小倉山の頂部まで大規模な切岸、帯曲輪状の城道、曲輪が連続してつながることから、安養寺およびその庇護者である茂木氏に関わる城郭と考えている。この城を語る文献はなく詳細は不明だが、今のところ、茂木城を補うため、対岸に設けられた出城《でじろ》と考えておきたい。茂木城の対岸にこれだけ大きな城郭遺跡が残りながら、まったく伝承を持たず、これまで未発見だったことは不思議である。

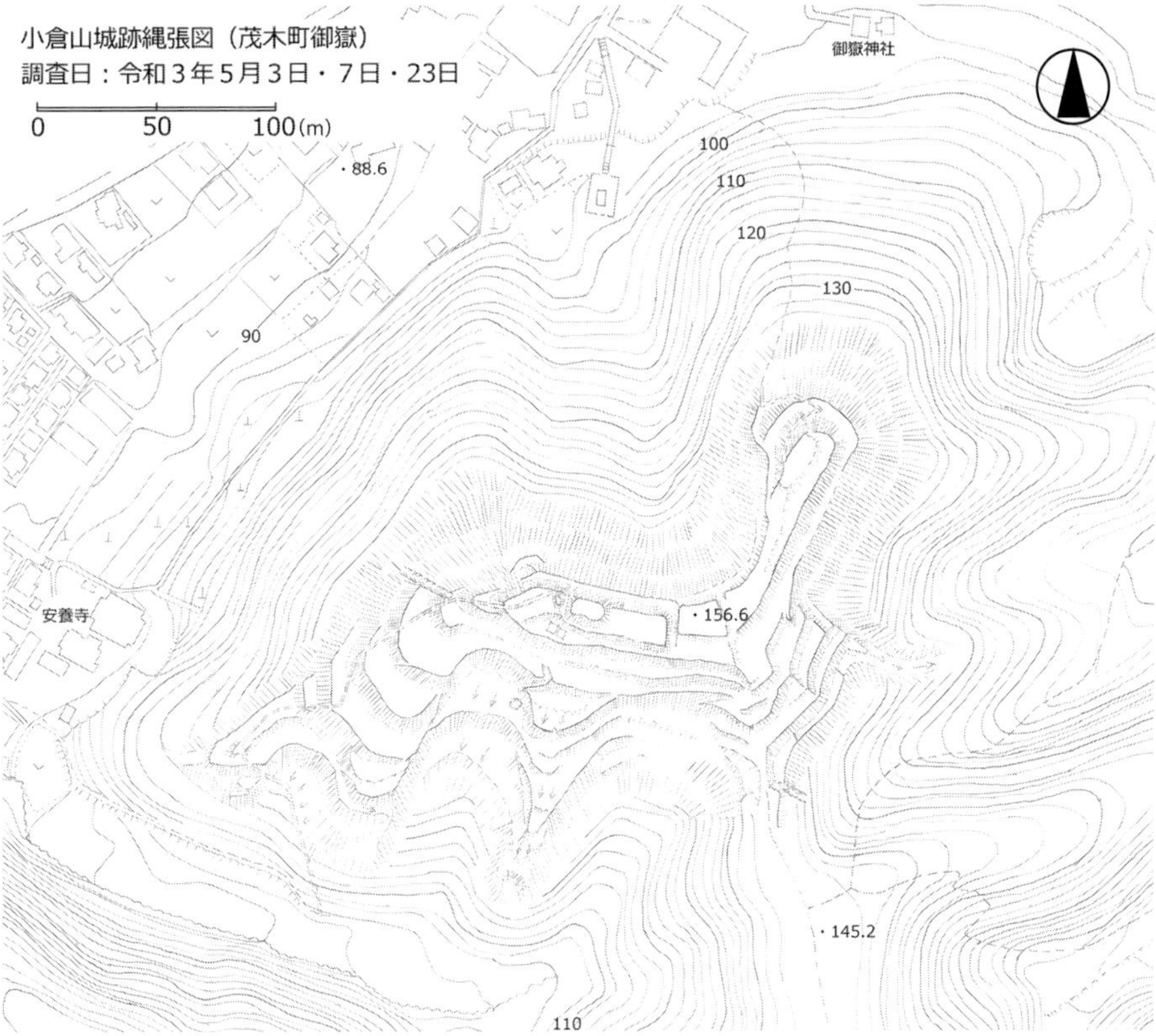

図3　小倉山城跡縄張図（筆者作成）

なお、小倉山の北麓nには、須田盛秀が甲斐国木曽より御嶽神社を勧請し、茂木城の巽の方角を選び創建したと伝わる［小貫二〇〇一］。小倉山は御嶽神社の裏山にもあたることから、盛秀と小倉山城との関わりも想定すべきかもしれない。

実は小倉山城の南西側、小字弾正に所在する明星山覚成院宝憧寺の境内も、中世の館跡と伝わる(o)。寺伝によれば、同寺はもともと茂木城の南p(現在のふみの森もてぎの敷地)にあり、江戸時代に細川氏の祈願寺として現在地に移されたが、それ以前、この地には「松永弾正」という茂木氏家臣の居館があったのだという。その裏山には、近年まで祭祀に使用していたという二段の小規模な平場と、そこから北西に延びる幅広で平坦な尾根があるが、これらが城郭遺構であるかは判然としない。なお、この裏山は「セイリュウサン」と呼ばれ、茂木宿の東を守る四神に通じる呼称として興味深い。その立地から、北および西に向かって眺望が開け、中世には、小倉山城南西の入口と逆川流域を監視する物見台として機能していたと推察される。

以上このエリアでは、東西茂木保の境界と、茂木城と対をなすもう一つの城郭の発見が、注目すべき成果である。

④逆川の西岸

最後に、現在の中心市街地である逆川西岸を見ていく。ここには、小字横町・寺町・大町・中町・上ノ町・新町・番ノ前など、近世茂木陣屋の町人地に関連する地名が南北に連なる。

この町人地は陣屋町であるとともに、水戸―宇都宮・日光、烏山―笠間を結ぶ街道の宿場町（＝茂木宿）としても賑わい、逆川東岸の砂田町からはじまり、逆川を渡河して大町で南に折れ、南端の新町まで、宿場町特有の短冊形《たんざくがた》地割《ちわり》が連続する。貞享《じょうきょう》二年（一六八五）の時点で、裏通りを含めると二四〇軒以上の町屋が立ち並ぶ様子が確認される（茂木3第一章第一節24）。この茂木宿の中世の姿は不明だが、史料上の初見は文禄二年（一五九三）にさかのぼり（「大和田重清日記」、詳細は6章を参照）、茂木氏の時代にもこの位置に所在していたと思われる。具体的に、このエリアの中世の遺構や伝承を探していこう。

前節で述べたように、小字大町のT字路、現在のふみの森もてぎの敷地には、かつて真言宗寺院である覚成院（p）があった。寺伝によれば、同寺は近世初期に現在地（o）に移されたが、中世には茂木城の近くに立地し、院号も覚「城」院と書いたというから、当然ながら茂木城との関係が想定される。十二世紀に覚鑁《かくばん》の開基とされ、現在、室町時代の木造大日如来坐像、大般若経六〇〇巻を所蔵する。戦国期に茂木氏当主の子二人が同寺の僧侶になったと伝わるなど、茂木氏と関わりが深く、同氏の祈願寺と推測されている［小貫 二〇〇一］。茂木宿の中心部と言ってもよい位置に、中世には茂木氏の祈願寺が所在していたのであり、茂木氏の茂木宿への関わりを示唆している。

長谷山長久庵長谷寺（q）は、小字新町に所在する曹洞宗寺院である。天正年間（一五七三〜九二）に能持院八世の南嶺春虎和尚の開山と伝わる［小貫 二〇〇一］。開山に能持院が関係することから、茂木氏とも何らかの関わりがあったと思われるが、詳細は不明である。

また、了厳山本光院本岡寺（r）は、小字新町に所在する日蓮宗寺院で、永仁《えいにん》六年（一二九八）に日蓮《にちれん》の弟子天目上人《てんもくしょうにん》が、下総国から常陸国土浦を経て茂木の地を来訪し、開山したという［小貫 二〇〇一］。中世に起源する由緒を持つが、茂木氏との関係は不明である。

岩谷山瑞岩寺（s）は、小字岩堂前に所在する真言宗寺院で、古くは布引山と称し、空海《くうかい》作と伝わる地蔵尊を本尊とする［小貫 二〇〇一］。茂木家臣給分注文に、「寺家分」として載る「上地蔵堂藤縄郷」に比定されることから、茂木氏の庇護下にあった寺院と考えられる（補遺⑪）。境内に軟質の凝灰岩をくり抜いて造った石龕《せきがん》の地蔵堂を持つことが、地名の由来になったのだろう。また境内の墓地には、安養寺と同様に大型の五輪塔が残る。花崗岩製と安山岩製の二基があり、比毛君男氏の教示によると、前者は十五世紀以前、後者は十六世紀代の特徴を持つという。いずれも、在地の領主クラスの墓石と考えられ、茂木氏に関わるものである可能性が高い。

大内山観音院蓮華寺（t）は、小字岩堂前に所在する時宗の寺院で、康保《こうほう》年間（九六四〜六七）に平維茂《たいらのこれしげ》が開基したと伝わり、また弘安《こうあん》三年（一二八〇）の一遍上人《いっぺん》による草創ともいう［小貫 二〇〇一］。別名を近津《ちかつ》道場ともいうことから、小字刈宿に所在する近津神社の別当寺であったと思われる。

ｕの位置には、その近津神社がある。建久《けんきゅう》七年（一一九六）に茂木知基《ともも と》が、茂木城の未申《ひつじさる》の方角に、病門除けとして創建した由緒を持ち［河原 一九九五］、その成立が茂木城に関連づけられている。また、天正十五年（一五八七）九月の、結城氏・益子氏との戦いの際に、当社から白羽の矢が飛び来たことで茂木勢は神威を得て、敵を敗退させることができたと伝わる。当社は茂木城の南西を守護する結界であるとともに、現実的には西方に対する物見台としての役割を持っていたのかもしれない。地形上も、茂木宿の西側の山塊に位置し、境内からは坂井郷方面を見渡せる。茂木城の西側では、伝承上も地形上もこの近津神社までが、城や宿を一体的に守るための茂木氏本拠の範囲といえる。なお現在境内には、性格不明の盛土や、西側斜面を下る二段の帯曲輪状の平場が見られるが、明確なプランニングを確認できないため、これらは後世の造成によるものかもしれない。

以上のように、近世茂木宿があったこのエリアでは、断片的にではあるが、多くの寺社が縁起等から中世までさかのぼる由緒を確認でき、そのうちの多くに茂木氏や茂木城との関連が想定できた。これらのことから、茂木氏はおそらく、茂木城の城下として中世茂木宿を位置づけていたのだろう。茂木城とその周辺の防御施設や、宗教的な結界が宿を囲み庇護していた。茂木城が室町期以降、現在地に構えられたのも、茂木宿を管理・経営するためかもしれない。宿から北に見上げた時の、茂木城の示威的な景観は、明らかに宿の管理を意図した所産であると考えられる。

おわりに

本章の成果を確認しよう。まず一つは、茂木城の歴史・構造から、その変遷に一応の道筋を立てたことが挙げられる。茂木城に先立つ茂木氏の本拠(屋敷)は、当初、東西茂木保の領有を目指して西茂木保の最東端である小字高藤周辺に設定され、これが南北朝期に争乱に対応する形で城郭化した。その後、おそらく茂木宿との関わりから宿を見下ろす現在地に茂木城を築き、戦国期には恒常的な戦争に対応するために大規模な改修を加えて城域を北側台地上にも広げ、最終的には西側を守る構造として完成させたと考えられた。

もう一つは、その周辺に広がる、広域の茂木氏本拠を復元できたことである。城の周辺から中世にさかのぼる遺構などを探した結果、城や茂木氏に関わる多くの遺構や遺物、寺社縁起等が確認された。城の大手口である南東麓では、根小屋的な空間が城と宿を媒介し、城の東側台地上では、古道が菩提寺との間をつないでいた。さらに茂木宿を守備・守護する形で、周辺の山上・山麓にも多くの防御遺構や宗教施設を配したことが明らかになった。なかでも、安養寺裏山(小倉山)に知られざる城郭遺構を確認したことは大きな発見であった。茂木宿は、これら本拠の空間に取り込まれていたことから、中世末には茂木城下として位置づけられていた可能性が高い。なお本章では、茂木氏の本拠の範囲として、東は能持院、西は近津神社までとしておく。

以上、多分に推測を含み、個別の遺構・遺物・伝承等の時代差を考慮せず「茂木氏の本拠」として一括りにしてしまった感はあるが、茂木城に関する遺跡のあらましは紹介できたと思う。今後は、周辺遺構を含めたより精度の高い縄張り調査、関連寺社の個別の資料調査などを丁寧に進めていく必要があり、課題は多い。

最後に、本稿執筆に係る現地踏査や史料調査では、五十嵐雄大氏・大山恒氏に大変お世話になった。感謝の意を表して擱筆したい。

〈コラム7〉
茂木保　境目の城

大山　恒

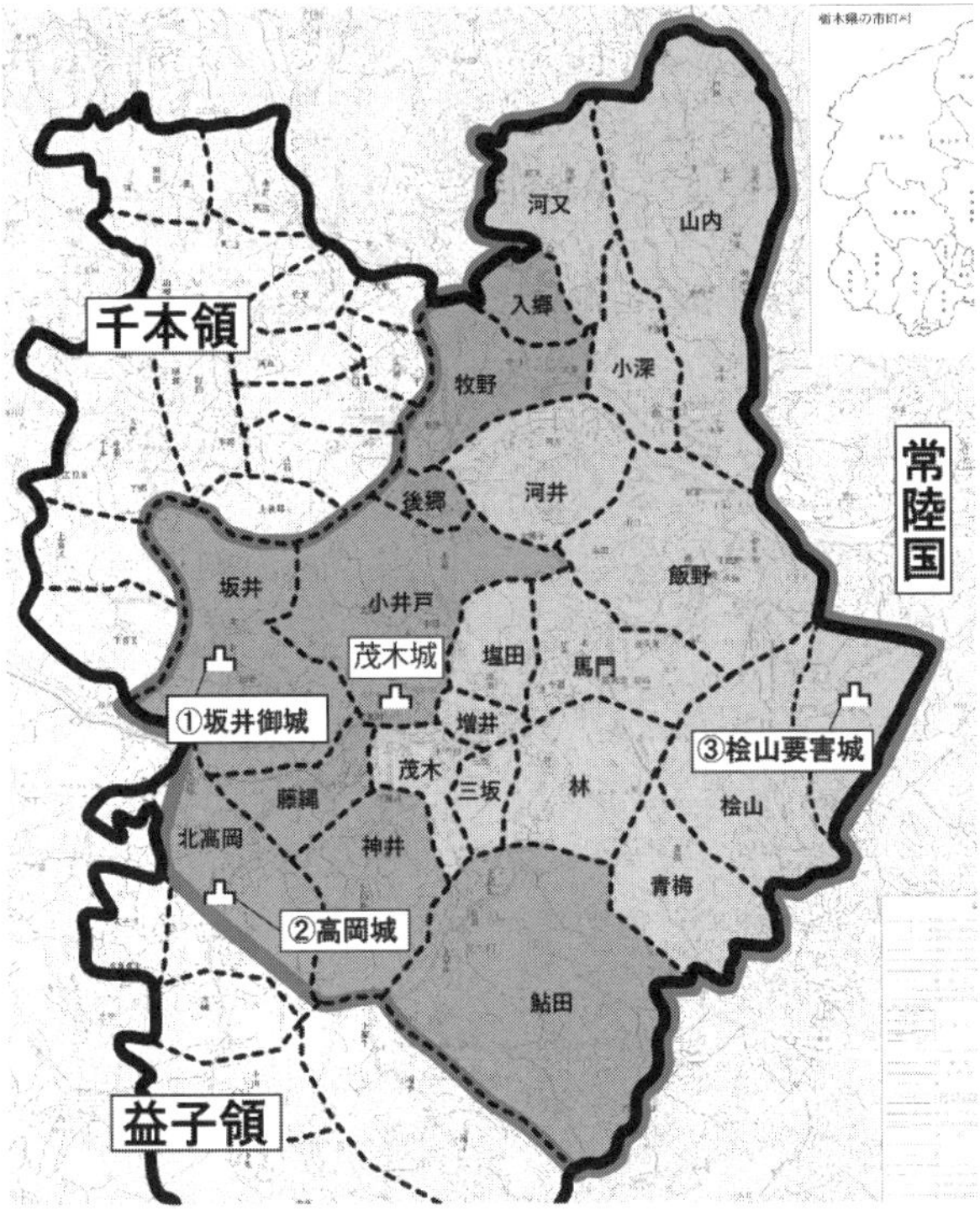

茂木城・境目の城略地図

茂木氏領である茂木保は、北西方向は那須氏・千本《せんぼん》氏、東は佐竹氏（主に長倉氏）、西・南は益子《ましこ》氏・宇都宮氏の勢力圏と境を接していた。これらの勢力との境界には城郭が築かれ、茂木保の防御や監視拠点としての機能を果たしていたと考えられる。ここでは茂木保の境界にあって、境目の城として機能したであろう城郭遺跡について紹介する。

①千本領との境の城　坂井御城

坂井御城《みじょう》は茂木町大字坂井字古屋《こや》に所在し、坂井川の北岸、標高一三〇㍍の丘陵部上にある。平野部の水田からは比高約四〇㍍ほどである。坂井御城に関する城主や築城の伝承は伝わっていない。しかし、建武《けんむ》五年（一三三

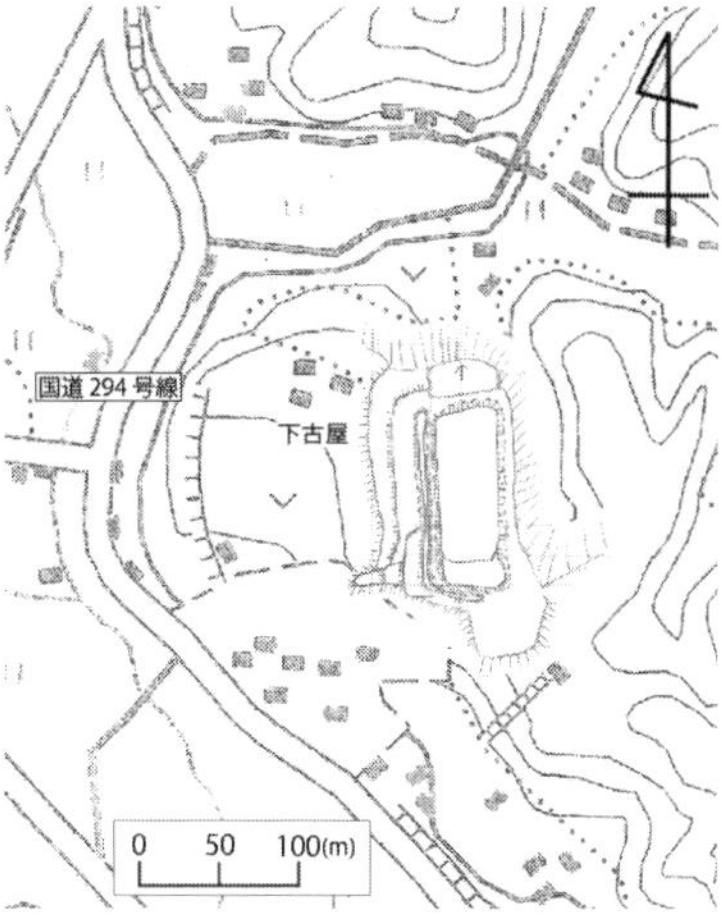

坂井御城　縄張図
（『茂木町史2』塩沢清氏作図を参考に作成）

八）の軍忠状（文書一八）に坂井九郎の名が見え（宇都宮宮隠原合戦で討死）、延文《えんぶん》四年（一三五九）の譲状（文書二⑩）には坂井六郎および同四郎の名が見える。これらの史料から坂井郷の領有に坂井氏が関係していることがわかる。坂井御城は茂木家臣坂井氏の居所であった可能性がある。城域には現在、いわゆる城郭地名である「古屋」の小字名が残っている（主郭北西部の個人宅の部分が「下古屋」）。茂木家臣給分注文（4章参照）の「寺家分」に「坂井観音堂」がみえる。坂井御城の麓（南西）には「観音堂」の小字が残っているものの、現在、関連する堂宇は存在しない。

坂井御城で確認された主な遺構は、南北八〇メートル×東西三〇メートルの主郭を取り囲む堀と土塁である。主郭の西側に幅四メートルの空堀と幅二メートルの土塁が残っている。ほかに主郭南西部は腰郭と思われる平場もいくつか確認できる。

坂井郷は茂木保の北西部に位置し、那須氏の領域である千本との境界部にあたる地区である。坂井御城は、坂井郷の西部にあって、茂木城と千本城の中間地点という位置関係にある。坂井氏の拠点は茂木氏と千本氏（那須氏）との境目の城でもあったのだろう。

②益子領との境の城　高岡城

高岡《たかおか》城は茂木町北高岡字寺之内にある。道の駅「もてぎ」から一・五キロほど南の逆川沿いの舌状台地上に位置し、日枝《ひえ》・田ノ神神社が隣接している。水田のある平野部からの比高は二〇メートル程度である。

高岡城の築城年代や城主などの詳細は不明である。北高岡（もと高岡）は益子氏の所領であったが、戦国期には茂木

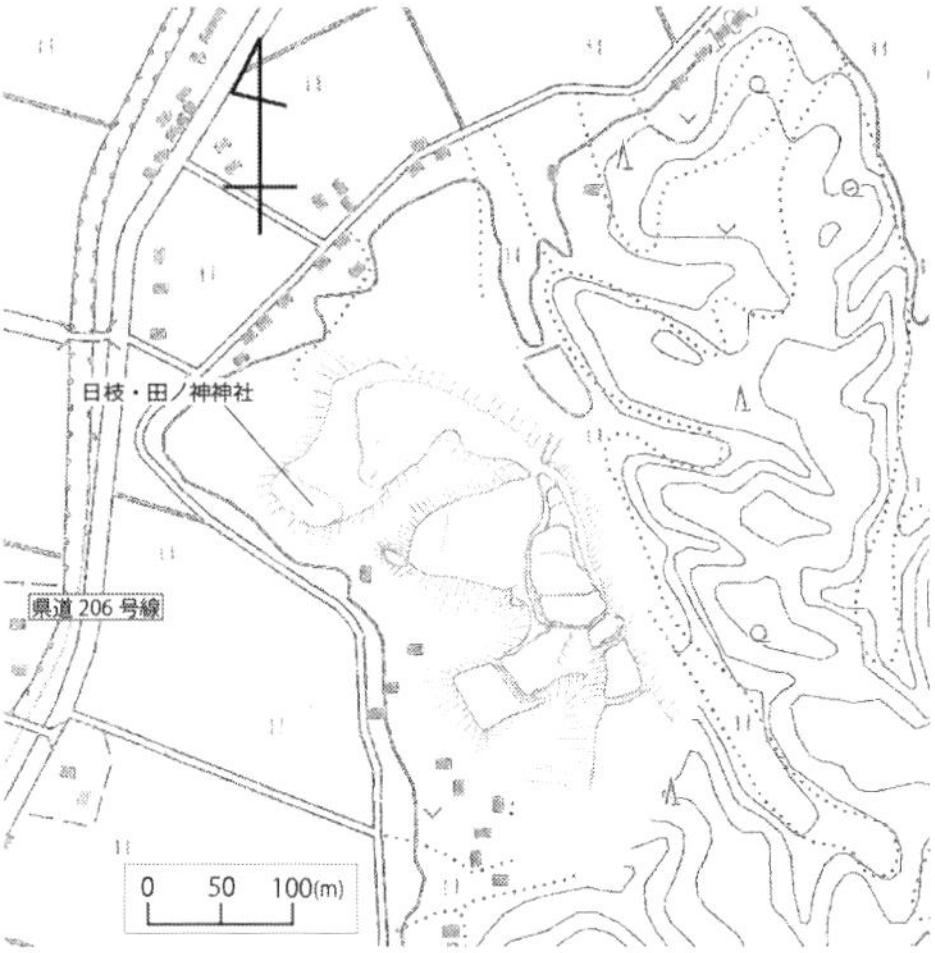

高岡城　縄張図
（『茂木町史2』塩沢清氏作図を参考に作成）

氏が割きとり、高岡城が茂木氏の城として機能したものと考えられている。伝承では茂木氏の隠居城であったというが、詳細は不明である。益子氏との境界にあたる位置関係を踏まえれば、単なる隠居城とは考えにくい。

高岡城では、尾根を利用して階段状に形成された曲輪とそれらを囲む土塁や堀が確認できる。一番高い主郭部から見て、谷を挟んだ北東方向に日枝・田ノ神神社が鎮座し、その周辺にも土塁・堀をうかがわせる遺構が確認できる。東西の直線距離約二〇〇メートルという広い範囲が城郭遺跡である。高岡城から見て、南西方向二キロには益子氏家臣飯村氏の居住伝承を持つ木幡《きばた》城がある。茂木氏が高岡へ支配を広げた後、高岡城は益子氏との境界を守る境目の城として機能したと考えられる。

③茂木保西境の城　桧山要害城

桧山要害城《ひやまようがいじょう》は、茨城県常陸大宮市檜山字要害に位置している。ツインリンクもてぎから北東方向に三キロほどにあり、城郭のある山の南西麓に鬼渡《きど》神社が所在する。最大標高約一七〇メートルの台地先端部に位置する。

現在、常陸大宮市に含まれているのは、近世に檜山村が常陸と下野に分村したためで、中世には茂木保林郷内であった。城郭の麓にある鬼渡神社の縁起によると、常陸国那珂東郡の武士戸村氏の家臣檜山氏が築城したとされるが、近世の分村後に編纂された地誌類で戸村氏家臣の檜山氏と混同されたものとみられている（『続 図説茨城の城郭』）。かつては佐竹氏や戸村氏に関係する城郭ではないかと考えられていたが、この地は中世まで東茂木保内に属しているので、茂木氏に関わる城郭とみるべきだろう。常陸国佐竹領との境界を守備・監視する役割を果たしていたと考えたい。

桧山要害城の前を走る現県道二九一号は、茂木と佐竹領長倉《ながくら》を結ぶ旧街道である。城郭は佐竹氏一族長倉氏領との境界に位置し、山下の鬼渡神社の名称も「木戸」との関わりが考えられる。桧山要害城はこの街道を押さえる役割も果たしていたのであろう。城郭の位置する山に「古館《ふるたて》」という地名が残っているのも、城郭遺跡であることを表わしている。

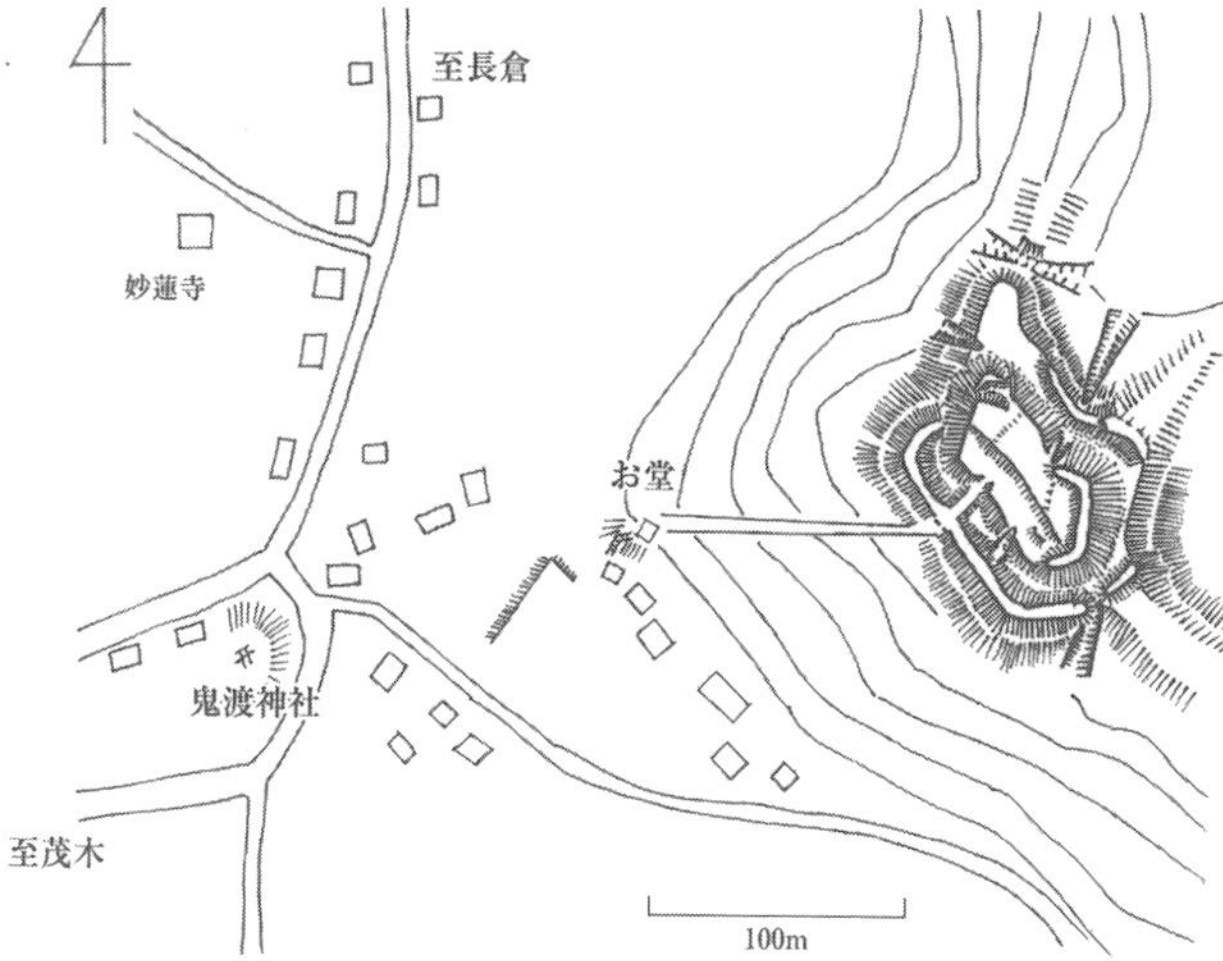

桧山城　縄張図（作図：五十嵐雄大氏）
（『続・図説茨城の城郭』国書刊行会、2017年より転載）

　茂木氏と長倉氏との関係を語る史料がある。永正《えいしょう》元年（一五〇四）の佐竹義舜《よしきよ》書状である（文書六六・六七）。義舜は長倉氏に不審な動きがあっても、茂木氏を支援すると史料には記されている（5章参照）。十六世紀初頭には茂木・長倉間に緊張関係があったことがうかがえ、城郭は長倉氏に対する境目の城として機能したのであろう。

　山頂部には東西八〇㍍×南北四〇㍍ほどの曲輪とそれを取り囲む横堀・土塁が確認できる。また、頂上部から北と東へ延びる尾根部分には堀切も見える。小規模ながら防御設備がコンパクトにまとまる城郭である。

参考文献

◆全体にかかわる文献

市村高男　二〇〇九『戦争の日本史10 東国の戦国合戦』吉川弘文館

江田郁夫　二〇一一「南北朝・室町時代の茂木氏」『栃木県立博物館研究紀要―人文―』二八

高橋　修　二〇一七『佐竹一族の中世』高志書院

田村雅樹・馬籠和哉　二〇〇三「山間地形における中世村落の景観復原と権力構造の検討」『栃木の考古学―塙静夫先生古稀記念論集―』

栃木県史編さん委員会編　一九八四『栃木県史』通史三 中世

則竹雄一　二〇一三『動乱の東国史6　古河公方と伊勢宗瑞』吉川弘文館

松本一夫　二〇一〇『下野中世史の世界』岩田書院

馬籠和哉　二〇一八「中世山間地形村落構造の検討―地名「堀の内」を中心に―」『栃木県立博物館研究紀要―人文―』三五

茂木町史編さん委員会編　一九九二『茂木町史資料』第四集

茂木町史編さん委員会編　一九九七『茂木町史』第二巻 史料編1 原始古代・中世

茂木町史編さん委員会編　一九九八『茂木町史』第三巻 史料編2 近世

茂木町史編さん委員会編　二〇〇一『茂木町史』第五巻 通史編1

茂木文書研究会編　二〇一九『茂木文書の世界』茂木町まちなか文化交流館 ふみの森もてぎ・茂木町教育委員会

◆自治体史・図録・地名辞典

茨城県立歴史館史料学芸部編　二〇一七『茨城県立歴史館史料叢書20 安得虎子―古文書・古記録編―』茨城県立歴史館

牛久市史編さん委員会編　二〇〇〇『牛久市史料』中世II―記録編

牛久市史編さん委員会編　二〇〇二『牛久市史料』中世I―古文書編

牛久市史編さん委員会編　二〇〇四『牛久市史』原始・古代・中世

大館市史編さん委員会編　一九七三「付録二　茂木家系図」『大館市史編さん資料　第十集　茂木文書・十二所口戊辰戦争関係文書』

鹿沼市史編さん委員会編　一九九九『鹿沼市史　資料編　古代・中世』鹿沼市

鹿沼市史編さん委員会編　一九九九『鹿沼市史叢書5　高野山清浄心院下野国供養帳　第三』鹿沼市

下妻市教育委員会編　一九九六『下妻市史料　古代・中世編』下妻市

高根沢町史編さん委員会編　一九九五『高根沢町史 第一巻 史料編I 原始古代・中世』高根沢町

筑波町誌編纂専門委員会編　一九八六『筑波町史 史料集』一〇 中世編II

筑波町誌編纂専門委員会編　一九八九『筑波町史』上

東筑摩郡松本市塩尻市郷土資料編纂会編　一九八四『東筑摩郡松本市塩尻市誌』第二巻歴史上　信毎書籍出版センター

東筑摩郡松本市郷土資料編纂会編　一九八四『東筑摩郡松本市誌』第一巻自然　信毎書籍出版センター

角川日本地名大辞典編纂委員会編　一九八四『角川日本地名大辞典

九　栃木県』角川書店
平凡社地方資料センター編　一九八八『栃木県の地名』日本歴史地名大系九　平凡社

◆その他の史料集

『吾妻鏡』一～四　新訂増補国史大系　吉川弘文館
『梅津政景日記』一～九　大日本古記録　岩波書店
『信濃史料』信濃史料刊行会
『新訂寛政重修諸家譜　第十二』続群書類従完成会
『新訂増補　徳川実紀』第1篇　国史大系 第38巻　吉川弘文館
『尊卑分脈』第四編　新訂増補国史大系　吉川弘文館
『群書系図部集』巻七　続群書類従完成会
『群書類従・第五輯』系譜・伝・官職部　続群書類従完成会
『大日本古文書　家わけ第一五（山内首藤家文書）』東京帝国大学文学部史料編纂所
『伊達天正日記　天正十五年』岩田書院
『連歌大観 第二巻』古典ライブラリー

◆史料出典略号

『茂木文書の世界』→文書　流出文書→補遺
『茂木町史』第二巻　史料編1原始古代・中世　→茂木2
『茂木町史』第三巻　史料編2近世　→茂木3
『栃木県史　史料編　近世三』→栃木3
『栃木県史　史料編　中世四』→栃木4
『鹿沼市史資料編古代・中世』→鹿沼
『鹿沼市史叢書5　高野山清浄心院下野国供養帳　第三』→鹿沼5
『牛久市史料　中世Ⅰ　古文書編』→牛久
『千秋文庫所蔵佐竹古文書』→千秋
『下妻市史料　古代・中世編』→下妻
『南北朝遺文　関東編』→南関　『戦国遺文　下野編』→戦下
『戦国遺文　古河公方編』→戦古　『戦国遺文　房総編』→戦房
『北区史』東京都北区　→北区
『新訂寛政重修諸家譜　第十二』→『寛政』

◆1章

糸賀茂男　一九八九「小田氏の支配」『筑波町史』上巻　つくば市
川合　康　一九九六『源平合戦の虚像を剥ぐ―治承・寿永内乱史研究―』講談社
黒川高明　二〇一四『源頼朝文書の研究』研究編　吉川弘文館
郷道哲章　一九八六「執権政治の始まりと信濃」『長野県史』通史編二　長野県
御家人制研究会編　一九七一『吾妻鏡人名索引』吉川弘文館
高橋　修　二〇〇九「『常陸守護』八田氏再考」『茨城の歴史的環境と地域形成』雄山閣
高橋　修　二〇一七「常陸奥郡十年戦争」前掲『佐竹一族の中世』
高橋　修　二〇二〇「治承四年の佐竹氏没収領小考」『常総中世史研究』八
永原慶二監修・貴志正造訳注　一九七六～七九『全訳 吾妻鏡』一～五・別　新人物往来社

◆コラム1

海老名尚・福田豊彦　一九九二「『田中譲氏旧蔵典籍古文書』「六条八幡宮造営注文」について」『国立歴史民俗博物館研究報告45』
後藤芳孝　一九九六「南北朝の動乱と松本」『松本市史』第二巻歴史

編Ⅰ原始・古代・中世　松本市
小林計一郎　一九八七「建武新政と中先代の乱」『長野県史』通史編第三巻中世二　長野県
細川涼一　二〇一三「鎌倉幕府の医師」『医療の社会史―生・老・病・死』思文閣出版
松本市教育委員会　一九八九『松本市文化財調査報告七二：松本市下神遺跡』

◆2章

市村高男　二〇一六「尊氏を支えた東国武将たち」『足利尊氏　激動の生涯とゆかりの人々』戎光祥出版
植田真平　二〇一六「「一腹兄弟」論―南北朝内乱と東国武士の一族結合―」『中世東国の社会と文化』岩田書院
漆原　徹　一九九八『中世軍忠状の世界』吉川弘文館
小国浩寿　一九九五「鎌倉府基氏政権期の守護政策と平一揆」『鎌倉府体制と東国』吉川弘文館(二〇〇一)
勝俣鎮夫　一九八二『一揆』岩波書店
亀田俊和　二〇一七『観応の擾乱』中央公論新社
呉座勇一　二〇一二「南北朝～室町期の戦争と在地領主」『歴史学研究』八九八
呉座勇一　二〇一四『戦争の日本中世史　「下剋上」は本当にあったのか』新潮社
小林一岳　一九八七「一揆の法の形成」『日本中世の一揆と戦争』校倉書房(二〇〇一)
小林一岳　一九九二「鎌倉～南北朝期の領主一揆と当知行」前掲『日本中世の一揆と戦争』
杉山一弥　二〇一三「畠山国清の乱と伊豆国」『足利基氏とその時代』戎光祥出版
田中大喜　二〇〇四「一門評定の展開と幕府裁判」『中世武士団構造の研究』校倉書房(二〇一一)
田中大喜　二〇〇五「南北朝期武家の兄弟たち―「家督制」成立過程に関わる一考察―」『中世武士団構造の研究』校倉書房(二〇一一)
田中大喜　二〇二〇「将軍の文書と武士団の文書」『古文書の様式と国際比較』勉誠出版
永山　愛　二〇一九「元弘・建武内乱期における軍事編成―南北朝最初期の軍勢催促状の検討―」『歴史学研究』九八六
堀川康史　二〇一四「北陸道「両大将」と守護・国人―初期室町幕府軍事制度再検討の試み―」『歴史学研究』九一四
松本一夫　二〇一四「南北朝期における書状形式の軍勢催促状に関する一考察」『年報中世史研究』三九
松本一夫　二〇一五『小山氏の盛衰　下野名門武士団の一族史』戎光祥出版
松本一夫　二〇一九『中世武士の勤務評定　南北朝期の軍事行動と恩賞給付システム』戎光祥出版

◆コラム2

田中大喜　二〇二〇「将軍の文書と武士団の文書」前掲『古文書の様式と国際比較』

◆3章

新井敦史　一九九五「室町期日光山の組織と運営」『古文書研究』四〇
泉田邦彦　二〇一九「下野茂木氏研究の現状と課題」前掲『茂木文書

の世界』
植田真平　二〇一六「永享の乱考」黒田基樹編『足利持氏とその時代』戎光祥出版
小国浩寿　二〇一三『鎌倉府と室町幕府』動乱の東国史5　吉川弘文館
佐藤博信　二〇〇六「下野「茂木文書」の二、三について」『中世東国の権力と構造』校倉書房
山川千博　二〇一七「東国の戦乱と「佐竹の乱」」前掲『佐竹一族の中世』
山川千博　二〇一九「三七鎌倉府政所執事沙弥某奉書」「四四足利持氏御判御教書」前掲『茂木文書の世界』
山田邦明　二〇一五『享徳の乱と太田道灌』敗者の日本史8　吉川弘文館
和氣俊行　二〇〇四「古河公方袖加判申状からみる関東足利氏権力の変遷」『古文書研究』五八

◆4章

新川武紀　一九八〇「下野国茂木庄と茂木氏の領主制について」広島史学研究会編『史学研究五十周年記念論叢』福武書店（後、「下野における国人領主制の展開」と改題の上、『栃木県史』通史編三中世（一九八四年）に、「下野における在地領主制の展開」と改題の上、新川武紀『下野中世史の新研究』（ぎょうせい、一九九四年）に再録）
泉田邦彦　二〇一九「下野茂木氏研究の現状と課題」前掲『茂木文書の世界』
伊藤寿和　一九九八「中世東国の「堀の内」群に関する歴史地理学的研究―北関東を事例として―」『歴史地理学』四〇―一（一八七）
大石直正　二〇〇〇「第七章　戦国の動乱　第一節　深まる戦乱」『仙台市史』通史編二「古代中世」仙台市
勝俣鎮夫　一九八五「戦国時代の村落―和泉国入山田村・日根野村を中心に―」同『戦国時代論』岩波書店（一九九六）
黒田基樹　二〇〇三『中近世移行期の大名権力と村落』校倉書房
小林清治　一九九三「中世阿武隈川の水運―在家の呼称を手がかりとする一考察―」渡辺信夫ほか『阿武隈川水運史研究』ヨークベニマル
小森正明　一九八九「中世後期東国における国人領主の一考察―常陸国真壁氏を中心として―」『茨城県史研究』六二
斉藤　司　一九八五「文禄期「太閤検地」に関する一考察―文禄三年佐竹氏領検地を中心に―」谷徹也編『石田三成』戎光祥出版（二〇一八）
佐藤博信　一九八九『古河公方足利氏の研究』校倉書房
永原慶二　一九六九「東国における国人領主の存在形態―「茂木氏給人帳」考―」『永原慶二著作選集第三巻　日本中世社会構造の研究』吉川弘文館（二〇〇七）
畑中康博　二〇一一「秋田藩十二所預茂木陪臣考」『秋田県立博物館研究報告』三六
松本一夫　二〇〇五「「茂木文書」調査報告」前掲『下野中世史の世界』
峰岸純夫　一九六二「室町時代東国における領主の存在形態」同『中世の東国』東京大学出版会

峰岸純夫　二〇一一『新田岩松氏』戎光祥出版

森木悠介　二〇一九「文明～永正頃の茂木氏当主について」前掲『茂木文書の世界』

山田邦明　一九九五『鎌倉府と関東』校倉書房

吉井　宏　二〇〇〇「第七章　戦国の動乱　第二節　留守分限帳の世界」『仙台市史』通史編二「古代中世」仙台市

◆コラム4

伊藤寿和　一九九八「中世東国における「堀の内」群に関する歴史地理学的研究―北関東を事例として―」前掲

海津一朗　一九九〇「二　東国・九州の郷と村」『日本村落史講座』第2巻　景観1〔原始・古代・中世〕雄山閣

永原慶二　一九六九「東国における国人領主の存在形態―「茂木氏給人帳」考―」前掲

長嶋咬菜軒　一八八四『芳香資料』

◆5章

荒川善夫　二〇〇二「那須氏と那須衆」『戦国期東国の権力構造』岩田書院（初出二〇〇〇）

荒川善夫　二〇一三「古文書で見る常陸小河合戦」江田郁夫・簗瀬大輔編『北関東の戦国時代』高志書院

泉田邦彦　二〇一九「下野茂木氏研究の現状と課題」前掲『茂木文書の世界』

市村高男　一九九四「戦国期における東国領主の結合形態」『戦国期東国の都市と権力』思文閣出版（初出一九八一）

市村高男　一九九九「戦国末～豊臣期における検地と知行制―常陸国佐竹氏を事例として―」本多隆成編『戦国・織豊期の権力と社会』吉川弘文館

市村高男　二〇一三「「惣無事」と豊臣秀吉の宇都宮仕置―関東における戦国の終焉―」前掲『北関東の戦国時代』

今泉　徹　二〇〇二「戦国大名佐竹氏の家格制」『国史学』第一七七号

大石泰史編　二〇一五『全国国衆ガイド　戦国の〝地元の殿様〟たち』星海社

金子金治郎　一九六二『連歌師兼載伝考』南雲堂桜楓社

菅野郁雄　二〇一一『戦国期の奥州白川氏』岩田書院

黒田基樹　二〇〇四「小田氏の発展と牛久地域」『牛久市史　原始古代中世』牛久市

黒田基樹編　二〇一三『北条氏年表』高志書院（竹井英文執筆部分）

黒田基樹　二〇一四『戦国大名　政策・統治・戦争』平凡社

齋藤慎一　二〇〇五『戦国時代の終焉　「北条の夢」と秀吉の天下統一』中央公論新社

佐々木倫朗　一九九五「佐竹東義久の発給文書とその花押」『日本史学集録』第一八号

佐々木倫朗・今泉徹　二〇〇一「〈史料を読む〉『佐竹之書札之次第・佐竹書札私』（秋田県公文書館蔵）」『日本史学集録』第二四号

佐々木倫朗　二〇一一『戦国期権力佐竹氏の研究』思文閣出版

佐々木倫朗　二〇一三「十六世紀前半の北関東の戦乱と佐竹氏」前掲『北関東の戦国時代』

佐藤博信　一九九六「東国における永正期の内乱について―特に古河公方家（政氏と高基）の抗争をめぐって―」『続中世東国の支配構造』思文閣出版（初出一九九三）

佐藤博信　二〇一三「室町・戦国期の下野那須氏に関する一考察――特に代替わりを中心に――」『中世東国の権力と構造』校倉書房（初出二〇〇八）
佐脇栄智　一九九七「戦国武将の官途受領名と実名」『後北条氏と領国経営』吉川弘文館（初出一九八五）
戦国史研究会編　二〇一八『戦国時代の大名と国衆　支配・従属・自立のメカニズム』戎光祥出版
竹井英文　二〇一六「天正十三・十四年の下野国の政治情勢――関連史料の再検討を通じて――」佐藤博信編『中世東国の政治と経済 中世東国論6』岩田書院
田中宏志　二〇一二「足利藤政再考」佐藤博信編『関東足利氏と東国社会 中世東国論5』岩田書院
月井　剛　二〇一六「笠間氏の服属過程――起請文の交換に着目して――」『戦国期地域権力と起請文』岩田書院（初出二〇一一）
藤木久志　一九六三a「江戸氏の発展」『水戸市史　上巻』水戸市
藤木久志　一九六三b「佐竹氏の水戸進出」『水戸市史　上巻』水戸市
藤井達也　二〇一八「天文期における佐竹義篤の動向――岩城氏・白川氏・那須氏との関係を中心に――」『茨城史林』第四二号
藤井達也　二〇二〇「古河公方足利政氏と佐竹氏・岩城氏――永正期における下野出兵をめぐって――」『常総中世史研究』第八号
茂木町史編さん委員会編　二〇〇一『茂木町史　第五巻　通史編1　原始古代・中世・近世』第二篇第四～六章（飯村俊介・小貫敏尾執筆）茂木町
森木悠介　二〇一九「コラム⑦　文明～永正頃の茂木氏当主について」前掲『茂木文書の世界』
山縣創明　二〇一七「部垂の乱と佐竹氏の自立」前掲『佐竹一族の中世』
和氣俊行　二〇〇七「下総国篠塚陣についての基礎的考察――古河公方足利政氏・高基父子の房総動座――」佐藤博信編『中世東国の政治構造　中世東国論　上』岩田書院

◆6章

佐藤　圭　二〇一二「佐竹義宣の発給文書について――署判形式の変遷を中心として――」『秋大史学』五八号
根岸茂夫　一九七九「秋田藩における座格制の形成」『近世史論』第1号
根岸茂夫　二〇〇〇『近世武家社会の形成と構造』吉川弘文館
藤井譲治　二〇二〇『徳川家康』人物叢書三〇〇　吉川弘文館
山口啓二　二〇〇八『山口啓二著作集』第二巻 幕藩制社会の成立　校倉書房
山本博文　二〇二〇『徳川秀忠』人物叢書三〇三　吉川弘文館

◆7章

茨城県立歴史館編　二〇一四『常陸南北朝史――そして、動乱の中世へ――』
江田郁夫　二〇一一「茂木城」『関東の名城を歩く 北関東編 茨城・栃木・群馬』吉川弘文館
小貫敏尾　二〇〇一「第六章 中世の文化」『茂木町史 第五巻 通史編1 原始古代・中世・近世』茂木町
河原道男　一九九五「第一節　神仏信仰」茂木町史編さん委員会編『茂木町史 第一巻 自然・民俗文化編』茂木町

黒田慶一・髙田徹編　二〇〇八『一六世紀末全国城郭縄張図集成上　東北・関東・信越・北陸・東海篇』倭城併行期国内城郭縄張図集成刊行会
齋藤慎一・向井一雄　二〇一六『日本城郭史』吉川弘文館
塩沢清・飯村俊介・小貫敏尾　一九九七「第四節 城館」『茂木町史 第二巻 史料編1 原始古代・中世』茂木町
城山を考える会編　一九九九『もてぎ桔梗城ものがたり―伝説と縁起―』
杉浦昭博　二〇一一「茂木陣屋」『〔改訂増補〕近世栃木の城と陣屋』随想舎
須藤千裕　二〇一五「茂木城跡・茂木陣屋跡とその周辺」『野州大田原城―奥羽に臨む城―』大田原市那須与一伝承館
栃木県教育委員会　一九八二『栃木県の中世城館跡』栃木県教育委員会事務局文化課
塙　静夫　二〇一五「茂木城跡」『〔増補版〕とちぎの古城を歩く』下野新聞社
松本一夫　二〇一〇「南北朝・室町前期における茂木氏の動向―上級権力との関係を中心に―」前掲『下野中世史の世界』
茂木町史編さん委員会編　一九九四『茂木町史別冊 図説茂木の歴史』
茂木町教育委員会編　一九九七『茂木町の文化財』茂木町
峰岸純夫他　一九七九「茂木城」『日本城郭大系 第四巻 茨城・栃木・群馬』新人物往来社
森木悠介　二〇一九「文明～永正期の茂木氏当主について」前掲『茂木文書の世界』
山川千博　二〇一五「茂木城の構造と歴史」茂木町ふるさとフォーラムⅡ「実像の茂木一族」報告レジュメ
山川千博　二〇一九「茂木満知と鎌倉公方足利持氏」前掲『茂木文書の世界』
横田幸哉釈文・解説　一九七七『下野一国』東西文献

執筆者一覧

高橋　修　奥付上掲載

山田あづさ(やまだ あづさ)　一九八七年生れ、軽井沢町教育委員会 歴史民俗資料館主査。[主な論文]「信濃神林郷と茂木氏」(『茂木文書の世界』茂木町まちなか文化交流館ふみの森もてぎ他)

藤井達也(ふじい たつや)　一九八九年生れ、水戸市立博物館学芸員。[主な論文]「古河公方足利政氏と佐竹氏・岩城氏―永正期における下野出兵をめぐって―」(『常総中世史研究』八号)、「天文期における佐竹義篤の動向―岩城氏・白川氏・那須氏との関係を中心に―」(『茨城史林』四二号)

金子千秋(かねこ ちあき)　一九八二年生れ、中央区立郷土天文館主任文化財調査指導員。[主な論文]「律宗と常陸府中」(『茨城大学中世史研究』5)、「史料紹介　両番筋の旗本片岡家に伝わった覚書について」(『すみだ郷土文化資料館年報・研究紀要』第5号)、「明治東京の石橋―常磐橋と日本橋―」(伊藤一美・木下栄三・野中和夫編『明治がつくった東京』同成社)

大塚悠暉(おおつか ゆうき)　一九九四年生れ、城里町役場税務課。

大山　恒(おおやま ひさし)　一九九四年生れ、茂木町教育委員会ふみの森もてぎ。[主な論文]「戦国期東国大名の水軍編成の特質」(修士論文)

泉田邦彦(いずみた くにひこ)　一九八九年生れ、石巻市博物館学芸員。[主な論文]「戦国期南奥における戦国期権力の形成と展開―岩城氏権力と所務相論―」(『歴史』一三五輯、東北史学会)、「常陸統一と有力国衆の江戸氏・小野崎氏」(佐々木倫朗・千葉篤志編『戦国佐竹氏研究の最前線』山川出版社)、西村慎太郎・泉田邦彦編『大字誌両竹』1・2号(蕃山房)

中村信博(なかむら のぶひろ)　一九六二年生れ、ふみの森もてぎ埋蔵文化財専門員。[主な論文]「竹之内式土器の研究」(『唐沢考古』一八号、唐沢考古会)、「関東地方の陥し穴猟」(『縄文時代の考古学5　なりわい』同成社)、「出流原式土器論」(『古代』一二八号、早稲田大学考古学会)

森木悠介(もりき ゆうすけ)　一九八七年生れ、東海村歴史と未来の交流館 文化財保護専門員(歴史)。[主な論文]「戦国期佐竹氏の代替わりについて―義重から義宣への家督交代を中心に―」(『茨城県立歴史館報』第四三号)、「戦国期佐竹氏の南奥進出」(高橋修編『佐竹一族の中世』高志書院)、「常陸府中合戦の実態と大掾氏」(『常総中世史研究』第九号、茨城大学中世史研究会)

比毛君男(ひけき みお)　一九七〇年生れ、土浦市上高津貝塚ふるさと歴史の広場 学芸員。[主な論文]「中世常陸の石造物と常陸大宮市の様相(上)」(『常陸大宮市史研究』四号)、「阿見町塙地内

の大界外相石について」（共著『常総中世史研究』九号）、「常陸」（『中世瓦の考古学』高志書院）

千葉篤志（ちば　あつし）　一九八一年生れ、日本大学文理学部人文科学研究所研究員。［主な著書論文］『戦国佐竹氏研究の最前線』（共編・山川出版社）、「文禄期の結城朝勝の政治的位置について」（『研究論集　歴史と文化』五号）、「天正六年の佐竹氏と白河結城氏の和睦に関する一考察」（渡邊大門編『戦国・織豊期の諸問題』歴史と文化の研究所）

山川千博（やまかわ　ちひろ）　一九八二年生れ、大田原市教育委員会事務局教育部文化振興課主査（学芸員）。［主な論文］「東国の戦乱と「佐竹の乱」」（高橋修編『佐竹一族の中世』高志書院）、「栃木県大田原市城館分布調査報告②大田原城の構造とその遺構」（『那須文化研究』32）

茂木氏年表

年号	西暦	事項
建久3年	一一九二	8月、八田知家、鎌倉将軍家から本(茂)木郡の地頭職を安堵される(文書一)
承久3年	一二二一	9月、茂木知基、承久の乱の恩賞として紀伊国賀太庄を給与される(文書一五)
元弘3年	一三三三	7月、茂木知貞、後醍醐天皇より知行地を安堵される(文書五)
建武元年	一三三四	3月、知貞、後醍醐天皇より勲功の賞として東茂木保安堵の綸旨を得る(文書六)
建武2年	一三三五	12月、知貞、足利尊氏に従い、東茂木保を拝領する(文書二〇)
建武3年	一三三六	2月、知貞、摂津国内出合戦・豊嶋合戦で北畠顕家方と戦う(文書一三)
		4月、知貞、鎌倉片瀬川で京都から奥州に向かう北畠顕家を迎撃(文書一三)
		8月、知貞、常陸国小栗城から小山館へと転戦(文書一三など)
		9月、知貞、宇都宮横田原合戦に参戦、知貞の叔父頼賢が戦死(文書一四など)
		11月、知貞、宇都宮毛原合戦に参戦(文書一四など)。南朝方に攻められ茂木城が落城するも、近隣勢力の合力により奪還(文書一一など)
		12月、茂木知政、小山一族とともに結城郡に攻め寄せた南朝方を防戦(文書一四など)

建武4年	一三三七	2月、茂木城を南朝方が攻撃する(茂木2一九)
		3月、知政、小山下条原合戦に参戦(文書一七など)
		4月、知政、宇都宮宮隠原合戦に参戦、家人坂井九郎秀知が討死する(文書一七など)
		7月、足利直義、知貞の茂木保内五ヶ郷などの安堵の下文を発給(文書一五)。知政、小山荘乙妻・間々田合戦に参戦(文書一七など)
		8月、知政、常陸国関城合戦に参戦、知貞の養子知顕が討死(文書一七など)
		12月、知政、鎌倉合戦に参戦(文書一八など)
建武5年	一三三八	1月、知政、美濃国青野原合戦に参戦(文書一八)
		2月、知政、大和国南都合戦に参戦、疵を受け乗馬を射られる(文書一八)
		3月、知政、山城国八幡合戦に参戦、乗馬を射られる(文書一八)
		8月、知政、越前国敦賀に陣を取り、南朝方を金ヶ崎城まで追い込む(文書一九)
		10月、知政、摂津国天王寺合戦に参戦(文書一八)
暦応3年	一三四〇	6月、高師冬、知貞に東茂木保を預け置く(文書二一)
貞和3年	一三四七	4月、足利尊氏、茂木氏に勲功の賞として茂木保一円の支配を認める(文書二四)
観応2年	一三五一	10月、茂木知世(=知政)、相模国守護に対し同国懐嶋郷半分の打ち渡しを申し立てる(文書二五・二六)

文和2年	一三五三	7月頃、知貞、尊氏に従い上洛か。6月、置文を作成(文書二⑧『源威集』)
延文4年	一三五九	9月、足利基氏、知世に「南方凶徒退治」のための軍勢を催促(文書二七) 10月、知世、安養寺に置文を出す(文書二⑩)
延文5年	一三六〇	2月、南方出陣の留守中、小深・小高倉郷を那須伊王野氏が押領(文書二八)
貞治元年	一三六二	12月、足利基氏、凶徒蜂起により茂木朝音に京都参陣を命じる(文書二九)
貞治2年	一三六三	9月、足利基氏、宇都宮氏綱と芳賀高名の蜂起により、朝音に参陣を命じる(文書三〇)
貞治4年	一三六五	9月、足利基氏、信濃国凶徒退治のため、朝音に高師義への従軍を命じる(文書三一)
貞治5年	一三六六	10月、足利基氏、朝音が訴える信濃国神林郷内下村の沙汰付けを守護上杉朝房に命じる(文書三二)
貞治6年	一三六七	4月、足利基氏、朝音が訴える信濃国神林郷内下村の沙汰付けを守護上杉朝房に命じる(文書三三)
応安元年	一三六八	3月、平一揆の乱に朝音も同調し、所領を没収されるか(文書三四)
応安8年	一三七五	7月、足利氏満、朝音に茂木庄西方(西茂木保)を返付(文書三四)
康暦2年	一三八〇	6月、朝音、小山義政の乱に鎌倉公方方として参戦(文書三五・三六)
永徳元年	一三八一	8月、朝音、鷲城陣取合戦に参戦(文書三六)
応永31年	一四二三	12月、茂木満知、坂井郷内日光山桜本坊跡を鎌倉府より預け置かれる(文書三七・三八・三九・四〇)
正長元年	一四二八	12月、足利持氏、満知に東茂木保内林・飯野郷を宛行う(文書四一・四二)

永享2年	一四三〇	10月、満知、鎌倉府御料所の東茂木保内小深郷の年貢納入を命じられる（文書四三）
永享9年	一四三七	6月、足利持氏、東茂木保内某村を満知に宛行う（文書四四）
永享10年	一四三八	11月、永享の乱終結。この頃、茂木氏は所領を没収される（茂木2六二）
永享11年	一四三九	2月、佐竹義人、茂木保を三方に分けて代官を派遣（茂木2六二）
永享12年	一四四〇	3月、結城合戦勃発。この合戦で茂木氏は幕府・上杉方に味方し所領を回復か
康正元年	一四五五	冬頃、満知、足利成氏に「造意」（戦下五七）
康正2年	一四五六	3月、足利成氏、茂木攻めを開始（戦下五九） 12月、満知嫡子の持知、足利成氏と和議（戦下七六）
文明3年ヵ	一四七一	7月、茂木持知、足利成氏より軍事支援を求められる（文書四五）
文明3年	一四七一	7月、足利成氏、持知に袖加判申状を発給する（文書四六）
文明4年	一四七二	11月、茂木上総介治興と子息治泰、小深郷に片倉大明神を造営（茂木2）
文明9年ヵ	一四七七	12月、治興、足利成氏より代官派遣を求められる（文書四七）
文明11年	一四八二	11月、治興・治泰父子、家臣の給地を定めるために給分注文を作成（補遺⑪）
この頃以降ヵ		茂木氏、足利成氏に年始・八朔の祝儀を贈る（文書四八～五一）
延徳3年	一四九一	6月、足利政氏、茂木上総介を引付衆に任じる（文書五二）

明応元年	一四九二	5月、佐竹義舜が、佐竹の乱に伴い、茂木氏に出兵を要請(文書五三)
明応初頭ヵ		12月、茂木上総介、宇都宮氏と下那須氏の和睦に尽力する(文書五五)
明応中頃ヵ		8月、明応の乱に際し、足利政氏が茂木氏に参陣を命じる(文書五六)
文亀2年	一五〇二	11月、足利政氏の「篠塚陣」出陣に、茂木氏も参陣(文書六二・六三)
文亀3年	一五〇三	5月、茂木蔵人大夫、「篠塚陣」の足利高氏を見舞う(文書六四)
文亀4年	一五〇四	4月、足利政氏・高氏父子の「篠塚陣」撤退を受けて、茂木上総入道が酒樽を献上(文書六五)
		6月、佐竹義舜、茂木蔵人大夫に対し野田郷のうち高士橋以西を譲渡(文書六六・六七)
永正4年前後	一五〇七	猪苗代兼載、茂木筑前(後ヵ)のもとで連歌会を興行(園塵)
永正2~10年の間		3月、茂木筑後守、佐竹義舜と起請文を交わし、佐竹氏に従属(文書六八)
永正10年	一五一三	8月、佐竹義舜、茂木筑後守に茂木保内山内郷・小深郷を宛行う(文書六九)
		8月、佐竹義舜、茂木筑後守に人質の提出を求める(文書七〇)
天文15年	一五四六	7月、茂木氏から那須政資葬儀の香典料が出される(茂木2一六三)
天文20年	一五五一	9月、足利晴氏、茂木上総介を評定衆・引付衆に任じる(文書七一・七二)
弘治3年頃	一五五七	この年、遊行上人体光が茂木式部丞・同上総入道のもとで連歌会を興行(石苔)

弘治～永禄初期頃		2月、小田氏治、茂木上総介に青木郷・中郡荘内五郷を割譲（文書七三・七五）
		2月、茂木上総介、小栗城などの奪還を目指す小田氏治に協力（文書七四・七六）
		8月、茂木式部大輔、小田氏治による真壁攻撃に参戦（文書七七）
永禄7年	一五六四	8月、佐竹義昭、茂木筑後守の忠信に対し知行を与えることを約束（文書七八・七九）
永禄12年	一五六九	5月、武田信玄、茂木氏に対し友好を求める（文書八〇）
元亀2年頃	一五七一	9・11月、足利藤政および簗田晴助・持助父子、茂木上総介に藤政の関宿移座への協力を要請（文書八一～八三）
天正6年	一五七八	5～7月、茂木氏、佐竹義重に従い小川台合戦に参戦（小川岱状）
天正15年	一五八七	9月、茂木治良、笹原田にて結城晴朝軍を破る（戦下一二二四）
天正18年	一五九〇	5月、佐竹義宣に従う茂木氏、相模国小田原攻めの豊臣秀吉のもとに参陣（茂木2一九一）
文禄2年	一五九三	7月、治良、朝鮮渡海に際し、船舶を割り当てられる（大和田重清日記）
文禄3年	一五九四	10・11月、茂木氏領の小深村及び飯野村で、太閤検地が実施される（文禄三年下野国茂木内小深村御検地帳）
文禄4年	一五九五	4月、佐竹氏家臣の知行替えにより治良は常陸国小川（茨城県小美玉市）へ移り、茂木には須田盛秀が入る（古今類聚常陸国誌）

慶長7年	一六〇二	小川城主茂木氏、茂木城主須田氏ら、佐竹氏とともに秋田へ移る
慶長12年	一六〇七	1月、治良、江戸城普請中の佐竹義宣に年始の祝いを贈る(文書八四)
慶長15年	一六一〇	細川興元、茂木に入り、茂木藩が誕生
元和5年	一六一九	6月、佐竹義宣、治良に京都での福島正則の国替えに関する噂を記した書状を送る(文書八五)
元和6年	一六二〇	3月、佐竹義宣、治良に塩原温泉での湯治による体調の回復を伝える(文書八六)
寛永元年	一六二四	11月、治良が隠居し孫の三郎(治貞)が初出仕(梅津政景日記)

【編者略歴】
高橋　修（たかはし おさむ）
1964年生れ、茨城大学人文社会科学部教授、茂木町歴史資料展示アドバイザー

〔主な著書〕
『中世武士団と地域社会』（清文堂出版）
『熊谷直実－中世武士の生き方－』（吉川弘文館）
『常陸平氏』（編著・戎光祥出版）
『信仰の中世武士団－湯浅一族と明恵－』（清文堂出版）
『佐竹一族の中世』（編著・高志書院）
『戦国合戦図屏風の歴史学』（勉誠出版）

戦う茂木一族－中世を生き抜いた東国武士－

2022年3月10日第1刷発行

監　修　茂木町まちなか文化交流館ふみの森もてぎ
編　者　高橋　修
発行者　濱　久年
発行所　高志書院
〒101-0051 東京都千代田区神田神保町2-28-201
TEL03(5275)5591　FAX03(5275)5592
振替口座　00140-5-170436
http://www.koshi-s.jp

印刷・製本／亜細亜印刷株式会社
ISBN978-4-86215-226-8